KB265057

영어다운 영어가 되는
결정적 키워드들

영어다운 영어가 되는
결정적 키워드들

임수진

연세대학교 영문학과, 한국외대 통번역대학원 한영과에 장학생으로 입학했으며, 졸업 후 대기업 프로젝트 통번역사로 실무 경험을 쌓았다. 이후 통번역대학원 입시 학원에서 강의를 시작해, 수강생들의 합격을 이끌며 '통역사들의 선생님'으로 불렸다.
EBS TV 〈월드 뉴스 리뷰〉, 법률 방송 TV 〈세상에 이런 법이〉 시즌 1, 2 등을 진행했으며, 경희사이버대학교 미국문화영어학과 및 교양학부 겸임 교수로 약 10여 년간 재직했다. 현재 한국외대 통번역센터 프리랜서 통번역사로 활동하고 있으며, 대기업 핵심 인재와 임원들을 대상으로 비즈니스 영어 강의를 맡고 있다.

영어다운 영어가 되는 결정적 키워드들

초판 1쇄 인쇄 | 2025년 12월 26일
초판 1쇄 발행 | 2026년 1월 9일

지은이 | 임수진

발행인 | 박효상
편집장 | 김현
기획·편집 진행 | 김현

디자인 | 고희선

마케팅 | 이태호, 이전희
관리 | 김태옥

종이 | 월드페이퍼   인쇄·제본 | 예림인쇄·바인딩

발행처 | 사람in   출판등록 | 제10-1835호

주소 | 04034 서울시 마포구 양화로 11길 14-10 (서교동) 3F
전화 | 02) 338-3555(代)   팩스 | 02) 338-3545
E-mail | saramin@netsgo.com   Website | www.saramin.com
인스타그램 | www.instagram.com/saramin_books   블로그 | blog.naver.com/saramcom

ⓒ 임수진 2026
ISBN | 979-11-7101-210-7 14740 978-89-6049-783-2 세트

책값은 뒤표지에 있습니다.
파본은 바꾸어 드립니다.

영어다운 영어가 되는
결정적 키워드들

임수진 저

살짝만 손대면
영어 문장 속
미묘한 어색함이
근절된다!

오역을 막고
오류를 없애는
확실한
키워드들

사람in

영어 조기 교육의 열풍으로부터 비교적 자유롭던 그 시절, 알파벳만 익힌 채 들었던 첫 영어 수업에서 선생님이 들려 주신 문장이 마치 멜로디처럼 제 귀에 스며들었습니다. 그 이국적인 선율에 흠뻑 빠져, '나중에 통역사가 될 거야. 그리고 TV에서 프로그램을 진행할 거야...'라고 굳게 다짐했습니다. 그때부터 시작된 영어와의 긴 동행은 '통역사 출신 TV 프로그램 진행자'라는 타이틀로 이어졌고, [임수진 통역사의 '맛있는 영어 레시피'] 신문 칼럼을 거쳐, 이제 첫 번째 저서 출간을 앞두게 되었습니다.

통번역대학원 졸업 이후, 다양한 방송 매체와 국가 기관, 대학, 기업 등에서 수많은 학습자들과 함께 호흡해 왔습니다. 이 책을 보고 계신 학습자분들과 동일한 정규 과정을 통해 영어를 배웠던 소위 '국내파 통역사'이기에, 한국인의 언어적 온도와 사고방식이 영어라는 체계와 맞닥뜨릴 때 느껴지는 이 질감을 누구보다 뼈저리게 이해합니다.

그러기에 이 책은 패턴과 표현들을 던져 주며 무작정 '익히고 외우세요'라고 무미건조하게 말하지 않습니다. 대신 우리말과 영어 사이의 간극을 메우는 과정을 토종 한국인의 관점에서 친절하게 설명합니다. 기존 책에서 접하지 못했던 내용을 다룬 키워드들도 눈에 띌 것입니다. 오랜 시간, 소위 '영어 외길 인생'을 걸으며, 읽고, 듣고, 내뱉었던 방대한 양의 영어 뉴스, 드라마, 신문 기사, 연설문 등을 녹여 응축한 결과물이기 때문입니다. 이 책의 원고를 직접 검토해 주신 편집장님의 코멘트를 여러분께 그대로 전합니다.

제가 담고자 했던 의도가 정확히 전달되었다는 확신이 들었습니다. 그 확신을 마음에 새긴 채, 저자로서 교정본을 다시 읽어 내려가며 느낀 점을 솔직하게 말씀드리고자 합니다.

첫째, 스스로 만족할 만큼 충실하게 담아냈습니다.

이 책은 초급자를 위한 책은 아닙니다. 하지만 중급 이상의 실력을 갖춘 분들이라면, 기존 책들과는 다른 시각으로 풀어낸 이 책을 통해 영어를 바라보는 관점이 새롭게 열릴 것입니다.

둘째, 그 과정에 온 마음을 쏟아부었습니다.

각 키워드가 독자의 이해 속에 자연스럽게 자리잡기를 바라는 마음으로 예문 하나하나를 정성껏 고르고 다듬었습니다. 각 예문을 우리말로 해석하는 데에만 머물지 말고, 거꾸로 우리말을 영어로 자연스럽게 내뱉을 수 있는 수준까지 과감히 도전해 보길 바랍니다.

셋째, 이 책이 더 많은 독자들에게 닿기를 진심으로 바랍니다.

이는 판매 부수를 염두에 둔 말이 아니라, 이 책의 완성도에 대한 저자로서의 자신감에서 비롯된 바람입니다. 과거의 제가 무수히 던졌던 질문들에 대한 답을, 현재의 제가 차근히 풀어 쓴 책입니다. 이 책이 저와 같은 갈증을 느끼는 분들께 작은 해답이 되기를 바랍니다.

다년간 통번역대학원 입시생들과 영어 앞에서 막막함을 느끼는 학습자들을 상담하면서, 제가 가장 많이 들었던 질문은 늘 같았습니다.

"영어 공부, 어떻게 해야 하나요?"

약 15년 전 첫 강의를 시작했을 때나 지금이나, 그 질문에 대한 제 대답은 한결같습니다.

"많이 읽고, 듣고, 외우는 방법밖에 없어요."

그렇습니다. 안타깝게도 단기간에 영어를 완성할 수 있는 기적의 해법 따위는 없습니다. 그러니 '몇 개월 만에 영어를 마스터할 수 있다'는 달콤한 광고에 솔깃하지 말고, 천천히, 꾸준히 영어 학습의 정도(正道)를 걸어가길 바랍니다.

통번역대학원 입시를 준비하던 시절이었습니다. 영어 뉴스를 단 한 번 듣고 우리말로 발표해야 하는 수업에서, 들리지 않는 문장들 앞에 속절없이 무너졌던 기억이 아직도 생생합니다. 그러던 중, 고급 청취 능력을 갖추려면 최소 1,500~2,000시간의 노출이 필요하다는 사실을 알게 되었습니다. 그 순간부터 저는 불평을 멈추고, 천천히 그리고 꾸준히 그 시간을 채워 나가기 시작했습니다. 듣기가 어렵다고요? 독해가 막히나요? 그렇다면 스스로에게 물어보세요. 그 시간들을 충분히 채워 넣었는지를 말입니다.

이제 더 이상 영어 학습을 위한 '방법'을 찾느라 시간을 허비하지 마세요. 여러분은 이미 충분히 알고 있으니까요. 읽고, 듣고, 외우기, 이제 더 이상 미루지 말고 시작하세요. 입을 다문 채 눈으로만 소비하는 영어는 그저 '아는 영어'에 머물 뿐입니다. 정확한 발음으로 자신 있게 내뱉을 수 있는 영어가 비로소 내가 '쓸 수 있는 영어'입니다.

영어라는 긴 여정에 이 책이 작은 동행이 되기를 진심으로 바랍니다.

임수진

해외 경험이 없어도 정확한 영어를 구사하고 싶은 학습자를 위해, 순수 국내파 통역사인 저자가 원어민 수준에 도달하기까지 스스로 정리해 온 핵심 비법을 이 책에 담았습니다. 영어다운 영어가 되는 결정적 키워드 80개를 선별해, 마치 1:1 과외를 받는 듯한 세밀한 설명과 함께 제시합니다. 이 책을 공부하면 학습 전과 후의 차이가 확연해지고, 영어 표현 감각과 자신감이 눈에 띄게 높아집니다.

**영어다운 영어가 되는
80개의 핵심 키워드 제시**

문장을 자연스럽게 만드는 기준을 명확히 설명해, 학습자가 '왜 이렇게 써야 하는가'를 이해하며 배울 수 있습니다.

**원어민 음성으로 표제어와
예문 확인 가능**

책에 수록된 주요 단어와 예문을 원어민 발음으로 들을 수 있어, 정확한 소리와 리듬까지 자연스럽게 습득할 수 있습니다.

**일상에서 바로 쓸 수 있는
실용 문장 중심 구성**

일상에서 흔히 접하는 문장으로 학습자들의 흥미와 참여를 유도합니다.

**간결한 설명 +
유닛별 핵심 문장 제시**

복잡한 문법 설명보다 '왜 이렇게 쓰는지'에 집중해, 학습자가 바로 이해하고 따라 할 수 있도록 했습니다.

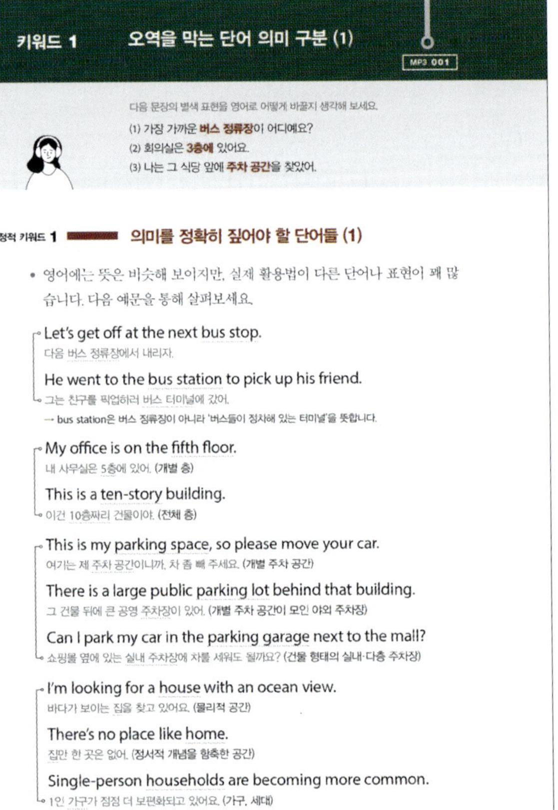

The movie was incredibly touching. Indeed, it was the best
movie I'd ever seen!
그 영화는 정말 감동적이었어. 사실 지금까지 내가 본 최고의 영화였어! (강조)

I thought the movie would be boring. In fact, it was really
entertaining!
영화가 지루할 거로 생각했어. 사실 정말 재미있었어! (반전)
→ entertaining: 재미있는

The KTX train travels really fast.
KTX는 정말 빨리 달려. (속도)

She made a quick decision to cancel the meeting.
그녀는 회의를 취소하기로 신속한 결정을 내렸어. (신속함)

정답 확인
(1) Where's the nearest bus stop?
(2) The meeting room is on the third floor.
(3) I found a parking space in front of the restaurant.

Voca Tips

• basement
1층 아래에 있는 '지하층'은 basement로, '지하 1층/2층'은 축약형인 B1, B2 등으로 나타냅니다.
I parked on B2. 나 지하 2층에 주차했어.

• house vs. apartment
영어에서 house는 '단독 주택'의 개념으로 마당, 정원, 사고 등이 있는 공간을 의미해요. 그래서
apartment(아파트)와는 구별해서 사용해야 합니다.
My parents are planning to move to a house with a spacious
backyard. 부모님이 넓은 뒷마당이 있는 주택으로 이사할 계획이세요.
→ spacious: (공간이) 넓은   backyard: 뒷마당
Apartments are easier to maintain than houses.
아파트는 주택보다 관리하기가 쉬워.

• win vs. beat
뜻이 헷갈리는 대표적인 단어로 win과 beat도 있습니다. 모두 경기나 시합에서 이길 때
단어지만 활용법이 달라요. [win + 경기/시합], [beat + 상대방]으로 표현해야 합니다.
After years of hard work, our team won the competition.
수년간의 노력 끝에 우리 팀이 경기에서 우승했어.
Our team beat last year's champion in the tournament.
우리 팀이 토너먼트에서 작년도 챔피언을 이겼어.

기초도 1 오역을 막는 단어 의미 구분 (1)

즉시 확인 가능한 문제-정답 구조

앞서 나온 문제의 정답을 바로 확인할 수
있게 했습니다.

문장 속 어휘 확장으로 응용력 향상

본문에 나왔던 문장 중에서 더 설명이 필요
한 부분의 어휘를 폭넓게 확장합니다.

Grammar Tips

• win/lose 동사 활용법
우리말에서는 '경기에서 이기다/지다' 또는 '선거에서 이기다/지다'로 표현하지만, 영어로는 '경기를
이기다/지다', 또는 '선거를 이기다/지다'로 표현합니다. 이건 win과 lose 두 동사 모두 목적어가 필
요한 '타동사'로 전치사 없이 바로 명사가 온다는 뜻이에요.
After a heated TV debate, he eventually won the election.
열띤 TV 토론 끝에, 그가 결국 선거에서 이겼어.
→ heated: 열띤 eventually: 결국
He lost the competition, but he didn't give up.
그는 경기에서 졌지만, 무기6지지 않았어.

꼭 알아야 할 문법 포인트 별도 정리

본문 흐름을 방해하지 않으면서도, 중요한
문법 요소는 따로 분리해 명확하게 짚어 줍
니다.

다음 문장을 앞서 배운 표현을 활용해 영어로 말하고 써 보세요.   MP3 002   정답은 p. 303

1 여기서 버스 터미널까지 얼마나 멀어요?

2 여기 인터넷 연결이 정말 빨라. (connection)

3 그 후보는 선거에서 졌어. (the candidate)

스스로 문장을 만들게 하는 실전 훈련

열심히 배워도 응용하지 않으면 소용없다는
점을 고려해, 필요한 경우 'clue(힌트)'를 제
공해 학습자가 스스로 말하고 쓸 수 있게 구
성했습니다.

왼쪽의 QR코드를 스캔하시고 '바로듣기'를 탭하세요.
해당 도서의 음원을 바로 들으실 수 있습니다. 반복 재생과
속도 조절도 가능합니다.

PART 1   영어다운 정확한 문장 구사의 키워드

CHAPTER 1   표현의 정확성을 높이는 키워드

CHAPTER 2   표현의 풍부함을 높이는 키워드

PART 3   영어 문장이 더 단단해지는 키워드

CHAPTER 6   단번에 이해되는 '관사'와 '시제'

CHAPTER 7   문장의 뜻을 좌우하는 동사들

PART 1

영어다운 정확한 문장 구사의 키워드

왼쪽의 QR코드를 스캔하시고 '바로듣기'를 탭하세요.
해당 도서의 음원을 바로 들으실 수 있습니다. 반복 재생과
속도 조절도 가능합니다.

CHAPTER 1

표현의 정확성을 높이는 키워드

다음 문장의 별색 표현을 영어로 어떻게 바꿀지 생각해 보세요.

(1) 가장 가까운 **버스 정류장**이 어디예요?

(2) 회의실은 **3층에** 있어요.

(3) 나는 그 식당 앞에 **주차 공간**을 찾았어.

결정적 키워드 1　▬▬▬　의미를 정확히 짚어야 할 단어들 (1)

- 영어에는 뜻은 비슷해 보이지만, 실제 활용법이 다른 단어나 표현이 꽤 많습니다. 다음 예문을 통해 살펴보세요.

Let's get off at the next bus stop.
다음 버스 정류장에서 내리자.

He went to the bus station to pick up his friend.
그는 친구를 픽업하러 버스 터미널에 갔어.

→ bus station은 버스 정류장이 아니라 '버스들이 정차해 있는 터미널'을 뜻합니다.

My office is on the fifth floor.
내 사무실은 5층에 있어. (개별 층)

This is a ten-story building.
이건 10층짜리 건물이야. (전체 층)

This is my parking space, so please move your car.
여기는 제 주차 공간이니까, 차 좀 빼 주세요. (개별 주차 공간)

There is a large public parking lot behind that building.
그 건물 뒤에 큰 공영 주차장이 있어. (개별 주차 공간이 모인 야외 주차장)

Can I park my car in the parking garage next to the mall?
쇼핑몰 옆에 있는 실내 주차장에 차를 세워도 될까요? (건물 형태의 실내·다층 주차장)

I'm looking for a house with an ocean view.
바다가 보이는 집을 찾고 있어요. (물리적 공간)

There's no place like home.
집만 한 곳은 없어. (정서적 개념을 함축한 공간)

Single-person households are becoming more common.
1인 가구가 점점 더 보편화되고 있어요. (가구, 세대)

The movie was incredibly touching. Indeed, it was the best movie I'd ever seen!

그 영화는 정말 감동적이었어. 사실 지금까지 내가 본 최고의 영화였어! (강조)

I thought the movie would be boring. In fact, it was really entertaining!

영화가 지루할 거로 생각했어. 사실 정말 재미있었어! (반전)

→ entertaining: 재미있는

The KTX train travels really fast.

KTX는 정말 빨리 달려. (속도)

She made a quick decision to cancel the meeting.

그녀는 회의를 취소하기로 신속한 결정을 내렸어. (신속함)

정답 확인

(1) Where's the nearest bus stop?

(2) The meeting room is on the third floor.

(3) I found a parking space in front of the restaurant.

Ⓥ Voca Tips

- **basement**

  1층 아래에 있는 '지하층'은 basement로, '지하 1층/2층'은 축약형인 B1, B2 등으로 나타냅니다.

  I parked on B2. 나 지하 2층에 주차했어.

- **house vs. apartment**

  영어에서 house는 '단독 주택'의 개념으로 마당, 정원, 차고 등이 있는 공간을 의미해요. 그래서 apartment(아파트)와는 구별해서 사용해야 합니다.

  My parents are planning to move to a house with a spacious backyard. 부모님이 넓은 뒷마당이 있는 주택으로 이사할 계획이세요.

  → spacious: (공간이) 넓은   backyard: 뒷마당

  Apartments are easier to maintain than houses.
  아파트는 주택보다 관리하기가 쉬워.

- **win vs. beat**

  뜻이 헷갈리는 대표적인 단어로 win과 beat도 있습니다. 모두 경기나 시합에서 이길 때 사용하는 단어지만 활용법이 달라요. [win + 경기/시합], [beat + 상대방]으로 표현해야 합니다.

  After years of hard work, our team won the competition.
  수년간의 노력 끝에, 우리 팀이 경기에서 우승했어.

  Our team beat last year's champion in the tournament.
  우리 팀이 토너먼트에서 작년도 챔피언을 이겼어.

- **win/lose 동사 활용법**

  우리말에서는 '경기에서 이기다/지다' 또는 '선거에서 이기다/지다'로 표현하지만, 영어로는 '경기를 이기다/지다', 또는 '선거를 이기다/지다'로 표현합니다. 이건 win과 lose 두 동사 모두 목적어가 필요한 '타동사'로 전치사 없이 바로 명사가 온다는 뜻이에요.

  After a heated TV debate, he eventually won the election.
  열띤 TV 토론 끝에, 그가 결국 선거에서 이겼어.

  → heated: 열띤   eventually: 결국

  He lost the competition, but he didn't give up.
  그는 경기에서 졌지만, 포기하지 않았어.

다음 문장을 앞서 배운 표현을 활용해 영어로 말하고 써 보세요.　　MP3 002　정답은 **p. 303**

1　여기서 버스 터미널까지 얼마나 멀어요?

____

2　여기 인터넷 연결이 정말 빨라. (connection)

____

3　그 후보는 선거에서 졌어. (the candidate)

____

다음 문장의 별색 표현을 영어로 어떻게 바꿀지 생각해 보세요.

(1) 그는 **휴가 중**이야. (여행, 휴식을 위한 휴가)

(2) **길 건너편에** 버스 정류장이 있어.

(3) 경기가 **나빠지고 있어**.

결정적 키워드 1 ━━━━ ## 의미를 정확히 짚어야 할 단어들 (2)

- 뜻은 비슷해 보이지만, 실제 활용법이 다른 단어나 표현에 대해 좀 더 살펴 보겠습니다.

I'm going on vacation to Italy next month.

다음 달 이탈리아로 휴가 떠나. (vacation: 여행, 휴식을 위한 휴가)

My family usually gets together on national holidays.

우리 가족은 보통 국경일에 모여. (holiday: 공휴일)

→ get together: 모이다

She's on maternity leave.

그녀는 출산 휴가 중이야. (leave: 직장에서의 휴가)

Ten people were killed in the accident.

열 명이 그 사고로 목숨을 잃었어. (accident: 우발적 사고)

The police are investigating the incident.

경찰이 그 사건을 조사 중이에요. (incident: 특히 범죄나 불쾌한 사건)

The incidence of cancer has been skyrocketing in recent years.

최근 몇 년 동안 암 발생률이 급등하고 있어요. (incidence: 발생률, 발생 빈도)

→ skyrocket: 급등하다

We went through a lot of difficulties during the project.

우리는 그 프로젝트를 진행하는 동안 많은 어려움을 겪었어요. (go through: 힘든 경험)

I have the experience of working in both marketing and sales.

저는 마케팅과 영업 분야에서 모두 일한 경험이 있어요. (have the experience: 중립적 경험 – 즐거운/힘든 경험 모두 사용 가능)

I bought this smartphone at an affordable price.
난 이 스마트폰을 저렴한 가격에 샀어. (price: 가격 자체)

The company introduced a new pricing strategy.
그 회사는 새로운 가격 책정 전략을 도입했어요. (pricing: 가격을 매기는 행위)

결정적 키워드 2   품사 및 자동사/타동사 구분하기

- 품사 및 자동사/타동사를 헷갈려 잘못 활용하는 단어들도 꽤 많습니다. 다음 예문을 통해 살펴보세요.

There are ongoing efforts to slow the spread of the virus.
바이러스 확산을 늦추기 위한 노력이 계속되고 있어요. (명사)

→ ongoing: 계속되는

The virus is spreading really fast. 그 바이러스가 정말 빠르게 퍼지고 있어. (동사)

The virus is already widespread. 그 바이러스는 이미 널리 퍼져 있어. (형용사)

Watch out for cars when you cross the street!
길 건널 때 차 조심해! (동사)

→ watch out for ~: ~을 조심하다

She's walking across the street.
그녀는 길을 건너 걷고 있어. (전치사)

His health worsened after cancer surgery.
암 수술 후 그의 건강이 악화했어. (자동사/타동사 모두 가능하며, 이 경우는 '자동사')

= His health deteriorated after cancer surgery. (자동사로만 활용)

The collapse of major companies is worsening the economic crisis. 주요 기업들의 붕괴가 경제 위기를 악화시키고 있어. (이 경우는 '타동사')

= The collapse of major companies is aggravating the economic crisis. (타동사로만 활용)

→ collapse: 붕괴　　aggravate: 악화시키다

정답 확인

(1) He's on vacation.

(2) There's a bus stop across the street.

(3) The economy is worsening/deteriorating.

- **직장 내 휴가**

병가나 출산 휴가 등 주로 직장에서의 휴가는 leave라고 표현합니다. 회사 차원에서는 직원이 직장을 떠나 있는(leave) 개념이니까요. 이 외에도 직장 내 휴가에 대해 다음 예문을 통해 살펴보세요.

She's on maternity leave for three months.
그녀는 3개월 동안 출산 휴가 중이에요.

He's on paternity leave for three months.
그는 3개월 동안 배우자 출산 휴가 중이에요.

He's currently on sick leave because of the flu.
그는 현재 독감 때문에 병가 중이에요.

I'm going to take paid/unpaid leave for a week.
일주일 동안 유급/무급 휴가를 쓸 거예요.

I'm going to take a day off tomorrow. 내일 월차 쓸 거야. ('하루를 뺀다'라는 의미)

I'm going to take a half-day off tomorrow. 내일 반차 쓸 거야. ('반 일을 뺀다'라는 의미)

- **[go on + 휴가/여행] vs. [be on + 휴가/여행]**

휴가나 여행에 관해 표현할 때는 휴가나 여행을 나타내는 명사 앞에 주로 전치사 on을 사용합니다. [go on + 휴가/여행]은 휴가/여행을 떠나는 행동을, [be on + 휴가/여행]은 휴가/여행 중임을 의미합니다.

Where do you want to go on vacation next year?
내년에 어디로 휴가 가고 싶어? (행동)

We're on vacation in Hawaii for two weeks.
우린 2주 동안 하와이에서 휴가 중이야. (상태)

We're going on a city tour this afternoon.
우리 오늘 오후에 시내 관광할 거야. (행동)

We're on a city tour in Paris. 우린 파리에서 시내 관광 중이야. (상태)

We're going on our honeymoon to Europe.

우린 유럽으로 신혼여행 갈 거야. (행동)

We're on our honeymoon in Europe. 우리는 유럽에서 신혼여행 중이야. (상태)

He's going on a business trip to Singapore.

그는 싱가포르로 출장 갈 거야. (행동)

He's on a business trip in Singapore.

그는 싱가포르에서 출장 중이야. (상태)

- **비슷한 형태의 뜻이 다른 표현들**

price는 명사로 '가격'의 뜻이지만, '가격을 책정하다'라는 동사로도 쓰이기 때문에, pricing은 '가격 책정'의 뜻이 됩니다. 비슷한 예를 살펴볼까요?

house/housing

My grandparents live in a big house with a backyard.

조부모님은 뒷마당이 있는 큰 주택에 살고 계셔. (house: 개별 주택–가산 명사)

The city is facing a housing shortage. 그 도시는 주택 부족에 직면해 있어.

(housing: (개별 주택, 아파트 포함) 전체 주택–불가산 명사)

tax/taxation

How much was your tax refund this year?

올해 세금 환급액은 얼마였어요? (tax: 세금)

The government will introduce a new taxation system.

정부는 새 과세 제도를 도입할 예정이에요. (taxation: 조세, 과세 제도)

vaccine/vaccination

Researchers are developing a new vaccine for the virus.

연구원들이 그 바이러스에 대한 새로운 백신을 개발 중이에요. (vaccine: 백신)

Flu vaccination is recommended for people with chronic illnesses.

만성 질환이 있는 사람들에게는 독감 백신 접종이 권장됩니다. (vaccination: 백신 접종)

→ vaccinate: 백신 접종하다   chronic: 만성적인

neighbor/neighborhood

My neighbor's dog keeps barking and it's driving me crazy!

이웃집 강아지가 계속 짖어서 미치겠어! (neighbor: 이웃(집))

→ bark: 짖다   drive me crazy: 날 미치게 하다

My neighborhood has a lot of great restaurants.

우리 동네에는 맛집이 많아. (neighborhood: 동네)

- **동사구와 함께 기억할 '명사'와 '형용사'**

go on(계속되다)을 알면 ongoing(계속되는)은 쉽게 기억할 수 있듯이, 동사구와 함께 기억하기 편한 명사나 형용사에 대해 알려 드립니다.

The COVID-19 outbreak led to a global economic crisis.

코로나19의 발생이 세계 경제 위기를 초래했어. (break out: 발생하다)

The project is still ongoing.

그 프로젝트는 여전히 계속되고 있어요. (go on: 계속되다)

She got a promotion due to her outstanding performance.

그녀는 뛰어난 실적 덕에 승진했어. (stand out: 눈에 띄다)

People have high expectations for the incoming President.

사람들이 신임 대통령에 대해 기대가 높아요. (come in: 들어오다)

다음 문장을 앞서 배운 표현을 활용해 영어로 말하고 써 보세요.　　　MP3 004　정답은 p. 303

1　그는 배우자 출산 휴가 중이야.

____

2　그는 출장 중이야.

____

3　암 연구가 전 세계적으로 계속되고 있어요. (cancer research, globally)

____

주어진 단어를 활용해, 다음 문장의 별색 표현을 영어로 어떻게 바꿀지 생각해 보세요.

(1) 동등한 기회가 **남녀 모두**에게 주어져야 합니다. (alike)

(2) **올 한 해 동안에만** 매출이 30% 올랐어요. (alone)

(3) 이 차는 **3만 5천 달러야**. (worth)

결정적 키워드 1 ━━━━ 우리 의식으로는 정확히 못 쓰는 표현 (1)

단어 자체의 뜻은 알지만, 정확한 활용법을 잘 모르는 경우가 꽤 많습니다. 다음 예문을 통해 살펴볼까요?

both A and B, A and B alike

'A, B 모두'라는 구문은 [both A and B], 또는 [A and B alike]를 사용합니다. 두 표현 중 [A and B alike]가 좀 더 격식 있는 문어체 표현이에요.

Regular exercise is beneficial for both men and women.

규칙적인 운동은 남녀 모두에게 유익해요.

→ beneficial: 유익한

Executives and employees alike should adopt innovative practices.

임직원 모두 혁신적인 관행을 도입해야 합니다.

→ practice: 관행

only this year vs. this year alone

'올 한 해 동안에만'에 해당하는 영어 표현은 only this year와 this year alone이 있는데, 두 표현의 의미는 완전히 다릅니다.

You can get this discount only this year.

올해에만 이 할인을 받을 수 있어요. (다른 연도에는 적용 불가)

This year alone, the company hired 75 new employees.

올 한 해 동안에만 그 회사는 75명의 신규 직원을 채용했어요. (내년에는 더 채용할 수도 있음)

worth(~의 가치가 있는)를 활용해 가격을 표현할 때는 [be worth + 가격] 구문을 사용합니다.

The latest model of this phone is worth 1,100 dollars.

이 휴대폰의 최신 모델은 천백 달러야.

The app the company developed is worth millions of dollars now.

그 회사가 개발한 앱은 현재 수백만 달러에 달해요.

정답 확인

(1) Equal opportunities must be given to men and women alike.

(2) This year alone, sales have increased by 30 percent.

(3) This car is worth 35,000 dollars.

Voca Tips

- **introduce / adopt**

  시스템이나 정책 등을 도입할 때 원어민들은 introduce나 adopt 동사를 활용합니다.

  Many companies have introduced chatbots for better customer service. 많은 기업이 더 나은 고객 서비스를 위해 챗봇을 도입했어요.

  The company has adopted a new policy to improve its work environment. 그 회사는 근무 환경을 개선하기 위해 새로운 정책을 도입했어요.

- **total과 group 활용**

  '총 50명', '50명 그룹'을 원어민들은 우리말처럼 total 50 people, 50 people group 이렇게 표현하지 않습니다. 이때의 total과 group은 명사로, a total of ~, a group of ~ 구문으로 활용하세요.

  A total of 50 employees attended the conference.
  총 50명 직원이 그 회의에 참석했어요.

A group of 50 people was selected for the leadership program.

50명 그룹이 리더십 프로그램에 선정됐어요.

The participants were divided into two groups of 50 people.

참석자들은 50명씩 두 그룹으로 나뉘었어요.

→ participant: 참석자

● **'직업/직위'와 '호칭' 구별**

'김 선생님'을 부를 때, 혹시 Teacher Kim!이라고 하진 않나요? '직업/직위'와 '호칭'을 구별해야 하는 경우가 있는데, 다음 예문으로 실수를 예방하세요.

He works as a high school teacher.

그는 고등학교 선생님으로 재직 중이에요. (직업)

Mr. Kim, can I ask you a question?

김 선생님, 질문해도 될까요? (호칭)

The priest visited my grandmother to pray for her.

신부님이 기도해 주시려고 할머니를 찾아오셨어요. (직업)

Father John, can I speak with you for a moment?

존 신부님, 잠시 얘기 좀 나눌 수 있을까요? (호칭)

The nun regularly volunteers at a homeless shelter.

수녀님은 정기적으로 노숙자 쉼터에서 자원봉사를 하셔. (직업)

→ volunteer: 자원봉사하다   shelter: 쉼터

Sister Mary, can I meet you sometime this week?

메리 수녀님, 이번 주중에 뵐 수 있을까요? (호칭)

The police officer arrested him for drunk driving.

경찰관이 그를 음주 운전으로 체포했어. (직업)

→ drunk driving: 음주 운전

Excuse me, officer, can you help me?

실례합니다, 경관님, 저 좀 도와주실래요? (호칭)

She was appointed as a judge three years ago.

그녀는 3년 전에 판사로 임명됐어. (직업)

Objection, Your Honor!

이의 있습니다, 재판장님! (호칭)

The President met with global leaders to discuss climate change.

대통령이 기후 변화를 논의하기 위해 글로벌 리더들을 만났어요. (직위)

→ meet with: ~와 공식적으로 만나다

Mr. President, we have an urgent situation!

대통령님, 긴급한 상황이 발생했습니다! (호칭)

He became king after his mother passed away.

그는 어머니가 서거한 후 왕이 됐어요. (직위)

→ pass away: 사망하다

Your Majesty, the Prime Minister has just arrived.

폐하, 총리께서 방금 도착하셨습니다. (호칭)

(G) Grammar Tips

- **worth 활용법**

'~할 가치가 있는'의 worth는 형용사이지만 조금 특이한 특징이 있어요. 바로 동명사(Ving)나 명사(또는 명사구)를 목적어처럼 직접 뒤에 취한다는 점입니다. 마치 동사처럼 목적어를 가지고 오는 독특한 형용사이지요. 그래서 '~할 가치가 있다'라는 표현은 [be worth Ving]나 [be worth 명사/대명사] 구문을 활용하세요.

The food was worth waiting in line for an hour.

그 음식은 한 시간 줄 서서 기다릴 가치가 있었어.

→ wait in line: 줄 서서 기다리다

Keep going, it's worth the effort.

계속해 봐. 그건 노력할 만한 가치가 있어.

Believe in yourself, because you're worth it!

너 자신을 믿어. 넌 그럴 만한 가치가 있으니까!

다음 문장을 앞서 배운 표현을 활용해 영어로 말하고 써 보세요.　　　MP3 006　정답은 p. 303

1 이번 한 달 동안에만 책을 일곱 권 읽었어.

____

2 총 180명의 학생이 올해 졸업했어.

____

3 이 영화는 볼 만한 가치가 있어.

____

주어진 단어를 활용해, 다음 문장의 별색 표현을 영어로 어떻게 바꿀지 생각해 보세요.

(1) 한국은 방문하기에 가장 안전한 국가 **중 하나예요.** (among)

(2) 내일 비 올 **가능성이 아주 커.** (likely)

(3) 너 그 **문제에 직면해야** 해! (face)

결정적 키워드 1 ━━━ 우리 의식으로는 정확히 못 쓰는 표현 (2)

단어 자체의 뜻은 알지만, 정확한 활용법을 몰라 문장을 잘 못 만드는 경우가 꽤 많았죠? 다음 예문을 통해 좀 더 살펴보세요.

among + 복수 명사

'~ 중 하나'는 보통 [one of + 복수 명사] 구문을 사용하는데, 이제부터는 [among + 복수 명사]로 간단히 표현해 보세요.

This café is among my favorite places to work.

이 카페는 작업하기에 내가 가장 좋아하는 장소 중 하나야.

This is among the most luxurious hotels in the city.

이건 그 도시에서 가장 고급 호텔 중 하나예요.

→ luxurious: 고급의

be very likely to + 동사원형

일상 회화에서 '~할 가능성이 있다'라는 표현은 [be likely to + 동사원형] 구문을 사용합니다. 가능성이 아주 클 때는 여기에 very만 넣어서 [be very likely to + 동사원형]을 활용해 보세요.

Things are likely to get better soon.

상황이 곧 나아질 가능성이 있어.

→ things: 상황

Things are very likely to get better soon.

상황이 곧 나아질 가능성이 아주 커.

be faced with ← face

'직면하다'라는 뜻의 face는 타동사입니다. 이것은 be faced with로 쪼개지지만, face와 be faced with 간에는 미묘한 뉘앙스 차이가 있어요. 타동사이므로, face with는 틀린 표현이에요.

The company is facing tough competition from its rivals.
그 회사는 경쟁사로부터의 지열한 경쟁에 직면하고 있어요. (적극적으로 대응하는 느낌)

The company is faced with many challenges.
그 회사는 많은 도전에 직면해 있어요. (상황에 수동적으로 놓여 있는 느낌)
→ challenge: 도전

be opposed to ← oppose

'~에 반대하다'라는 뜻의 oppose 역시 타동사입니다. be opposed to로 쪼개지므로, oppose to는 틀린 표현이에요.

The companies opposing the policy are lobbying against it.
그 정책에 반대하는 기업들이 그것에 반대하는 로비를 벌이고 있어요. (적극적으로 대응하는 느낌)
→ lobby for/against ～: ~에 찬성/반대하는 로비를 하다

They are opposed to the policy, but haven't taken any action yet.
그들은 그 정책에 반대 입장이지만, 아직 아무 행동을 취하지는 않았어요. (oppose보다는 덜 적극적인 느낌)

정답 확인

(1) South Korea is among the safest countries to visit.

(2) It's very likely to rain tomorrow.

(3) You have to face the problem!

Voca Tips

- ### There's a high chance of ~

[be very likely to + 동사원형] 외에 큰 가능성을 나타내는 표현으로 There's a high chance of ~가 있습니다. 그래서 There's a high chance of rain tomorrow.는 내일 비 올 가능성이 크다는 뜻인데요, be likely to ~ 구문보다 좀 더 격식 있는 느낌이에요.

It's likely to rain tomorrow. 내일 비 올 것 같아.

There's a high chance of rain tomorrow.
내일 비 올 가능성이 큽니다. (좀 더 격식 있는 느낌, 일기 예보 등에 적합)

- ### opposition party

'반대하다'의 oppose에서 파생한 단어로 opposition(반대)이 있는데요, 정치에서 '야당'을 바로 opposition party라고 합니다. '통치하는 당(ruling party)', 즉 '여당'의 정책에 반대하는(oppose) 당이란 뜻이겠죠?

The opposition party plays a key role in democracy.
야당은 민주주의에서 핵심적인 역할을 합니다.

→ play a role: 역할을 하다

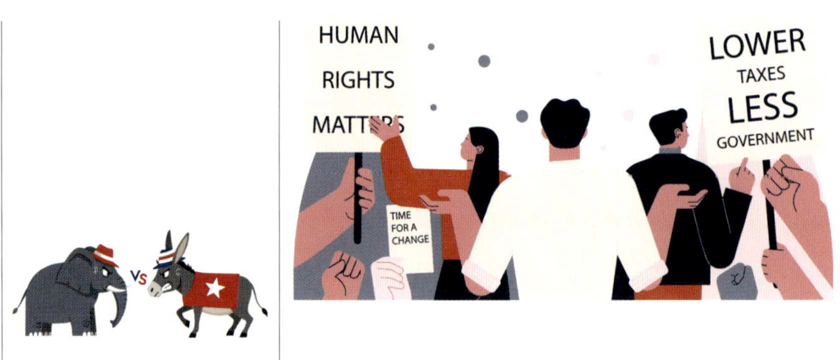

- ### be against/for

일상 회화에서는 '반대하다'를 동사 oppose 대신 be against ~를 사용해 가볍게 말해 보세요. 찬성할 때는 be for ~나 be in favor of ~ 구문을 사용하면 됩니다.

I'm against this idea. 난 이 생각에 반대야.

↔ I'm for this idea. 난 이 생각에 찬성이야. (구어체)

= I'm in favor of this idea. 난 이 생각에 찬성이야. (격식체)

- **likely 활용법**

  [be likely to + 동사원형] 구문에 익숙해서 likely 뒤에 to 동사원형이 오지 않으면 무조건 틀렸다고 하는 분들이 많습니다. 하지만 likely는 부사로도 쓰이는데, 이때는 '아마'의 뜻이에요.

  ## The CEO will likely step down this month.

  CEO가 아마 이번 달에 사임할 겁니다.

  → step down: 사임하다

  ## The companies will likely change their strategy.

  그 회사들은 아마 전략을 바꿀 겁니다.

다음 문장을 앞서 배운 표현을 활용해 영어로 말하고 써 보세요.　　　　MP3 008　정답은 p. 303

1　내일 눈 안 올 것 같아.

____

2　그 국가는 높은 실업률에 직면하고 있어. (unemployment rate)

____

3　난 흡연에는 반대야. (be against)

____

주어진 단어를 활용해, 다음 문장의 별색 표현을 영어로 어떻게 바꿀지 생각해 보세요.

(1) **말하는 거 보니까** 너 되게 피곤한 것 같아. (sound)

(2) **알고 보니까** 우리 동창이었어. (turn)

(3) **난 여기가 좋아.** (it)

결정적 키워드 1 ━━━ 발상의 전환이 필요한 표현들 (1)

한국어를 영어로 바꿀 때, 직역하면 어색한 표현들이 정말 많습니다. 그중 영어 문장에서 가장 많이 쓰이는 것들을 제시합니다.

말하는 거 보니까

'말하는 거 보니까'에서 '보니까'에 초점을 맞추지 말고, 네가 말하는 게 꼭 어떻게 들린다는 의미로, You sound ~를 이용해 문장을 자연스럽게 만들어 보세요. [You sound + 형용사], [You sound like + 명사/문장]의 구조로 쓰입니다.

You sound really busy lately.
말하는 거 보니까 최근에 정말 바쁜 것 같네.

You sound like you're in a good mood.
말하는 거 보니까 기분이 정말 좋아 보여.
→ be in a good mood: 기분이 좋다

알고 보니까

turn out ~은 보통 '~으로 판명되다/밝혀지다'로 많이 알고 있는데요, '알고 보니까'로 자연스럽게 기억해 두세요. 활용도가 굉장히 높은 표현입니다.

He turned out to be married.
알고 보니까 그가 결혼했더라고.

It turned out (that) he was right after all.
알고 보니까 결국 그가 옳았어.
→ after all: 결국

- "나는 여기가 좋아"를 직역하면 "I like here."가 됩니다. like는 '타동사'라서 목적어가 필요한데요, here는 '부사'라서 목적어로 사용할 수는 없어요. 이럴 때는 목적어 it을 넣어 주세요.

I love it here. Everyone is so friendly.
여기 진짜 맘에 들어. 모두가 정말 친절해.

I hate it here. The weather is awful.
여기 정말 싫어. 날씨가 엉망이야.
→ awful: 엉망인, 끔찍한

- 현재 위치를 묻는 "여기 어디야?"를 직역한 "Where is here?" 역시 굉장히 어색하게 들려요. 부사 here는 주어 역할을 하지 못하기 때문입니다. 대신 "Where are we?"라고 물어보세요. 사진이나 영화 등에 나오는 위치를 물으면서 "여기 어디야?"라고 할 때는 "Where is this place?"가 맞습니다.

Where are we? This place looks strange.
(낯선 장소에서) 여기 어디야? 여기 낯설어 보이는데.

Where is this place? The view is incredible!
(사진을 보면서) 여기 어디야? 뷰가 끝내주는데!
→ incredible: (믿기 힘들 정도로) 굉장한

정답 확인

(1) You sound exhausted.

(2) It turned out (that) we went to the same school.

(3) I like it here.

━━ⓥ━━ Voca Tips

- **mood**

'기분'을 표현할 때는 mood를 사용해 [be in ~ mood (to)] 구문으로 나타냅니다.

You seem to be in a good mood. 너 기분 좋아 보여.

She seems to be in a bad mood today. 걔 오늘 기분 안 좋아 보여.

I'm not in the mood to go out tonight. 오늘 밤 외출할 기분이 아니야.
→ go out: 외출하다

- **go to + 대학교 이름**

  대학에 '재학 중'일 때는 go 동사로 캐주얼하게 표현하세요.

  I go to Harvard. 나 하버드 다녀.

  I went to Harvard. 나 하버드 다녔어. (반드시 졸업했다는 의미는 아님)

  I graduated from Harvard. 나 하버드 졸업했어. (졸업했다는 의미임)

- **"Where were we?"**

  대화 중 잠시 다른 얘기로 빠졌다가 원래 얘기로 돌아갈 때, "어디까지 얘기했더라?"라고 물어보죠? 이때는 "Where were we?"라고 간단히 표현해 보세요.

  Sorry about that. Where were we? 미안해. 어디까지 얘기했더라?

Ⓖ Grammar Tips

- **'어떻게'를 what으로 표현해야 하는 경우**

  우리말의 '어떻게'가 '상태'나 '방법'을 의미할 때는 how이지만, '특정 정보에 대한 답'을 요구할 때는 what인 경우가 많습니다. 예문을 보며 확인해 보세요.

  How did your day go? 오늘 하루 어땠어?

  How do I get to the nearest subway station?
  가장 가까운 지하철역까지 어떻게 가나요?

  → get to ~: ~에 도착하다

  What's the price? 가격이 어떻게 되나요?

  What do you think about social media? 소셜 미디어에 대해 어떻게 생각해?

다음 문장을 앞서 배운 표현을 활용해 영어로 말하고 써 보세요.   MP3 010   정답은 p. 303

1 말하는 거 보니까 너 내 말 안 믿네.

____

2 알고 보니까 그가 내가 생각했던 것보다 나이가 더 많더라.

____

3 (사진을 보면서) 여기 어디야? 낯익은데. (familiar)

____

다음 문장의 별색 표현을 영어로 어떻게 바꿀지 생각해 보세요.

(1) 이번 주 토요일에 **놀까**? (다 큰 성인들의 대화)

(2) 도로가 정말 **복잡해**.

(3) 죄송한데, **저 아세요**?

결정적 키워드 1 　 발상의 전환이 필요한 표현들 (2)

단어의 정확한 의미를 몰라, 직역하면 어색한 표현들이 많습니다. 원어민들은 어떻게 표현하는지 예문을 통해 살펴볼까요?

놀다 play vs. hang out

'놀다'의 play는 게임이나 스포츠를 할 때, 또는 아이들이 놀 때 사용합니다. 성인들이 만나서 놀 때는 hang out 구문을 써야 해요.

How about playing board games at my place instead of going out?

외출하는 대신 우리 집에서 보드 게임하는 거 어때?

The kids are playing in the pool right now.

애들이 지금 수영장에서 놀고 있어.

I'm just hanging out with my friends.

그냥 친구들이랑 놀고 있어.

복잡한 complex vs. busy

도로가 차도 많고 복잡할 때 보통 complex를 떠올리죠? 하지만 이 단어는 도로 구조나 설계가 복잡하다는 뉘앙스예요. 이때는 complex 대신 busy를 써야 합니다. 사람이 바쁜 것처럼, 도로도 바쁘다고 기억해 보세요.

The subway map is too complex for tourists.

지하철 노선도가 관광객들에게는 너무 복잡해요.

Do you know why the roads are so busy today?

오늘 도로가 왜 이렇게 복잡한지 알아?

저 아세요? Do you know me? (X) vs. Do I know you? (O)

누군가가 아는 척을 했는데 잘 기억나지 않을 때, "죄송한데, 저 아세요?"라고 물어보죠? 이때, "Do you know me?"라고 하면 무례하게 들릴 수 있어요. "Do I know you (from somewhere)?" 또는 "Have we met before?"로 공손하게 물어보세요.

Sorry, do I know you? I'm terrible at remembering faces.

죄송한데, 저 아세요? 제가 얼굴을 진짜 기억 못해서요.

→ be terrible at ～: ～을 진짜 못하다

뭐라고요? What? (X) vs. Come again? (O)

상대방의 말을 잘 못 들었거나 이해 못 했을 때, "뭐라고요?" 이렇게 말하는데요. 이때도 "What?"이라고 표현하는 건 무례하게 들릴 수 있어요. "Sorry?", "Excuse me?", "Come again?" 같은 표현을 활용해 보세요.

Come again? You're moving where?

뭐라고? 어디로 이사 간다고?

아셨죠? Do you understand? (X) vs. Is everything clear so far? (O)

회의나 공식적인 자리에서 "이해하셨나요?"의 의미로 상대방에게 "Do you understand?"라고 물어보시나요? 이러면 명령조로 들려서 무례하게 느껴질 수 있습니다. 단호하게 이 표현을 사용해야 할 경우를 제외하고는, "Is everything clear so far?"라고 부드럽게 물어보세요.

You need to be home by 9 p.m. Do you understand?

9시까지는 집에 와야 해. 알았지?

We've discussed the budget for next quarter. Is everything clear so far?

다음 분기 예산에 대해 논의했습니다. 지금까지 다 이해되셨나요?

→ budget: 예산   quarter: 분기

정답 확인

(1) Do you want to hang out this Saturday?

(2) The roads are really busy.

(3) Sorry, do I know you?

Ⓥ Voca Tips

- **traffic**

traffic은 '교통'이라는 뜻 외에 '도로가 막히고 복잡한 상황'을 표현할 수도 있습니다.

Traffic is really bad right now. 지금 교통이 엄청 복잡해.

I'm stuck in traffic right now. 나 지금 교통에 갇혔어. → 지금 교통이 엄청 복잡해.
→ be stuck in ~: ~에 갇히다

There's heavy traffic on the highway. 고속도로에 차가 많이 막혀 있어.

- **be busy vs. be in a hurry**

둘 다 바쁘고 급한의 의미가 있지만, busy는 일정이 차 있거나 할 일이 많아서 '바쁜' 상황을 말하고, in a hurry는 시간이 부족해서 '급한' 상황을 뜻합니다.

She's been really busy with work lately. 걔 요즘 일 때문에 정말 바빠.

Sorry, I'm in a hurry. Can you take the fastest way?
(택시 기사에게) 죄송한데, 제가 급해서요. 가장 빠른 길로 갈 수 있을까요?

⊶ G ⊷ **Grammar Tips**

● **길이나 도로 앞의 전치사 on**

길이나 도로를 나타내는 단어(avenue, highway, road, street)는 전치사 on과 함께 사용합니다.

The roads are really icy today. Drive carefully on the highway!

오늘 도로가 진짜 꽁꽁 얼었어. 고속도로에서 운전 조심해!

→ icy: 얼음에 뒤덮인

You'll find a lot of luxury stores on this avenue. 이 거리에 명품 매장이 많아.

→ avenue: 거리

다음 문장을 앞서 배운 표현을 활용해 영어로 말하고 써 보세요.　　　　　MP3 **012**　정답은 **p. 303**

1　카페에서 마이크랑 놀았어. (hang)

2　도로가 정말 복잡해. 아마 30분 늦을 것 같아. (probably)

3　고속도로에서 방금 사고가 있었어.

다음 문장의 별색 표현을 우리말로 어떻게 바꿀지 생각해 보세요.

(1) Even with his heart **condition**, he ran in the marathon.
(2) We're closely monitoring the **developments** in the event.
(3) Companies must adopt ethical business **practices**.
(ethical: 윤리적인)

결정적 키워드 **1** ━━━ 단어 자체를 오역하는 경우 (1)

뜻이 여러 개인 다의어일 경우, 자주 쓰이는 뜻만 알고 있다면 문장을 오역할 가능성이 큽니다. 다음 예문을 통해 각각 살펴보세요.

condition: 질환　procedure: 수술, 시술

condition은 '조건', '상태' 뜻 외에 '질환'을 의미하기도 합니다. procedure 역시 '절차' 뜻 외에 '수술, 시술'이라는 뜻이 있으니까, 같이 기억해 두세요.

My father was diagnosed with a kidney condition.

아버지가 신장 질환 진단을 받으셨어.

→ be diagnosed with ~: ~로 진단받다　　kidney: 신장

Laser eye surgery has become a common procedure.

레이저 눈 수술은 일반적인 시술이 되었어요.

development: 국면, 추이

development는 '발달'이나 '개발'이라는 뜻 외에 '(사건의) 국면, 추이'라는 뜻이 있습니다. 동사 develop은 '(질병에) 걸리다'라는 뜻으로도 쓰이는데요, 뜻은 다르지만, 무엇인가가 진행된다는 이미지는 비슷하죠?

We're assessing the situation to respond to the latest developments.

우리는 최신 국면에 대응하기 위해, 그 상황을 평가하고 있어요.

→ assess: 평가하다　　respond to ~: ~에 대응하다, ~에 반응하다

Smokers have a high risk of developing lung cancer.

흡연자는 폐암에 걸릴 위험이 큽니다.

practice는 '연습', '실천' 외에, '관행'의 뜻으로도 아주 많이 쓰입니다.

The company's business practices are under investigation.

그 기업의 사업 관행은 조사를 받고 있어요.

→ be under investigation: 조사를 받는 중이다

정답 확인

(1) 심장 **질환**이 있는데도 불구하고, 그는 마라톤에서 뛰었어.

(2) 우리는 그 사건의 **추이**를 자세히 모니터링하고 있어요.

(3) 기업들은 윤리적 사업 **관행**을 도입해야 합니다.

Ⓥ Voca Tips   질병 관련 표현들

- **be diagnosed with + 질병**

질병에 걸린 상태는 보통 전치사 with를 사용해 표현합니다. 그 질병을 '갖고 있다'라고 기억해 보세요. 예를 들어 '에이즈 환자들'이라는 표현은 AIDS patients, people (living) with AIDS, people (living) with HIV/AIDS 등으로 다양하게 표현할 수 있습니다. HIV는 바이러스를 지칭하는 표현이고, AIDS는 질병을 의미하는데요. 바이러스가 질병을 유발하기 때문에 HIV/AIDS 순서가 맞고요, AIDS/HIV 표현은 잘 사용하지 않아요. 어떤 질병을 진단받을 때도 같은 이유로 [be diagnosed with + 질병] 구문을 사용합니다.

He's been struggling with depression for years.

그는 수년간 우울증으로 힘들어하고 있어.

The organization is helping people with heart disease.

그 단체는 심장병을 앓고 있는 사람들을 돕고 있어.

He was diagnosed with diabetes when he was 43.

그는 43세에 당뇨병 진단을 받았어.

→ diabetes: 당뇨병

- **develop**

'(질병에) 걸리다'라는 뜻의 develop 동사는 점진적으로 진행되는 만성 질환이나 심각한 질병에 사용합니다. 감기나 독감처럼 바이러스 감염으로 갑자기 발생하는 질환에는 사용하지 않아요. 감기나 독감의 경우에는 catch나 get 동사를 사용해요.

My grandfather developed Alzheimer's disease in his early 80s.

할아버지는 80대 초반에 알츠하이머병에 걸리셨어.

→ Alzheimer's disease: 알츠하이머병

I think I caught a cold from my coworker at the office.

사무실에서 동료한테 감기에 걸린 것 같아. → 사무실에서 동료한테 감기 옮은 것 같아.

- **a cold vs. the flu**

'감기'는 a cold, '독감'은 the flu라고 합니다. 감기는 다양한 바이러스에 의해 발생하기 때문에 종류가 많아요. 그래서 a cold는 '수많은 감기 중 하나'라는 뜻이겠죠? 반면, '독감'은 다양한 변종이 있어도 인플루엔자 바이러스에 의해 발생하는 특정 질병이라서 the flu라고 합니다.

I often get colds in the winter. 난 겨울에 감기 자주 걸려.

I still got the flu, even after getting a flu shot.
독감 예방 주사를 맞았는데도 독감에 걸렸어.

→ flu shot: 독감 예방 주사

G   Grammar Tips

- **동사가 명사로 바뀌어도 전치사는 그대로 사용**

respond to(~에 대응하다, ~에 반응하다), in response to(~에 대응하여, ~에 반응하여)와 같이 동사가 명사로 바뀔 때도 동사일 때 함께 쓰던 전치사는 변하지 않습니다.

How can we respond to the crisis? 위기에 어떻게 대응할 수 있을까요?

In response to market trends, we are increasing our focus on digital marketing. 시장 트렌드에 대응하여, 디지털 마케팅에 더 집중하고 있어요.

Our team collaborated with a startup to develop the app.
우리 팀은 그 앱을 개발하기 위해 신생 창업 기업과 협업했어요.

In collaboration with several universities, the company developed a new vaccine. 여러 대학과 협업하여 그 회사는 새로운 백신을 개발했어요.

We need to prepare for worst-case scenarios.
우린 최악의 상황에 대비할 필요가 있어요.

→ worst-case scenario: 최악의 상황

We're expanding our production capacity in preparation for an increased demand. 수요 증가에 대비해 우리는 생산 역량을 증대하고 있어요.

The company is planning to add more features to the new model.
그 회사는 더 많은 기능을 새 모델에 추가할 계획이에요.

→ add A to B: A를 B에 추가하다 　 feature: 기능

In addition to its new features, this phone boasts a longer battery life. 새로운 기능 외에도, 이 휴대폰은 더 길어진 배터리 수명을 자랑해요.

→ boast: 자랑하다 　 battery life: 배터리 수명

Can I exchange these pants for a smaller size?
이 바지, 더 작은 사이즈로 교환할 수 있나요?

In exchange for a long-term partnership, the supplier offered a 30% discount. 장기 파트너십에 대한 대가로, 그 공급업체는 30% 할인을 제안했어요.

→ supplier: 공급업체

다음 문장을 앞서 배운 표현을 활용해 영어로 말하고 써 보세요.　　MP3 **014**　정답은 **p. 304**

1　수년간의 흡연 이후, 그는 폐암에 걸렸어요. (develop)

2　그는 독감 진단을 받았어. (diagnose)

3　그 새로운 시스템에 대응하여, 우리는 매뉴얼을 업데이트했어요. (response)

다음 문장의 별색 표현을 우리말로 어떻게 바꿀지 생각해 보세요.

(1) Samsung Electronics is a **public company**.
(2) We had **company** last night.
(3) I **could use** a nap right now.

결정적 키워드 1 ▬▬▬ 단어 자체를 오역하는 경우 (2)

영어 문장을 다양하게 접해 보지 않으면, 단어를 원래 알고 있는 뜻대로만 해석해 문장을 오역할 가능성이 큽니다. 다음 예문을 통해 확인해 보세요.

public company

public company는 '공기업'이 아니에요. public school은 '공립 학교'의 뜻이지만, public company는 주식이 '대중(public)'에게 공개된 '공개 기업'을 의미합니다. 즉, 대중이 주식을 사고팔 수 있는 기업을 지칭해요.

A public company must submit quarterly reports.
공개 기업은 분기별 보고서를 제출해야 합니다.
→ quarterly report: 분기별 보고서

company

company는 불가산 명사로 쓰일 경우, '집에 온 손님' 또는 '~와 함께 있음'이라는 뜻입니다. "I like your company." 이 문장은 회사와 관련된 맥락이 없는 한 "당신과 함께 있는 게 좋아요"라는 뜻이에요.

I need to clean my house since I'm expecting company.
손님이 올 예정이라 집 청소해야 해.

I had a great time today. I really enjoyed your company.
오늘 정말 즐거웠어. 너랑 함께 있는 게 정말 좋았어.

fashion

fashion은 '패션' 외에 '방식'이라는 뜻이 있습니다. 주로 [in a ~ fashion(~한 방식으로)]의 패턴으로 쓰입니다.

The conference was conducted in an organized fashion.
그 회의는 체계적인 방식으로 진행됐어요.
→ organized: 체계적인

결정적 키워드 2 　　　　 구문을 오역하는 경우

각 단어의 뜻은 알지만 단어가 조합된 구문을 오역하는 예가 많습니다. 예문을 통해 살펴보세요.

could use sth

'sth이 필요하다'라는 뜻입니다. 원어민들은 의미를 좀 더 강조하기 위해 really와 함께 사용하지요.

I could really use some coffee right now.
지금 커피가 절실해.

It's all about sth

'sth이 가장 중요하다'라는 뜻입니다. 활용도가 정말 높으니까 꼭 기억해 두세요.

When it comes to cafés, it's all about the mood.
카페에 관해서는, 분위기가 가장 중요해.
→ when it comes to ~: ~에 관해서는　　mood: 분위기

You don't want to ~

많이 오역하는 표현인데요, '~하지 않는 게 좋을 거야'라는 뜻으로, 경고나 조언할 때 많이 사용합니다.

You don't want to know.
모르는 게 나아.

couldn't care less

원어민이 아니면 잘 모를 수 있는 표현입니다. 직역하면 '이것보다 덜 신경 쓸 수 없다'로, '전혀 신경 쓰지 않아'라는 뜻입니다. 같은 맥락으로 couldn't agree less ~는 '전혀 동의하지 않아'라는 뜻이에요.

Honestly, I couldn't care less about it.

솔직히, 그거 전혀 신경 안 써.

I couldn't agree less. Do you seriously think that makes sense?

전혀 동의하지 않아. 그게 정말 말이 된다고 생각해?

→ make sense: 말이 되다

정답 확인

(1) 삼성전자는 **공개 기업**입니다.

(2) 어젯밤 **집에 손님**이 왔었어.

(3) 지금 낮잠 좀 **자야겠어**.

Voca Tips 기업·주식 관련 표현들

- **go public**

대부분의 공개 기업(public company)은 증권거래소에 상장된 상장 기업입니다. go public이 바로 '상장하다'라는 뜻이에요. '최초 기업 공개', 즉 신규 상장을 IPO (initial public offering)라고 하는데요, 처음으로(initial) 대중(public)에게 주식을 살 수 있게 제공(offering)한다는 뜻입니다.

The company went public in 2020.

그 회사는 2020년에 상장했어요.

- **be listed**

'상장하다'의 또 다른 표현으로 be listed가 있습니다. 주식이 상장되거나 거래될 때는 거래소 이름 앞에 전치사 on을 사용해 보세요.

The company was listed on the New York Stock Exchange in 2021.
그 회사는 2021년 뉴욕증권거래소에 상장됐어요.

→ the New York Stock Exchange: 뉴욕증권거래소

The company's stock is traded on the KOSDAQ.

그 회사 주식은 코스닥에서 거래되고 있어.

→ trade: 거래하다

- **parent company**

  '모기업'은 parent company라고 합니다. parents가 아니라 parent, 꼭 단수형으로 사용하세요, 복수형으로 쓰면 '부모님 회사'라고 해석돼 버리니까요. '자회사'는 '아래'를 나타내는 접두어 sub- 로 시작하는 subsidiary로 나타냅니다.

  Samsung Electronics is the parent company of several subsidiaries.
  삼성전자는 여러 자회사의 모기업입니다.

(G) Grammar Tips

- **Don't ~ vs. You don't want to ~**

  Don't ~로 시작하는 명령문이 단호한 금지를 나타낸다면, You don't want to ~는 좀 더 부드러운 경고나 조언할 때 사용하는 구문이에요.

  Don't drink too much tonight!
  오늘 밤 과음하지 마!

  You don't want to drink too much tonight.
  오늘 밤 과음 안 하는 게 좋을 거야.

다음 문장을 앞서 배운 표현을 활용해 영어로 말하고 써 보세요.　　　MP3 016　정답은 p. 304

1 공개 기업은 자사 주식을 대중에게 팔 수 있어요. (shares)

2 네 도움이 절실해. (use)

3 늦지 않는 게 좋을 거야. (want)

다음 문장의 별색 표현을 우리말로 어떻게 바꿀지 생각해 보세요.

(1) The company is a tech **giant** that invests heavily in AI research.
(2) The U.S. President will meet with his French **counterpart** this Friday.
(3) The U.S. is the world's largest economic **player**.

결정적 키워드 1 ━━━ 활용이 쉬워지는 단어/표현의 뉘앙스들 (1)

뜻은 알아도 뉘앙스를 몰라 제대로 활용하지 못하는 단어들을 소개합니다.

giant

'거인'이라는 뜻인데요, 실제로는 '거물급 인사' 또는 '대기업'이란 뜻으로 더 많이 활용됩니다.

He's a finance giant with huge power in the banking industry.
그는 은행업계에서 막강한 힘을 가진 금융계 거물급 인사야.

The company has become an automotive giant in just a decade.
그 회사는 불과 10년 만에 자동차 대기업이 되었어요.
→ automotive: 자동차의

counterpart

'대응 관계에 있는 사람', 즉 같은 직위나 역할을 맡은 사람을 의미하는데, 사람뿐만 아니라 대응 관계에 있는 사물을 지칭하기도 합니다. 해석은 맥락에 맞게 의역해 보세요.

The South Korean Foreign Minister talked about the issue with his U.S. counterpart.
한국 외교부 장관은 미 국무장관과 그 이슈에 관해 이야기했어요.

This model offers more advanced features than its Android counterparts.
이 모델은 안드로이드 대응 모델들보다 더 고급 기능을 제공해요.

'선수'라는 뜻인데, 이 의미가 확장되어 '주요 인사/기업/국가'를 나타내기도 합니다. 주전 선수를 떠올려 보면 이해하기 쉬울 거예요.

The company is a key player in the IT industry.
그 회사는 IT 업계 주요 기업이에요.

정답 확인

(1) 그 회사는 인공지능 연구에 엄청난 투자를 하는 기술 **대기업**이에요.

(2) 미국 대통령은 이번 주 금요일에 프랑스 **대통령**과 만날 예정입니다.

(3) 미국은 전 세계 최대 규모의 경제 **강국**입니다.

Ⓥ Voca Tips 1

- **pour into ~**

  '~에 투자하다'는 invest in ~, 또는 make an investment in ~인데요, 막대한 돈을 투자할 때는 pour into ~ 구문을 사용할 수 있습니다. pour는 기본적으로 '비가 쏟아지다'라는 뜻으로, 투자 관련해서 비가 쏟아지듯 돈을 '쏟아붓다'라는 뜻이 됩니다.

Let's stay in. It's pouring outside!
나가지 말자. 밖에 비가 쏟아져!

The company is pouring millions of dollars into the project.
그 회사는 그 프로젝트에 수백만 달러를 쏟아붓고 있어요.

- **한국과 미국의 서로 다른 '부처'와 '장관' 명칭**

  한국과 미국은 '정부 부처'와 '장관'을 지칭하는 용어가 다릅니다. 표를 보며 확인하세요.

	한국	미국
정부 부처	Ministry	Department
장관	Minister	Secretary
법무부	Ministry of Justice	Department of Justice
외교부	Ministry of Foreign Affairs	Department of State (국무부)
국방부	Ministry of National Defense	Department of Defense

South Korea's Ministry of Foreign Affairs has announced new visa policies.
한국 외교부가 새로운 비자 정책을 발표했어요.

The U.S. Defense Secretary will visit South Korea next month.
미 국방부 장관이 다음 달 한국을 방문할 예정입니다.

- **'경제 강국'의 다양한 표현들**

  '경제 강국'은 economic player 외에도 다양하게 표현할 수 있습니다.

  The U.S. is the world's largest economic player.

  = The U.S. is the world's largest economic power. (power: 강대국)

  = The U.S. is the world's largest economic powerhouse.
    (powerhouse: 강대국)

  = The U.S. is the world's largest economy. (economy: 경제국)

Voca Tips 2

- **super-**

  접두어 super-는 일반적인 수준을 뛰어넘는 우월함을 뜻할 때 쓰이므로, 미국 등의 '초강대국'은 superpower라고 합니다.

  The U.S. is the world's most influential superpower.

  미국은 세계에서 가장 영향력 있는 초강대국입니다.

  → influential: 영향력 있는

- **[visit with + 사람]**

  [visit with + 사람] 구문은 '~와 함께 방문하다'로 오역하기 쉬운 구문인데요. '그 사람을 만나(visit) 함께(with) 시간을 보내다'의 뜻입니다. 아래 두 문장을 비교해 보세요.

  I visited with my grandfather over the weekend.

  주말에 할아버지를 뵙고 함께 시간을 보냈어요.

  I visited the museum with my grandfather over the weekend.

  주말에 할아버지와 함께 박물관을 방문했어요.

다음 문장을 앞서 배운 표현을 활용해 영어로 말하고 써 보세요.　　　　 MP3 018 　정답은 p. 304

1　그 회사는 세계에서 가장 큰 석유 대기업 중 하나야.

____

2　미 법무부가 그 사건을 조사 중이에요. (investigate)

____

3　그 회사는 수백만 달러를 연구·개발에 쏟아붓고 있어요. (R&D)

____

다음 문장의 별색 표현을 우리말로 어떻게 바꿀지 생각해 보세요.

(1) AI development is rapidly changing the tech **landscape**.
(2) The bill passed with strong **bipartisan** support.
(3) **Transatlantic relations** are worsening due to trade disputes.
(trade dispute: 무역 분쟁)

결정적 키워드 1 ■■■■ 활용이 쉬워지는 단어/표현의 뉘앙스들 (2)

단어 자체 및 뉘앙스가 어려워 제대로 활용하지 못하는 단어들이 꽤 있습니다. 다음 예문을 통해 살펴볼까요?

landscape

'풍경'이라는 뜻이지만, 일상적으로 '지형'이나 '판도'라는 비유적인 의미로 더 많이 활용됩니다.

The mountain landscape was breathtaking at sunrise.
그 산의 풍경은 일출 때 숨이 막힐 정도로 아름다웠어.
→ breathtaking: 숨 막히는　　sunrise: 일출

Social media is dramatically changing the media landscape.
소셜 미디어가 미디어 판도를 급격하게 변화시키고 있어요.

bipartisan

'정당'을 의미하는 party의 형용사 partisan은 '당파적인'의 뜻이에요. 여기에 '둘'을 뜻하는 접두어 bi-가 결합한 bipartisan은 '양당의'란 뜻으로, 미국의 경우 특정 사안에 대해 민주·공화 양당이 협력할 때 이 단어를 씁니다.

Immigration is one of the most controversial partisan issues in the U.S.
이민은 미국에서 가장 논란이 많은 당파적인 이슈 중 하나입니다.
→ immigration: 이민　　controversial: 논란이 많은

Trade restrictions on China are a bipartisan issue in the U.S.
중국에 대한 무역 제한은 미국에서 양당이 협력하는 이슈입니다.
→ restriction: 제한

Atlantic은 '대서양'을 의미합니다. '횡단'을 나타내는 접두어 trans-가 결합한 transatlantic은 '대서양을 횡단하는'의 뜻입니다. 북미(미국과 캐나다)와 유럽이 대서양을 사이에 두고 있으므로, transatlantic relations는 '북미와 유럽의 관계'를 의미합니다. 맥락에 따라, 주로 '미국과 유럽의 관계'를 나타내기도 합니다.

Transatlantic relations are shifting rapidly.

미국과 유럽 관계가 급변하고 있어요.

정답 확인

(1) 인공지능 개발이 기술 업계의 **판도**를 빠르게 변화시키고 있어요.

(2) 그 법안은 **양당의** 강력한 지지를 받아 통과됐어요.

(3) **미국과 유럽 관계**가 무역 분쟁으로 악화하고 있어요.

Voca Tips

- **bill**

bill은 '법'이 아니라 '법안'이란 뜻입니다. 국회를 통과하고 대통령이 서명해야만 법으로 시행되는 거예요. 참고로, sponsor of the bill은 '법안 후원자'가 아니라 '법안 발의자'라는 뜻입니다.

The sponsor of the bill appealed to lawmakers to support it.

그 법안 발의자는 국회의원들에게 법안 지지를 호소했어요.

→ appeal: 호소하다　　lawmaker: 입법자, 국회의원

- **social media**

SNS는 대표적인 콩글리시입니다. 정확하게는 social media가 맞는 표현이고요, 꼭 전치사 on과 함께 사용합니다.

Many influencers promote products on social media.

많은 인플루언서가 SNS에서 제품을 홍보해.

- **undocumented immigrant**

immigration은 '이민'이고, '이민자'는 immigrant입니다. 이민자 중에서 정식 절차를 밟지 않고 들어온 '불법 이민자'는 undocumented immigrant(서류가 없는 이민자)라고 부르는데요, illegal immigrant에 비해 좀 더 중립적이고 부드러운 표현이에요.

The debate over undocumented immigrants continues in the U.S.

불법 이민자들에 대한 논쟁이 미국에서 계속되고 있어요.

• '관계'를 나타내는 relations/ties/relationship

'관계'를 나타내는 relations와 ties는 반드시 복수형으로 사용합니다. 주어로 쓰이면 당연히 복수형으로 취급하고요. relationship은 단수, 복수 모두 가능한데, 로맨틱한 관계는 주로 relationship으로 표현합니다.

Trade relations between the two countries are still tense.
양국의 무역 관계는 여전히 긴장 상태예요.

→ tense: 긴장된

We have strong diplomatic ties with the country.
우리는 그 나라와 강한 외교 관계를 맺고 있어요.

Last month, he ended his relationship with his girlfriend.
지난달에 그는 여자 친구와의 관계를 끝냈어.

다음 문장을 앞서 배운 표현을 활용해 영어로 말하고 써 보세요.   MP3 020   정답은 p. 304

1 이 정책은 양당의 지지가 필요해요.

____

2 그 법안은 통과되지 못했어요. (fail)

____

3 그는 SNS에서 인기가 많아.

____

다음 문장을 별색 표현에 유의해 우리말로 바꿔 보세요.

(1) I think he's **taking advantage of** you.
(2) I **have mixed feelings about** his promotion.
(3) We **were forced to** cancel the meeting.

결정적 키워드 1 ━━━ **활용이 쉬워지는 단어/표현의 뉘앙스들 (3)**

쉬운 단어의 조합도 뉘앙스를 몰라 제대로 활용하지 못하는 표현들이 꽤 있습니다. 다음 예문을 통해 확인해 보세요.

take advantage of ~

긍정적·부정적 뉘앙스를 모두 함축하고 있습니다. '~을 이용하다'라는 뜻인데, 긍정적으로 이용하느냐, 부정적으로 이용하느냐의 차이인 거죠.

My family took advantage of the long holiday and traveled to Hawaii. 우리 가족은 긴 연휴를 활용해 하와이로 여행을 갔어. (긍정적·중립적 의미)

The company is being blamed for taking advantage of its workers.
그 회사는 직원들을 착취하는 것으로 비난받고 있어. (부정적 의미: 착취하다, 이용해 먹다)

have mixed feelings about ~

'~에 대해 복잡한 마음이 들다'라는 뜻입니다. mixed(뒤섞인)는 긍정적인 감정과 부정적인 감정이 섞여 있다는 의미로, 시원섭섭한 기분, 만감이 교차하는 기분 등이 이런 감정이겠죠.

I have mixed feelings about my best friend getting married.
제일 친한 친구가 결혼하는 것에 대해 마음이 복잡해.

be forced to ~

'(권력이나 무력에 의해) 강제적으로 ~하다'라는 뜻 외에 상황에 의해 '어쩔 수 없이 ~하다'라는 뜻으로도 자주 쓰입니다.

They were forced to end their protest by the police.

그들은 경찰에 의해 강제로 시위를 중단해야 했어요.

We were forced to reschedule the meeting.

우리는 어쩔 수 없이 그 회의 일정을 다시 잡아야 했어요.

정답 확인

(1) 그가 너를 **이용하는** 것 같아.

(2) 그의 승진에 **대해 마음이 복잡해.**

(3) 우리는 **어쩔 수 없이** 그 회의를 취소**했어요.**

(v) Voca Tips

- **exploit**

  take advantage of ~와 비슷한 뜻이면서 긍정적·부정적 뉘앙스를 모두 함축하고 있는 단어가 바로 exploit입니다. 긍정의 뉘앙스일 때는 '이용하다', 부정의 뉘앙스일 때는 '착취하다'의 뜻이에요.

  ### We must exploit this opportunity to increase our market share.

  시장 점유율을 높이기 위해 우리는 이 기회를 활용해야 합니다.

  → market share: 시장 점유율

  ### Some influencers exploit their followers by promoting low-quality products.
  일부 인플루언서들은 저품질의 제품을 홍보함으로써 팔로워들을 착취합니다.

  → low-quality: 저품질의

- **have feelings for ~ vs. hurt sb's feelings**

  '감정' 하면 feeling인데요, 이 감정을 나타내는 필수적인 표현 중 하나가 have feelings for ~입니다. 이때의 감정(feelings)은 좋아하는 감정이에요. 반대로 누군가의 기분을 상하게 할 때는 hurt sb's feelings 표현을 사용해 보세요.

  ### I think he has feelings for you. 걔가 너 좋아하는 것 같아.

  ### I'm sorry, I didn't mean to hurt your feelings.

  미안, 네 기분을 상하게 할 의도는 아니었어.

  → mean: ~을 의도하다

  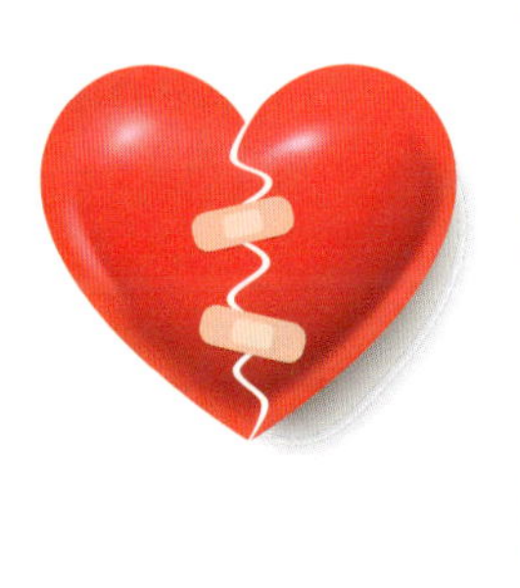

• **[be/get promoted to + 직위]**

승진했을 때는 [be/get promoted to + 직위] 구문을 사용하세요. 우리말의 '~로 승진하다'에 맞춰 be/get promoted as ~ 표현을 떠올리기 쉬운데, 틀린 표현입니다. 참고로 직위 앞에는 관사를 사용할 필요가 없다는 것도 꼭 알아두세요.

He got promoted to marketing director.
그는 마케팅 디렉터로 승진했어.

다음 문장을 앞서 배운 표현을 활용해 영어로 말하고 써 보세요.　　　　MP3 **022**　정답은 **p.** 304

1　직장을 그만두는 것에 대해 마음이 복잡해.

2　우린 어쩔 수 없이 떠나야 해.

3　그는 부사장으로 승진했어. (Vice President)

다음 문장의 별색 표현을 영어로 어떻게 바꿀지 생각해 보세요.

(1) (맥도널드에서) 빅맥 **세트** 하나 주세요.

(2) 우리 삼촌은 아직 **솔로**야.

(3) 커플들은 **스킨십**이 필요해.

결정적 키워드 1　　　　　**잘못 쓰고 있는 콩글리시 단어들**

세트 메뉴

패스트푸드점의 '세트 메뉴'는 meal이나 combo입니다. meal이 '한 끼 식사'라는 뜻이라서 메인, 사이드, 음료를 포함한 한 끼 식사, 즉 세트 메뉴가 되는 거죠. combo는 combination(결합)의 줄임말입니다.

The cheeseburger meal comes with fries and a soda.
치즈버거 세트에는 감자튀김과 탄산음료가 포함돼요.
→ come with ~: ~이 포함되다(딸려 오다)　　soda· 탄산음료

솔로

이성 친구가 없는 '솔로'는 solo가 아니라 single입니다. solo는 혼자 여행하거나 공연할 때와 같은 상황에 사용하는 표현입니다.

Are you single or dating someone? 너 솔로야, 연애 중이야?

I'm traveling solo for the first time. 처음으로 혼자 여행 중이야.
→ for the first time: 처음으로

He performed a wonderful solo at the concert.
그는 콘서트에서 멋진 솔로 공연을 했어.
→ perform: 공연하다

스킨십

영어에 skinship이라는 단어는 없어요. 뽀뽀, 안아 주기, 손잡기 등의 스킨십은 physical affection(신체적 애정)이라고 합니다. 참고로, 공공장소에서의 스킨십은 PDA (Public Display of Affection)예요.

I'm not comfortable with too much PDA.

난 공공장소에서 하는 너무 과한 스킨십은 불편해.

이 외에 자주 쓰이는 콩글리시의 정확한 표현들

This coat comes in one size.

이 코트는 프리사이즈예요. * free size (x)

He lives in a studio apartment.

갠 원룸에 살아. * one room (x)

cf. one room: 방 하나

We're getting our house remodeled next week.

다음 주에 우리 집 인테리어 할 거야. * interior (x)

cf. interior: 내부   * get sth remodeled: ～을 리모델링하다, 인테리어하다

Is there an auto repair shop nearby?

근처에 카센터 있어? * car center (x)

We'll get the rental car at the airport.

공항에서 렌터카 받을 거야. * rent car (x)

This product comes with a free 2-year warranty.

이 제품은 2년 무상 A/S(각종 보증 및 수리 서비스 등)가 포함돼 있어. * A/S (x)

How much was the repair service for this laptop?

이 노트북 A/S(수리 서비스) 비용이 얼마였어? * A/S (x)

My sister runs an online store.

언니가 온라인 쇼핑몰 운영해. * online shopping mall (x)

cf. shopping mall: (오프라인) 대형 상가

I'm having a fitness photo shoot tomorrow.

내일 바디 프로필 찍을 거야. * body profile (x)

Yesterday, I unexpectedly ran into a flasher.

어제 예상치 못하게 바바리맨을 마주쳤어. * Burberry man (x)

→ run into ～: 우연히 마주치다

정답 확인

(1) Can I have a Big Mac meal?

(2) My uncle is still single.

(3) Couples need physical affection.

Ⓥ Voca Tips 1

- **"Can I get this to go?"**

  패스트푸드점에서 음식을 주문하면서 포장을 원할 때는 "Can I get this to go?"라고 말해 보세요. 참고로, "여기서 먹고 갈 거예요."는 간단히 For here, please.라고 하면 됩니다.

  Can I get a cheeseburger combo to go?

  치즈버거 세트 하나 포장해 주세요.

  손님: Can I get a cheeseburger combo? For here, please.

  치즈버거 세트 하나 주세요. 여기서 먹을 거예요.

  직원: Okay, for here. One burger combo coming right up.

  알겠습니다. 여기서 드신다고요. 세트가 곧 나옵니다.

- **come with ~**

  제품이나 서비스에 어떤 것이 포함되거나 따라올 때, come with ~로 자연스럽게 표현해 보세요.

  Does this product come with a warranty?

  이 제품은 A/S가 포함되나요?

- **come in ~**

  '이건 프리사이즈로만 나와요'처럼 제품이 어떤 사이즈, 색깔, 모양, 재질로 나오는 것은 come in ~을 사용하세요.

  Do these pants come in extra large?

  이 바지 XL 사이즈 있나요? (← 이 바지가 XL 사이즈로 나오나요?)

  Does this shirt come in blue?

  이 셔츠 파란색 있나요? (← 이 셔츠가 파란색으로 나오나요?)

● **flash의 다양한 사용**

flash는 번쩍이는 '섬광'을 뜻하는데, 동사로는 좀 뜬금없지만 '갑자기 노출하다'라는 뜻입니다. 우리나라에서는 바바리코트를 입고 신체를 노출하는 경우가 많아 '바바리맨'으로 불리지만, 그렇다고 Burberry man이라고 하면 아무도 못 알아듣습니다. 바바리맨이 갑자기 옷을 확 젖히면서 신체 중요 부위를 노출하기 때문에, 바바리맨 즉 '갑자기 노출하는 사람'을 flasher라고 해요.

flash와 관련해서 하나 더! 주로 SNS를 통해 모인 사람들이 특정 장소에서 갑자기 퍼포먼스를 펼친 후 유유히 흩어지는 이벤트를 '플래시몹(flash mob)'이라고 합니다. 갑자기 '섬광(flash)'처럼 나타난 '군중(mob)'이란 뜻으로, 이때 mob은 집합 명사로 쓰입니다.

The flash mob video went viral on social media.

그 플래시몹 영상이 소셜 미디어에서 급속히 퍼졌어.

→ go viral: 급속히 퍼지다

다음 문장을 앞서 배운 표현을 활용해 영어로 말하고 써 보세요. ┃ MP3 **024** ┃ 정답은 p. 304

1 그는 솔로야. 데이트 신청해 보는 거 어때? (ask ~ out)

____

2 이 제품에는 배터리가 포함돼요.

____

3 이 원피스, 다른 색상 있나요? (other colors)

____

MP3 025

다음 문장의 별색 표현을 영어로 어떻게 바꿀지 생각해 보세요.

(1) 매일 아침 요가하는 게 정말 **힐링돼**.

(2) 여자 친구가 **텐션이** 정말 **높아**.

(3) 난 키에 대한 **콤플렉스가** 심해.

결정적 키워드 1 ▬▬ 잘못 쓰고 있는 콩글리시 구문들

힐링된다

healing은 '(상처나 병의) 치유'를 뜻해요. '힐링된다'라는 말은 몸과 마음이 편안해지고 스트레스가 풀린다는 뜻이라서, relaxing(편안하게 해 주는), refreshing(상쾌하게 하는), therapeutic(긴장을 풀어 주는)으로 표현해야 합니다.

Having a beer after work is really relaxing.
퇴근 후 맥주 한잔하는 게 정말 힐링돼.

Listening to classical music is really therapeutic.
클래식 음악을 듣는 게 정말 힐링돼.

텐션이 높다

tension은 '긴장·갈등'의 뜻이에요. '텐션이 높다'는 에너지가 넘친다는 뜻이라서, energetic(에너지가 넘치는)이나 hyper(과하게 흥분한)가 자연스러워요.

My dog gets hyper whenever I come home.
우리 강아지는 내가 집에 올 때마다 텐션이 높아져.

콤플렉스가 있다

complex는 '복잡한'의 뜻이라서 '콤플렉스가 있다'의 뜻으로 문장에 쓰면 아무도 알아듣지 못합니다. insecure about이 '~에 콤플렉스가 있는'이란 뜻이에요.

He's insecure about his weight.
그는 몸무게에 콤플렉스가 있어.

이 외에 자주 쓰이는 콩글리시 표현

condition

일상에서 '컨디션이 좋다/나쁘다' 할 때 사용할 수는 없습니다. 이건 특히 병원에서 응급이나 위급한 상황에서 condition을 사용하기 때문입니다. 일상적인 컨디션은 feel 동사를 활용해 표현해 보세요.

He's in critical condition after suffering a heart attack.
심장마비를 겪은 후, 그는 위독한 상태예요.
→ critical: 위독한   heart attack: 심장마비

I don't feel well today. 오늘 컨디션 안 좋아.
→ well: 건강한

홈트PT

PT나 홈트는 모두 work out(운동하다)을 활용해 표현해 보세요.

I work out with a personal trainer once a week.
일주일에 한 번 PT 받아.

= I have a personal training session once a week.

I've been working out at home these days.
요즘 집에서 홈트해.

Home workouts are efficient and convenient.
홈트는 효율적이고 편리해.
→ workout: (명사) 운동   (동사) 운동하다

분위기 메이커/리즈 시절

우리말과는 완전히 다른 방식으로 풉니다. 다음 문장을 확인해 보세요.

Why don't you invite Jenny? She's the life of the party.
제니 오라고 하는 게 어때? 걔 분위기 메이커잖아.

Even though she's no longer in her prime, she still looks stunning.
더 이상 리즈 시절은 아니지만, 그녀는 여전히 매우 아름다워.
→ prime: 전성기   stunning: 매우 아름다운

(1) Doing yoga every morning is really therapeutic.

(2) My girlfriend is very energetic.

(3) I'm really insecure about my height.

Ⓥ Voca Tips

- **take a break vs. get some rest**

아프거나 피곤해서 휴식이 필요할 때 '휴식을 취하다'로 take a break를 많이 떠올리는데요, 이때는 get some rest가 더 자연스러운 표현이에요. take a break는 작업하거나 공부하다가 잠깐 휴식을 취하는 의미라서 느낌이 다릅니다.

Let's take a break for 10 minutes before the next meeting starts.
다음 회의 시작 전에 10분만 쉽시다.

I'm not feeling well. I need to get some rest. 컨디션이 안 좋아. 좀 쉬어야겠어.

- **'외모'를 나타내는 다양한 표현들**

'외모'는 appearance 또는 looks로 표현할 수 있습니다. appearance가 옷이나 스타일을 포함한 전체적인 외모를 지칭하는 격식 있는 단어라면, looks는 주로 얼굴의 매력에 초점을 맞춘 단어로 좀 더 캐주얼한 단어예요. appearance는 항상 '단수', looks는 항상 '복수' 형태를 사용합니다.

Her appearance has changed a lot since she lost about 20 pounds.
약 20파운드를 감량한 이후로 그녀의 외모가 많이 변했어.

Even in her late 60s, my mom still cares a lot about her looks.
60대 후반임에도 불구하고 엄마는 여전히 외모에 신경을 많이 쓰셔.

→ care about ~: ~에 신경 쓰다

- **be stuck in a rut**

'매너리즘'이 '틀에 박힌 일상이나 방식'을 의미하죠? 하지만 원래 mannerism은 '말투나 행동 습관'이라는 뜻이에요. '매너리즘에 빠지다'라는 표현은 be stuck in a rut 구문을 활용해 보세요. 이때 rut은 '바퀴 자국'이란 뜻으로 stuck in a rut은 '바퀴 자국에 갇힌'이란 뜻입니다.

I feel like I'm stuck in a rut. Should I try something new?
나 매너리즘에 빠진 것 같아. 새로운 걸 시도해 볼까?

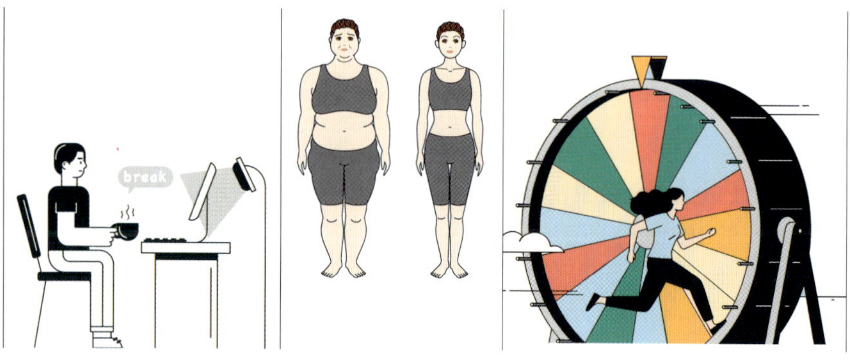

3 • **형용사 well**

흔히 부사로 알려진 well은 형용사로도 쓰입니다. 이때는 '건강한'의 뜻이라서 feel 동사와 함께 컨디션을 표현할 때 자주 활용됩니다.

I'm not feeling well right now. I should take a nap.
지금 컨디션이 안 좋아. 낮잠 좀 자야겠어.

→ take a nap: 낮잠 자다

다음 문장을 앞서 배운 표현을 활용해 영어로 말하고 써 보세요.　　MP3 026　정답은 p. 304

1　애들이 초콜릿을 너무 많이 먹은 후에는 텐션이 높아져.

____

2　외모는 구직 인터뷰에서 중요해요.

____

3　5분만 쉽시다.

____

MP3 027

다음 문장의 별색 표현을 어떻게 발음할지 생각해 보세요.

(1) The company reported a significant **increase** in sales last quarter.
(2) We have to make **strategic** decisions to cut costs.
(3) **Critics say** the movie lacks originality and fresh ideas.

결정적 키워드 1 ▬▬ 강세나 발음 자체가 달라지는 경우

- 영어는 강세 언어(강세에 따라 단어의 뜻이 달라지는 언어)라서 강세를 잘못 두거나 단어 자체를 잘못 발음할 경우, 원어민들은 문장을 이해하는 데 어려움을 겪습니다. 일례로 electricity(전기)를 둘째 음절에 강세를 두어 [일렉ㅌ리시리]로 잘못 발음하면 electric city(전기 도시)처럼 잘못 들려요. electricity는 셋째 음절 강세로 [일렉ㅌ리시리]라고 발음해야 합니다.

- increase처럼 명사로노 동사로노 쓰이는 단어의 경우, 보통 명사는 첫음절에, 동사는 둘째 음절에 강세가 옵니다. 명사나 동사냐에 따라 발음이 살짝 바뀌는 경우도 있습니다. 많이 쓰는 단어들의 명사/동사일 때의 발음을 알아두세요.

	명사	동사
increase	[**인**ㅋ리시] 증가	[인**크리**시] 증가하다
decrease	[**디**ㅋ리시] 감소	[디**크리**시] 감소하다
import	[**임**포ㅌ] 수입	[임**포**ㅌ] 수입하다
export	[**엑**ㅅ포ㅌ] 수출	[익ㅅ**포**ㅌ] 수출하다
permit	[**퍼**밋] 허가증	[퍼**밋**] 허가하다
progress	[ㅍ**라**ㄱ레시] 진척, 진행	[ㅍ러ㄱ**레**시] 진척되다, 진행하다
protest	[ㅍ**로우**테ㅅㅌ] 항의	[ㅍ러**테**ㅅㅌ] 항의하다
record	[**레**커드] 기록	[리**코**드] 기록하다
refund	[**리**펀드] 환불	[리**펀**드] 환불하다

- 철자가 같아도 명사, 동사 뜻이 다른 경우도 있어요.

	명사	동사
address	[**애**ㄷ레ㅅ] 주소	[어ㄷ**레**ㅅ] (문제를) 해결하다
object	[**아**ㅂ젝트] 물건, 목표	[어ㅂ**젝**트] 반대하다
project	[**ㅍ라**젝트] 프로젝트	[ㅍ러**젝**트] 추정하다
present	[**ㅍ레**즌트] 선물, 현재	[ㅍ리**젠**트] 제시하다
suspect	[**써**ㅅ펙트] 용의자	[써ㅅ**펙**트] 의심하다

- 품사에 따라 강세와 발음이 바뀌는 경우도 많아요.

analyze [**애**널라이ㅈ] 분석하다	analysis [어**낼**러시ㅅ] 분석
democracy [디**마**ㅋ러씨] 민주주의	democratic [데머ㅋ**래**릭] 민주주의의
specify [**ㅅ페**서파이] 명시하다	specific [ㅅ퍼**시**픽] 특정한
stable[**ㅅ떼**이블] 안정적인	stability [ㅅ떠**빌**러리] 안정
strategy [**ㅅㄸ래**러지] 전략	strategic [ㅅㄸ러**티**직] 전략적인

- 다음 단어는 모두 1음절 강세로, 2음절 모음은 [어]로 발음하세요.

effort [**에**퍼ㅌ] 노력	cf. [이**포**ㅌ] (X)
method [**메**써ㄷ] 방법	cf. [메**쏘**ㄷ] (X)
purchase [**퍼**처ㅅ] 구입하다	cf. [퍼**체**이ㅅ] (X)
purpose [**퍼**퍼ㅅ] 목적	cf. [퍼**포**우ㅈ] (X)

결정적 키워드 2   **연음 현상**

- 단어의 끝소리와 다음 단어의 첫소리가 같으면 한 번만 발음하세요.

Critics say ~ [ㅋ**리**릭 세이]	cf. [ㅋ**리**릭ㅅ 세이]는 발음하기 어려움
next time [**넥**ㅅ 타임]	cf. [**넥**ㅅㅌ 타임]은 발음하기 어려움

- 단어의 끝소리가 '즈[z]'이고 다음 단어가 '스[s]'로 시작하면 '즈[z]' 발음은 생략합니다.

The boys say ~ [더 **보**이 세이]	cf. [더 **보**이ㅈ 세이]는 발음하기 어려움
his sister [**히** 시스터]	cf. [**히**ㅈ 시스터]는 발음하기 어려움

정답 확인

(1) 그 회사는 지난 분기에 엄청난 매출 **증가**를 보고했어요. [**인**ㅋ리ㅅ]

(2) 우리는 비용을 줄이기 위해 **전략적인** 결정을 해야 합니다. [ㅅ뜨러**티**직]

(3) **비평가들은** 그 영화가 독창성과 신선한 아이디어가 부족하다고 **말합니다.** [ㅋ**리**릭 세이]

Ⓥ　Voca Tips 1

● 한국어처럼 굳어져서 잘못 발음하는 단어들

다음 단어들을 제대로 발음하는지 확인해 보세요.

academic [애커**데**믹] 학업의	cf. [아카데미] (X)
again [어**겐**] 다시	cf. [어**게인**] (X)
algorithm [**앨**거리덤] 알고리즘	cf. [**알**고리즘] (X)
allergy [**앨**러지] 알레르기	cf. [알레**르**기] (X)
aluminum [얼**루**머넘] 알루미늄	cf. [알**루**미늄] (X)
basic [베이씩] 기본적인	cf. [베이**직**] (X)
caffeine [**캐**핀] 카페인	cf. [카페**인**] (X)
ecosystem [**이**코우씨ㅅ템] 생태계	cf. [**에**코씨ㅅ템] (X)
leisure [**리**저] 여가, 레저	cf. [레저] (X)
level [**레**블] 단계, 레벨	cf. [레**벨**] (X)
restaurant [**레**ㅅㅌ란ㅌ] 식당, 레스토랑	cf. [레ㅅ토랑] (X)
ultrasound [**얼**ㅌ러싸운ㄷ] 초음파	cf. [**울**ㅌ라싸운ㄷ] (X)
universal [유니**버**쓸] 보편적인	cf. [유니**버셜**] (X)
YouTube [**유**튜ㅂ] 유튜브	cf. [유튜ㅂ] (X)

● 가운데 [d]를 생략하고 발음하는 단어들

다음 단어들은 가운데 [d]를 생략하고 발음하는 게 자연스러워요.

adjust [어**저**ㅅㅌ] 조정하다	cf. [어ㄷ**저**ㅅㅌ]는 어색
grandmother [ㄱ**랜**머더] 할머니	cf. [ㄱ**랜**ㄷ머더]는 어색
handsome [**핸**썸] 잘생긴	cf. [**핸**ㄷ썸]은 어색
landscape [**랜**ㅅ케잎] 풍경	cf. [**랜**ㄷㅅ케잎]은 어색
landfill [**랜**필] 쓰레기 매립지	cf. [**랜**ㄷ필]은 어색
sandwich [**쌘**위치] 샌드위치	cf. [**쌘**ㄷ위치]는 어색

● 인정된 발음이 두 개인 단어들

인정된 발음이 두 개인 단어들은 한 가지로 발음하되, 두 가지 발음 모두 알아들을 수 있어야 합니다. 일례로 비즈니스 미팅 때, 원어민이 data를 [대더]라고 발음했는데 이해하지 못하는 분들이 꽤 많았거든요.

adult 성인	[애덜ㅌ]	[어덜ㅌ]
anti-fan 안티팬	[앤티팬]	[앤타이팬]
coupon 쿠폰	[쿠판]	[큐판]
data 데이터	[데이더]	[대더]
either 둘 중 하나의	[이더]	[아이더]
neither (둘 중) 어느 것도 ~ 아니다	[니더]	[나이더]
route 길, 경로	[루ㅌ]	[라우ㅌ]
semifinal 준결승	[쎄미파이늘]	[쎄마이파이늘]
status 지위	[스떼이더ㅅ]	[스때더ㅅ]

Voca Tips 2

- **프랑스어에서 유래된 단어들**

프랑스어는 단어의 마지막 자음을 발음하지 않아서 영어 발음에도 그대로 반영됩니다.

ballet [밸레이] 발레	bouquet [부케이] 부케
buffet [버페이] 뷔페	café [캐페이] 카페
cliché [클리쉐이] 상투적인 문구, 클리셰	début [데이뷰] 데뷔
entrepreneur [안트러프러너] 사업가	résumé [레저메이] 이력서, 레쥬메

다음 문장을 발음에 주의하여 읽고 그대로 따라 써 보세요.　　　MP3 028 　정답은 p. 305

1　The country is trying to reduce its reliance on oil imports.

2　There's a lot of caffeine in energy drinks.

3　She works part-time at a small café.

CHAPTER 2

표현의 풍부함을 높이는 키워드

다음 문장의 별색 표현을 영어로 어떻게 바꿀지 생각해 보세요.

(1) 저 표지판에 뭐라고 **쓰여 있어**? (sign)

(2) 여긴 **무슨 일로 오셨나요**? (bring)

(3) 왜 그렇게 **늦었어**? (take)

결정적 키워드 1 ■■■■■■ ## 자연스런 문장의 핵심, 사물 주어

- 우리말은 주어 자리에 사물이 오는 사물 주어가 특수한 때 외에는 잘 쓰이지 않지만, 원어민들은 사물 주어를 활용해 문장을 자연스럽게 표현합니다. 사물 주어는 특히 정보 전달이나 상황 묘사처럼 행위의 주체가 꼭 사람이 아닐 때 유용하게 사용할 수 있어요.

이 책에는 기후 변화에 대해 뭐라고 쓰여 있어?

What does this book say about climate change? (자연스러움 – 주제인 기후 변화에 관해 묻는 느낌)

→ say: ~라고 쓰여 있다

What is written in this book about climate change? (덜 자연스러움 – 쓰여 있는 단어나 문장에 관해 묻는 느낌)

그 보고서에 따르면, 실업률이 급격히 상승했어요.

The report shows that unemployment has risen dramatically.
(자연스러움 – 보고서가 직접 정보를 제시하는 느낌)

→ dramatically: 급격히

According to the report, unemployment has risen dramatically. (자연스러움 – 보고서를 인용하는 느낌)

당국에 따르면, 그 법은 다음 달에 발효될 예정입니다.

The authorities say the law will take effect next month.
(자연스러움 – 당국이 발표한 내용을 강조하는 느낌)

→ authorities: 당국　　take effect: 발효되다

According to the authorities, the law will take effect next month. (자연스러움 – 당국을 인용하는 느낌)

This package includes breakfast. (자연스러움 - 패키지를 강조하는 느낌)

Breakfast is included in this package. (자연스러움 - 조식을 강조하는 느낌)

그거 나중에 해도 돼.

It can wait. (자연스러움 - you를 언급하지 않아 좀 더 부드러운 느낌, 이때 wait는 자동사로 '미뤄지다'라는 뜻)

You can do it later. (자연스러움 - 행위의 주체가 you임을 명시하는 느낌)

이 책은 잘 팔려요.

This book sells well. (자연스러움 - 이때 sell은 자동사로 '팔리다'라는 뜻)

This book is sold well. (어색해서 잘 사용하지 않음)

결정적 키워드 2 ━━━ 부드럽고 공손한 느낌의 사물 주어

- 사물 주어를 활용해 문장을 좀 더 부드럽고 공손하게 표현할 수 있어요.

왜 그렇게 늦었어?

What took you so long? (부드러운 어조 ← 무엇이 널 그렇게 오래 붙잡아 뒀어?)

Why were you so late? (직설적)

왜 그렇게 스트레스받은 것 같아?

What's making you feel so stressed? (부드러운 어조 ← 뭐가 널 그렇게 스트레스받게 해?)

Why do you look so stressed? (직설적)
→ stressed: 스트레스를 받는

걔는 왜 그렇게 행동해?

What's causing him to act like that? (부드러운 어조 ← 뭐가 그를 그렇게 행동하게 하는 거야?)

Why is he acting like that? (직설적)

(1) What does that sign say?

(2) What brings you here?

(3) What took you so long?

Ⓥ Voca Tips

- **"Money talks!"**

  사물 주어를 설명할 때 가장 단순하면서 딱 떨어지는 문장이 "돈이면 다 돼"의 "Money talks!"입니다.

  John bought a brand-new Lamborghini. Money talks!

  존이 완전 새 람보르기니 한 대를 뽑았네. 역시 돈이 최고야!

  → brand-new: 완전 새것인

- **bestseller**

  동사 sell을 타동사인 '팔다'의 뜻으로 많이 알고 계시는데요, 가장 많이 팔리는 책이나 상품을 '베스트셀러(bestseller)'라고 하죠? 이때의 sell은 '팔리다'라는 뜻의 자동사이므로, seller는 '팔리는 상품'이라는 뜻이 됩니다. 물론 '파는 사람'이라는 뜻도 있고요.

  His book has been a bestseller for 12 weeks.

  그의 책은 12주 동안 베스트셀러였어요.

- **사물 주어 + allow/enable + 사람 목적어 + to 부정사**

  보통 '~할 수 있다'의 의미로 [사람 주어 + can + 동사] 구조를 사용하는데, 비즈니스 회화나 이메일에서는 [사물 주어 + allow/enable + 사람 목적어 + to 부정사] 구조를 사용해 좀 더 격식 있고 세련되게 표현할 수 있습니다.

  We can enhance efficiency with this system.

  이 시스템을 통해 우리는 효율성을 개선할 수 있습니다.

  = This system allows us to enhance efficiency.

  이 시스템은 우리가 효율성을 개선할 수 있게 해 줍니다.

  = This system enables us to enhance efficiency.

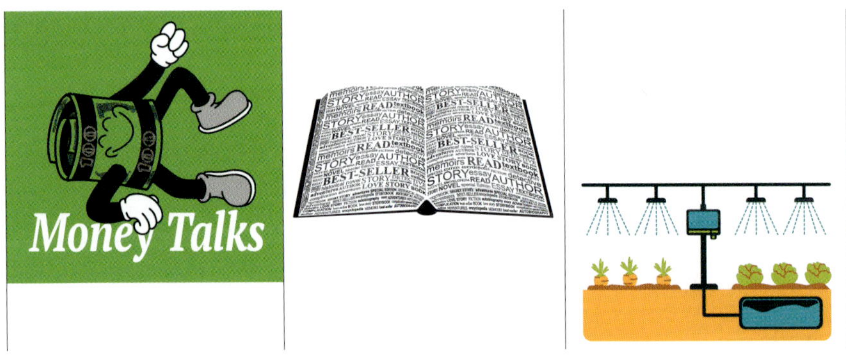

- **police는 집합 명사**

  '~에 따르면' 할 때 많이 쓰이는 뉴스 표현이 바로 '경찰에 따르면'입니다. 이 '경찰에 따르면'이라는 표현도 according to the police ~, 또는 the police say ~로 표현할 수 있는데요, police는 여러 명의 경찰관을 의미하는 집합 명사라서 항상 복수형 동사를 사용합니다.

  The police say ten people died in the accident.
  경찰에 따르면, 그 사고로 10명이 사망했어요.

다음 문장을 앞서 배운 표현을 활용해 영어로 말하고 써 보세요.　　　MP3 030　정답은 **p. 305**

1　이 기사에는 그 스캔들에 대해 뭐라고 <u>쓰여 있어</u>? (article)

____

2　그 회의 <u>나중에 해도 돼요.</u> (wait)

____

3　이 시스템을 통해 우리는 시간을 절약할 수 있습니다.

____

MP3 031

다음 문장의 별색 표현을 대체어로 어떻게 바꿀 수 있을지 생각해 보세요.

(1) Tensions between **the U.S.** and **China** are escalating.
(2) Amazon is a **major tech company** in e-commerce.
(3) The number of flu **patients** is rising.

결정적 키워드 1 ━━━ 반복감을 없애는 대체어 사용

영어는 똑같은 말의 반복을 피하고 다양성을 유지하려는 경향이 있어, 대체어를 적절히 사용하면 문장이 훨씬 더 풍부해집니다. 다음 일상에서 자주 접하는 표현들의 대체어들을 확인해 보세요.

국가, 국제 기구 = 수도 이름

정치, 외교, 경제 분야에서는 종종 각국의 수도나 특정 도시가 국가나 국제 기구를 대체합니다.

Washington is competing with China in artificial intelligence.
미국은 인공지능 분야에서 중국과 경쟁하고 있어요.

Brussels announced increased tariffs on U.S. tech products.
EU는 미국 기술 제품에 대한 관세 인상을 발표했어요.
→ Brussels: 브뤼셀 (벨기에 수도, EU 본부 위치)　tariff: 관세

대기업 = conglomerate, giant, titan

'거대 기업'이나 '대기업'은 conglomerate, giant, titan 등으로 대체할 수 있습니다. giant는 '거인', titan은 '그리스 신화에 나오는 거인족'을 의미해요.

Samsung is a South Korean conglomerate.
삼성은 한국의 대기업이에요.

The merger will create a new titan in the aviation industry.
그 합병은 항공 산업에서 새로운 대기업을 탄생시킬 겁니다.
→ merger: 합병　aviation industry: 항공 산업

patient = case

'환자'를 의미하는 patient는 case로 대체할 수 있는데요, case가 '(질병의) 사례'를 의미하기 때문에 결국은 '환자'나 '확진자'를 의미합니다.

Flu cases are going up this week.
이번 주에 독감 환자가 늘고 있어.

Confirmed cases of COVID-19 dropped last month.
지난 달 코로나-19 확진자가 줄었어.

국가 기관 = agency

'국가 기관'은 agency로 대체할 수 있습니다. '엔터테인먼트 에이전시'만 생각하지 말고, 꼭 '국가 기관'을 떠올려 보세요.

The agency is responsible for regulating food safety standards.
그 기관은 식품 안전 기준 규제를 담당합니다.

→ regulate: 규제하다

대응 관계 = counterpart

'대응 관계에 있는 사람이나 사물'은 counterpart로 대체할 수 있습니다.

The President will visit Washington to meet with his U.S. counterpart.
대통령이 미 대통령을 만나기 위해 워싱턴을 방문할 예정입니다.

정답 확인

(1) Tensions between Washington and Beijing are escalating.
미·중 간 긴장이 고조되고 있습니다.

(2) Amazon is a tech giant in e-commerce.
아마존은 전자상거래 분야에서 기술 거대 기업입니다.

(3) The number of flu cases is rising.
독감 환자 수가 증가하고 있어요.

Voca Tips 1

● **국제 관계에서의 '한국'과 '북한' 표현**

국제 관계에서 '한국'과 '북한' 관련해 다양한 대체 표현을 사용할 수 있습니다.

한국	북한	남북한
South Korea	North Korea	South Korea and North Korea
Seoul	Pyongyang	Seoul and Pyongyang
the South	the North	the two Koreas

Talks between the two Koreas will resume next Friday.

남북 회담이 다음 주 금요일에 재개될 예정입니다.

→ talks: 회담 resume: 재개되다

= Inter-Korean talks will resume next Friday.

→ inter-Korean: 남북한 사이의

● **be technically at war**

남북한 관련 소식에서 be technically at war라는 표현이 자주 등장하는데요, 이때 technically는 '엄밀히 말해'라는 뜻입니다. '엄밀히 말해 전쟁 중이다'인 것이죠.

South Korea and North Korea are still technically at war.

한국과 북한은 엄밀히 말해 여전히 전쟁 중입니다.

Technically, we're not dating yet.

엄밀히 말해, 우린 아직 사귀는 건 아니야.

● **Geneva의 다른 뜻**

스위스 제네바(Geneva)는 UN 본부를 포함한 여러 국제기구가 위치한 도시인데요, 맥락에 따라 다양한 국제기구를 대체할 수 있습니다.

Geneva held an emergency meeting to address the humanitarian crisis.

유엔(UN)은 인도주의적 위기를 해결하기 위한 긴급회의를 개최했어요.

→ humanitarian: 인도주의적인

Geneva warned that the virus is spreading faster than expected.

세계보건기구(WHO)는 그 바이러스가 예상보다 빨리 확산 중이라고 경고했어요.

Voca Tips 2

● '국가 기관'을 의미하는 agency

'미 중앙정보국'을 CIA (Central Intelligence Agency)라고 하지요. 국가 기관이므로 agency가 쓰입니다. information이나 intelligence 모두 '정보'란 뜻인데요, information은 공개된 정보, intelligence는 기밀 정보를 의미하기 때문에, 정보 기관명에는 intelligence가 쓰입니다. 참고로 '미 중앙정보국'에 해당하는 우리나라의 '국가정보원'은 National Intelligence Service (= NIS)라고 합니다.

My friend works for the CIA, but I can't tell you what he does.
내 친구는 CIA에서 일하는데, 무슨 일을 하는지는 말해 줄 수 없어.

The National Intelligence Service warned of a possible cyber attack.
국정원이 사이버공격 가능성에 대해 경고했어요.

대체어를 사용해 다음 문장을 영어로 말하고 써 보세요. **MP3 032** 정답은 p. 305

1 중국은 그 새로운 정책을 비판했어요. (criticize)

____

2 유엔이 그 결의안을 통과시켰어요. (resolution)

____

3 그 반도체 대기업이 텍사스에 새 공장을 짓고 있어요. (semiconductor)

____

다음 문장의 별색 표현을 어떤 유의어로 바꿀 수 있을지 생각해 보세요.

(1) The company offers **various** services.
(2) We offer better prices than **our competitors**.
(3) The government is increasing support for **the elderly**.

결정적 키워드 **1**　■■■■■■　적절한 유의어 사용

다양한 유의어 표현을 알고 있으면, 반복을 피해 더욱더 풍성한 문장을 만들 수 있습니다. 다음은 일상에서 자주 접하는 단어들의 유의어 표현입니다.

various = diverse, a variety of, a range of

'다양한'은 various 외에도, diverse/a variety of/a range of 등으로 표현할 수 있습니다. a wide range of는 '매우 다양한'으로 활용도가 아주 높아요.

We offer a wide range of products.
우리는 매우 다양한 제품을 제공합니다.

competitor = competition

competition은 '경쟁' 외에 '경쟁자/경쟁자들'이라는 뜻도 있습니다. 이와 비슷한 것으로, management는 '경영' 또는 '경영진'이라는 뜻이고요, leadership 역시 '리더십' 또는 '리더들'이란 뜻입니다.

The conflict between labor and management will be settled soon.
노사 갈등이 조만간 해결될 거예요.
→ conflict: 갈등　　settle: 해결하다

The leadership will decide if they should accept the offer.
지도부가 그 제안을 받아들일지 말지를 결정할 겁니다.

'노인들'은 the elderly 또는 senior citizens를 사용해 보세요.

There are a variety of programs for senior citizens in the community center.

커뮤니티 센터에 노인들을 위한 다양한 프로그램이 있어요.

industry = sector

'부문'을 의미하는 sector는 '산업(industry)'이라는 뜻으로도 활용됩니다.

This project needs close cooperation between the public and private sectors.

이 프로젝트는 공공 부문과 민간 부문 사이의 긴밀한 협력이 필요해요.

The auto sector is investing heavily in autonomous driving technology.

자동차 산업은 자율 주행 기술에 엄청나게 투자하고 있어요.

→ autonomous: 자율적인

첨단의 = cutting-edge, state-of-the-art

기술이 발전함에 따라 다양한 '첨단 기술'이 새롭게 등장하고 있습니다. 이 '첨단의'를 나타내는 형용사가 high/advanced/cutting-edge/state-of-the-art 로 '첨단 기술'은 high/advanced/cutting-edge/state-of-the-art technology 등으로 다양하게 표현할 수 있습니다.

The company is working on cutting-edge AI technology.

그 회사는 최첨단 AI 기술을 개발 중입니다.

정답 확인

(1) The company offers a variety of services.
그 회사는 다양한 서비스를 제공합니다.

(2) We offer better prices than our competition.
우리는 경쟁사들보다 더 나은 가격을 제공합니다.

(3) The government is increasing support for senior citizens.
정부는 노인들을 위한 지원을 강화하고 있어요.

- **rivals**

  '경쟁자들'은 competitors, competition 외에 rivals로 대체할 수 있습니다. rivals가 두 단어에 비해 좀 더 강한 어감이에요.

  ## We offer better prices than our rivals.
  우리는 경쟁사들보다 더 나은 가격을 제공합니다.

- **65세 이상의 노인들**

  '65세 이상의 노인들'은 people aged 65 and older인데요, aged는 형용사로 '(나이가) ~인'이란 뜻입니다. people (who are) aged 65 and older에서 who are가 생략된 표현이에요.

  ## People aged 65 and older can apply for the program.
  65세 이상의 노인들은 그 프로그램에 신청할 수 있어요.

  → apply for ~: ~에 신청하다

- **'강조하다'의 다양한 표현**

  '강조하다'라는 뜻으로 사용하는 동사에는 emphasize 외에도 stress(강세를 두다)/highlight(하이라이트 표시하다)/underline(강조하다, 밑줄 치다) 등이 있습니다.

  ## I just want to stress that deadlines are very important for this project.
  이번 프로젝트에서는 마감 기한이 정말 중요하다는 점을 강조하고 싶어요.

  ## The research highlights a significant gap between rich and poor.
  그 연구는 엄청난 빈부 격차를 강조하고 있어요.

  → gap between rich and poor: 빈부 격차

  ## The manager underlined the need for clear communication within the team.
  매니저가 팀 내에서 명확한 소통의 필요성을 강조했어요.

⎯⎯**Ⓥ**⎯⎯ **Voca Tips 2**

● '고령화/고령/초고령 사회'

전체 인구 중 65세 이상 인구의 비중에 따라, 단계별로 '고령화/고령/초고령 사회'로 구분하는데요,
각각 aging society/aged society/super-aged society라고 합니다. 이때 age는 '노화되다'라는
뜻의 동사이므로, aging(노화 중인)은 진행형, aged(노화된)는 완료형이에요.

South Korea officially became a super-aged society in 2024.

한국은 2024년에 공식적으로 초고령 사회가 되었어요.

주어진 표현을 사용해 다음 문장을 영어로 말하고 써 보세요   MP3 034 │ 정답은 p. 305

1 그 프로그램은 다양한 활동을 포함해요. (a range of)

____

2 그 공장은 최첨단 기술을 사용해요. (state-of-the-art technology)

____

3 그는 안전의 중요성을 강조했어요. (stress)

____

다음 문장의 별색 표현을 완곡어법으로 어떻게 바꿀지 생각해 보세요.

(1) My grandfather **died** last night.
(2) Her boyfriend is **disabled**.
(3) He's **short**.

결정적 키워드 **1** ━━━━ 완곡어법을 적절히 사용해야 할 때

죽음을 언급

원어민들은 듣는 사람의 감정을 고려하거나 민감한 주제를 좀 더 부드럽게 표현하기 위해 완곡어법을 사용합니다. 죽음에 관한 건 어느 문화에서나 직접적인 언급을 꺼리는데요, 영어에서 die(죽다)는 직설적인 단어라서, pass away(돌아가시다), be gone(가 버리다), be no longer with us(우리 곁에 없다), lose 사람(잃다) 등으로 표현할 수 있습니다.

My son is gone... He's no longer with us.
아들이 갔어. 이제 우리 곁에 없어.

We lost our son two years ago.
2년 전에 아들을 잃었어요.

장애를 언급

신체적, 정신적 장애를 나타낼 때도 person with a disability(장애가 있는 사람), person with an intellectual disability(지적 장애가 있는 사람), visually impaired(시각 장애가 있는), hearing-impaired(청각 장애가 있는) 등으로 부드럽게 표현합니다. 참고로 people with disabilities가 '장애인'을 전체적으로 지칭할 때 쓰는 가장 부드러운 표현이에요.

There should be more accessible buildings for people with disabilities. 장애인이 쉽게 접근할 수 있는 건물이 더 많아져야 합니다.
→ accessible: 접근할 수 있는

The company is developing a new app designed for visually impaired users.
그 회사는 시각 장애가 있는 사용자를 위해 설계된 새로운 앱을 개발 중이에요.

외모를 나타내는 단어 역시 너무 직설적이라서 부드럽게 표현해야 합니다.

He's not traditionally good-looking, but he's really charming.

그는 전형적인 미남은 아니지만, 정말 매력이 있어. (ugly 대신)

She's on the shorter side, but she's well-proportioned.

그녀는 키는 작은 편이지만, 비율이 좋아. (short 대신)

→ well-proportioned: 비율이 좋은

His hair is thinning.

그의 머리숱이 줄어들고 있어. (bald(대머리의) 대신)

비즈니스 맥락에서

비즈니스 맥락에서도 상대방의 감정을 고려하거나, 문제를 부드럽게 전달하여 협업을 유지하기 위해 완곡어법을 사용합니다.

There seems to be a small issue with your report.

작성하신 보고서에 약간의 문제가 있는 것 같아요. (There's a problem ~ 대신)

That might not be accurate.

그게 정확하지 않을 수도 있어요. (You're wrong. 대신)

The project is progressing slower than expected.

프로젝트가 예상보다 늦게 진행되고 있어요. (too slowly 대신)

정답 확인

(1) My grandfather passed away last night.
할아버지가 어젯밤에 돌아가셨어.

(2) Her boyfriend is a person with a disability.
그녀의 남자 친구는 장애가 있어.

(3) He's on the shorter side.
그는 키가 작은 편이야.

- **curvy vs. glamorous**

  외모를 언급할 때 빠질 수 없는 것이 바로 몸매입니다. 몸매의 곡선을 강조해 '글래머'라는 표현을 많이 쓰는데, 이때의 '글래머'는 glamour가 아니라 curvy나 voluptuous로 표현합니다. glamorous는 '화려하고 매력적인'이란 뜻으로, 사람뿐만 아니라 직업 등에도 사용할 수 있어요.

  She's curvy and has a great sense of style.
  그녀는 글래머에 패션 감각도 좋아.

  She quit her glamorous job as a model to start a new life.
  그녀는 새로운 인생을 시작하기 위해 모델로서의 화려한 직업을 그만뒀어.

- **fat vs. on the heavier side**

  외모를 말할 때 '뚱뚱한' 역시 완곡어법으로 말해야 하는 부분 중 하나입니다. 뚱뚱하다고 fat이라고 말하면 상당히 무례한 느낌이에요. 이때는 on the heavier side로 완곡하게 표현해야 합니다. 의학적 맥락에서 많이 쓰이는 overweight와 obese는 각각 '과체중의', '비만의'라는 뜻인데요, obese는 질병으로 분류되며, 명사는 obesity입니다.

  She's on the heavier side, but very stylish.
  그녀는 살집이 있는 편이지만, 굉장히 스타일이 좋아.

  Obesity increases the risk of developing diabetes.
  비만은 당뇨병에 걸릴 위험을 높입니다.

  → diabetes: 당뇨병

- **fire vs. let 사람 go**

  비즈니스 맥락에서 완곡어법으로 써야 할 표현 중의 하나가 바로 '해고하다'입니다. '해고하다'라는 뜻의 fire가 직설적인 단어라서, 상황에 따라 [let 사람 go]로 부드럽게 표현할 수 있습니다.

  I'm sorry, but we have to let you go.
  죄송합니다만, 당신을 내보내야겠어요.

  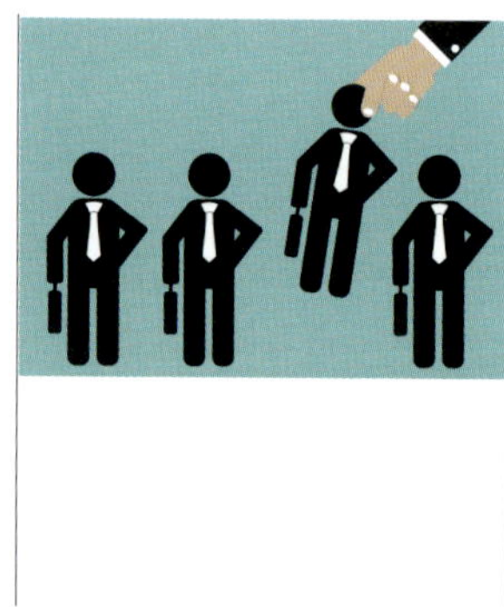

- **access(접근하다, 접속하다)는 타동사**

  '접근하다, 접속하다'라는 뜻의 access는 타동사라서 뒤에 전치사가 필요 없습니다. 명사형 access를 활용한 have access to ～는 '～에 대한 접근성/권한이 있다'라는 뜻이에요.

  Can you access the shared folder?
  공유 폴더에 접근할 수 있나요?

  Only premium members have access to exclusive content.
  프리미엄 회원들만 독점 콘텐츠를 이용할 수 있습니다.

  → exclusive: 독점적인　　content: 콘텐츠 (단수 형태로 사용)

다음 문장을 완곡어법으로 영어로 말하고 써 보세요.　　　MP3 036　정답은 p. 305

1　아버지가 3년 전에 돌아가셨어.

____

2　내 남자 친구는 키가 작은 편이야.

____

3　우리는 장애인을 위한 더 많은 지원이 필요해요.

____

다음 문장의 별색 표현을 영어 동사로 어떻게 말할지 생각해 보세요.

(1) 계산서의 **총액**은 120달러**야**.
(2) 올해 우리의 **목표**는 매출을 30% 늘리는 것**입니다**.
(3) 가격의 **범위**는 10달러에서 30달러 사이**예요**.

결정적 키워드 1 ━━━ 동사로 쓰면 더 좋은 원래 명사들

영어 문장을 쓸 때 명사로만 썼던 단어를 동사로 활용하면 문장을 자연스럽고 세련되게 표현할 수 있습니다. 이것이 가능한 것은 영어 명사 중에는 같은 의미의 동사로 쓰이는 경우가 많기 때문이죠. 다음은 그 대표적인 예입니다.

total, average

'총액'인 total에는 동사로 '총액이 ~이다'의 뜻이 있어요. '평균'인 average 역시 동사로 '평균 ~이다'라는 뜻이 있는데, 의외로 동사로 자주 쓰입니다.

Sales for this quarter total 200,000 dollars.
이번 분기 매출은 총 20만 달러예요.
→ quarter: 분기

The economic growth rate has averaged 2.2 percent over the past five years.
지난 5년 동안 경제 성장률은 평균 2.2 퍼센트였어요.

aim

'목표'는 aim이죠? 동사로는 [aim to + 동사원형] 또는 [be aimed at Ving] 구문으로 많이 쓰입니다.

This project aims to address a lack of mental health support.

= This project is aimed at addressing a lack of mental health support.
이 프로젝트는 정신 건강 지원 부족 해결을 목표로 합니다.

'범위'를 나타내는 range가 동사로는 '(범위가) ~이다'가 됩니다.

This shirt ranges from size S to XL.
이 셔츠는 (범위가) S 사이즈부터 XL 사이즈까지 나와요.

title

'제목'의 title 역시 동사로 쓰이는데요, '(제목을) 붙이다'라는 뜻이라서 보통은 수동태로 사용합니다.

The book is titled "Hope". 그 책의 제목은 "희망"이야.

challenge

'도전'의 challenge가 동사로는 '도전하다, 도전장을 내밀다'라는 뜻입니다.

The startup challenged its competitors by launching an innovative product.
그 신생 창업 기업은 혁신적인 제품을 출시함으로써 경쟁사들에게 도전장을 내밀었어요.

정답 확인

(1) The bill totals 120 dollars.

(2) We aim to increase sales by 30 percent this year.

(3) Prices range from 10 to 30 dollars.

Voca Tips

- **ranging from A to B**

range from A to B(A부터 B까지이다)의 변형인 ranging from A to B(A에서 B까지) 구문도 활용도가 매우 높습니다.

The company offers various services ranging from product planning to marketing. 그 회사는 제품 기획부터 마케팅까지 다양한 서비스를 제공해요.

- **continue to 동사원형**

'계속 ~하다'라는 구문도 continuously 대신 [continue to + 동사원형] 구문을 사용해 보세요. [keep Ving] 구문을 사용하면 훨씬 더 캐주얼한 느낌이 듭니다.

We will continue to prioritize customer satisfaction.
우리는 계속 고객 만족을 최우선으로 하겠습니다.
→ prioritize: 최우선시하다

He keeps texting me every day. 걔는 매일 나한테 계속 문자해.
→ text: 문자를 보내다

- **ease / slow**

  '완화하다'와 '둔화하다'가 우리말로는 살짝 어렵지만, 영어로는 아주 쉬운 단어로 표현할 수 있는데요, 바로 ease와 slow입니다. 참고로 slow 뒤에 down이 붙으면 구체적으로 '서서히 줄이는 느낌'을 전합니다.

  Regular exercise helps ease stress levels.
  규칙적인 운동은 스트레스 수준을 완화하는 데 도움이 돼요.

  The economy is slowing down.
  경기가 둔화하고 있어요.

Ⓖ Grammar Tips

- **lack의 다양한 활용법**

  lack은 '부족'이라는 명사 외에 '부족하다'라는 뜻의 타동사로도 쓰입니다. 형용사인 lacking은 lacking in ∼(∼이 부족한) 구문으로 자주 활용됩니다.

  The project was delayed because of a lack of resources.
  그 프로젝트는 자원 부족으로 연기됐어요.

  He lacks experience. 그는 경험이 부족해.

  This plan is lacking in detail. 이 계획은 디테일이 부족해.

다음 문장을 주어진 단어를 동사로 사용해 영어로 말하고 써 보세요. | MP3 038 | 정답은 p. 306

1 우리 매출은 하루 평균 2천 달러야. (average)

____

2 이 약은 통증 완화에 도움이 됩니다. (ease)

____

3 그는 자신감이 부족해. (lack)

____

다음 문장의 별색 표현을 영어로 어떻게 바꿀지 생각해 보세요.

(1) 미 정부는 그 범죄자를 **추방했어요.**

(2) 그 가수는 **약물 남용**으로 사망했어.

(3) 그는 **대테러** 기관에서 근무해요.

결정적 키워드 1 ━━━ 단어의 의미가 유추되는 접두어

접두어를 알면 접두어와 어근의 뜻을 조합해 처음 보는 단어의 뜻도 유추할 수 있습니다. 다음은 영어에서 꼭 기억해야 할 접두어입니다.

im-(안으로), ex-(밖으로), de-(제거, 분리)

import(수입하다), export(수출하다), deport(추방하다)에서 port(항구) 앞에 붙는 im-, ex-, de-가 접두어입니다. im-은 '안으로', ex-는 '밖으로', de-는 '제거, 분리'의 뜻으로, 각각 항구 안으로 들여오고, 내보내고, 제거한다는 의미입니다.

Our company imports coffee beans from Brazil and exports instant coffee to Japan.

우리 회사는 브라질에서 커피 원두를 수입하고 일본에 인스턴트 커피를 수출해.

He was deported for breaking the law.　그는 법을 어겨서 추방당했어.

ab-(벗어나서)

접두어 ab-는 abnormal(비정상적인)에서 보듯이 '벗어나서'를 의미해요. use에 ab-가 붙은 abuse는 정상적 사용에서 벗어난다는 뜻이니까, '남용, 학대'라는 뜻이겠죠? 동사일 때는 [어**뷰**:ㅈ], 명사일 때는 [어**뷰**:ㅅ]로 발음합니다.

He's under fire for abusing his power.

그는 권력을 남용한 것으로 비난받고 있어요. (동사로 사용)

→ be under fire: 비난받고 있다 (fire: 총격)

She was reported to the police for animal abuse.
그녀는 동물 학대로 경찰에 신고당했어. (명사로 사용)
→ be reported to the police: 경찰에 신고당하다

counter-(반대의, 저항의)

접두어 counter-는 '반대, 대항'을 나타냅니다. 권투 경기에서 한 선수가 펀치를 날리면, 상대 선수가 '카운터펀치(counterpunch)'로 반격하죠? counterterrorism(대테러), counterattack(맞공격), countermeasure(대책) 모두 counter-로 시작하는 단어입니다.

The government is preparing new countermeasures to address inflation.
정부는 인플레이션을 해결하기 위한 새로운 대책을 마련 중이에요.

avi-(새, 비행)

접두어 avi-는 '새, 비행'과 관련이 있습니다.

The authorities are working hard to stop the spread of avian flu. 당국은 조류 독감 확산을 막기 위해 분투 중입니다.

The merger of the two companies is drawing attention in the aviation industry.
두 회사의 합병이 항공업계에서 주목받고 있어요.
→ draw attention: 주목받다

hyper-(과도함)

접두어 hyper-는 '과도함'을 의미합니다. 단독으로 사용되면 '들뜬, 흥분한'이란 뜻이에요. 대표 단어로 hyperactive(과잉 행동하는), hypertension(고혈압), hypersensitive(과민한) 등이 있어요.

My kid got hyper after eating too much chocolate.
우리 애가 초콜릿을 너무 많이 먹고 엄청나게 흥분했어.

Hypertension increases the risk of a stroke.
고혈압은 뇌졸중 위험을 증가시킵니다.
→ stroke: 뇌졸중

semi-(절반)

접두어 semi-는 '절반'을 의미합니다. semifinal(준결승), semiconductor(반도체), semiautomatic(반자동의)과 같은 단어들이 대표적입니다.

The demand for semiconductors is growing rapidly.
반도체 수요가 빠르게 증가하고 있어요.

sur-(초월)

접두어 sur-는 '초월'과 관련이 있어요. surplus(흑자), surpass(능가하다), surreal(초현실적인) 단어들이 대표적입니다.

The new product surpassed last year's sales figures.
신제품이 작년 판매 수치를 능가했어요.
→ sales figure: 판매 수치

trans-(이동, 변형)

접두어 trans-는 '이동, 변형'을 의미합니다. transgender(성전환의), transport(운송하다), transplant(이식, 이식하다) 등이 대표적인 단어들이에요. 동사 plant가 '심다'라는 뜻이므로, transplant가 '이식하다'를 의미하게 되는 거죠.

He got a kidney transplant yesterday. 그는 어제 신장 이식을 받았어.
→ kidney: 신장

정답 확인

(1) The U.S. government deported the criminal.

(2) The singer died from drug abuse.

(3) He works for a counterterrorism agency.

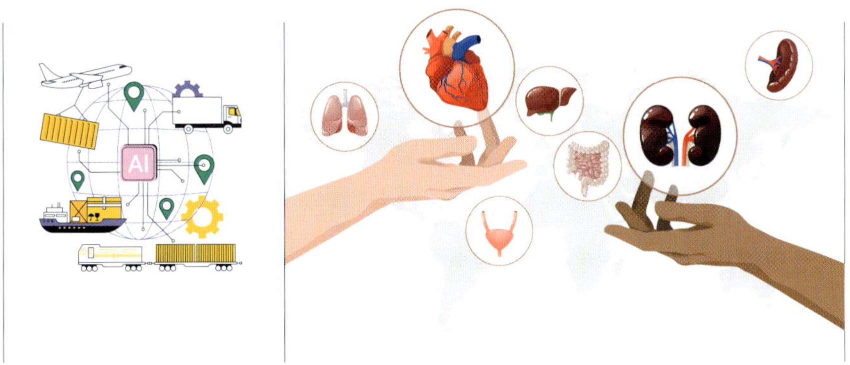

Voca Tips

- **implant**

  implant는 보통 치과에서의 '임플란트'를 떠올리는데, [im-(안에) + plant(심다)]의 결합이므로, 수술을 통해 인체에 심는 기구나 보형물을 포괄적으로 지칭하는 단어입니다.

  I had a dental implant last week.
  지난주에 치아 임플란트를 받았어.

  I've decided to get a breast implant next month.
  다음 달에 가슴 성형하기로 했어. (← 다음 달에 가슴 보형물을 받기로 했어.)

  → breast implant: 가슴 보형물

- **substance abuse**

  '물질'이라는 뜻의 substance가 abuse와 결합한 substance abuse는 '약물 남용'을 의미합니다.

  Substance abuse remains a significant problem in the U.S.
  약물 남용은 미국에서 여전히 심각한 문제예요.

- **uni-/bi-/tri-/quad-/penta-**

  숫자 1~5까지를 나타내는 접두어는 uni-/bi-/tri-/quad-/penta-입니다.

uni-	unilateral(일방적인)
bi-	bilateral(양자의)
tri-	triple(세 배가 되다)
quad-	quadruple(네 배가 되다)
penta-	Pentagon(펜타곤—5각형 건물인 미 국방부 청사)
cf. multi-	multilateral(다자의)

  Bilateral trade between the two countries has increased dramatically. 두 나라 사이의 양자 무역이 급증했어요.

  Our sales quadrupled in just a year and a half.
  매출이 불과 일 년 반 만에 네 배가 되었어요.

  → a year and a half: 일 년 반

  Multilateral talks on climate change will resume next month.
  기후 변화에 관한 다자 회담이 다음 달 재개될 예정입니다.

- import(수입) **vs.** imports(수입품)

  import는 불가산 명사로 쓰일 때는 '수입', 가산 명사로 쓰일 때는 '수입품'이란 뜻입니다. 가산 명사로 쓰인다는 건 복수형으로 쓰일 수 있다는 의미예요.

  Imports from China have tripled over the past five years.
  중국에서 수입한 물품들이 지난 5년 동안 세 배가 되었어요.

  The government banned the import of contaminated seafood.
  정부는 오염된 해산물의 수입을 금지했어요.

  → ban: 금지하다   contaminated: 오염된

다음 문장을 앞서 배운 표현을 활용해 영어로 말하고 써 보세요.   MP3 040   정답은 p. 306

1 소셜 미디어 남용이 요즘 매우 흔해.

___

2 그 다자 회담이 성공적으로 끝났어요. (talks)

___

3 그 나라는 식량 수입품에 의존해요.

___

CHAPTER 3

맛깔나는 뉘앙스 표현의 키워드

다음 문장의 별색 표현을 우리말로 어떻게 바꿀지 생각해 보세요.

(1) I **kind of** like him.
(2) Do you want coffee **or something**?
(3) I only slept for **a couple of** hours.

결정적 키워드 **1**　　　안다고 착각하기 쉬운 표현들 (1)

kind of

종류를 나타낸다기보다는 '어느 정도'라는 뜻입니다. 문장의 확실성을 낮추는 표현으로, sort of로 바꿔 쓸 수도 있어요.

I'm kind of tired.　좀 피곤한 것 같아.

It's sort of chilly today.　오늘 좀 쌀쌀한 것 같아.

or something

'뭐 그런 거'란 뜻이에요. 비슷한 걸 가볍게 제안할 때 사용하는 표현인데요, 우리도 "커피 마실래?"라고 물어보기도 하지만, "커피 같은 거 마실래?"라고 제안하기도 하잖아요. 후자의 경우 or something을 사용하면 됩니다. 부정문에서는 or anything을 사용해요.

Maybe we should call a taxi or something.　택시 같은 거 불러야겠다.

I don't need help or anything.　난 도움 같은 건 필요 없어.

a couple of hours

흔히 '몇 시간'이라고 생각하는데요, a couple of hours는 두 시간을 전후로 크게 벗어나지 않는 시간을 일컫는 표현입니다.

I'll call you back in a couple of hours.
두어 시간 후에 다시 전화할게.

though

'비록 ~이지만'의 뜻 외에 '하지만, 그래도'를 의미하기도 합니다. 이때는 보통 문장 중간이나 끝에 위치합니다.

Though it was drizzling, I went out to walk my dog.

보슬비가 내리고 있었지만, 강아지 산책시키러 나갔어.

→ drizzle: 보슬비가 내리다   walk: (강아지를) 산책 시키다

He's kind of flirty. I like him, though.

걔가 바람기가 좀 있어. 그래도 난 걔가 좋아.

→ flirty: 바람기 있는

Unfortunately

항상 '불행하게도'의 뜻은 아닙니다. '안타깝게도'의 의미도 있어요.

Unfortunately, she failed the test.   안타깝게도, 걔 시험에 떨어졌어.

Unsurprisingly

'놀랍지 않게도'보다는 '예상대로' 또는 '~는 놀랍지 않다'로 해석하면, 훨씬 더 자연스러워요.

Unsurprisingly, you're late again!   예상대로 너 또 늦었네!

정답 확인

(1) 걔가 좋은 것 **같기도 하고**.

(2) 커피 **같은 거** 마실래?

(3) **두어** 시간밖에 못 잤어.

Ⓥ Voca Tips

- **주의를 끌기 위해 사용하는 표현들**

회화에서 주의를 끌기 위해 정말 많이 사용하는 표현 중 하나가 The thing is ~입니다. 이걸 혹시 '그것은 말이야'로 해석하셨나요? 이건 '사실은', '문제는'의 뜻입니다. You know what? 역시 '있잖아'라는 뜻으로 뭔가 놀라운 소식이나 중요한 이야기를 하기 전에 주의를 끌려고 사용하는 표현이에요.

The thing is, I broke up with Michael.   사실은 나 마이클이랑 헤어졌어.

→ break up with ~: ~와 헤어지다

You know what? John asked me out!   있잖아, 존이 자기랑 데이트하재!

- **out of town**

  out of town은 단어 그대로 하면 '도시를 떠나'라는 뜻입니다. 이 표현은 집이나 직장이 있는 도시를 벗어나 있다는 뜻으로, 주로 여행이나 출장 중인 상태를 의미해요.

  He's out of town on a business trip.

  그는 출장 차 도시를 떠나 있어요. → 그는 출장 차 멀리 나가 있어요.

- **at the end of the day**

  at the end of the day는 직역하면 '하루의 끝에'라는 뜻이지만, '결국에는, 결국 가장 중요한 것은'이라는 의미로 회화에서 정말 많이 쓰입니다.

  At the end of the day, it's up to you. 결국에는 너한테 달렸어.

  → be up to 사람: ~에게 달려 있다

Ⓖ Grammar Tips

- **had better는 강한 어감**

  had better(~하는 게 낫다)는 윗사람에게 함부로 쓰면 안 되는 표현입니다. 조언처럼 보일 수 있지만, 실제로는 '이렇게 해. 안 그럼 큰일 나'의 굉장히 강한 경고의 어감이므로, 사용에 주의하셔야 해요. 부드럽게 표현해야 하는 상황에서는 It might be a good idea to ~를 활용해 보세요.

  You'd better double-check the report.

  보고서를 다시 한 번 확인하는 게 좋을 겁니다. (윗사람이 아랫사람에게 단호하게 하는 말)

  → double-check: 다시 확인하다

  It might be a good idea to double-check the report.

  보고서를 다시 한 번 확인해 보는 게 좋을 것 같아요.

다음 문장을 앞서 배운 표현을 활용해 영어로 말하고 써 보세요.　　MP3 042　정답은 p. 306

1　피자 같은 거 먹자.

____

2　우리가 졌어. 그래도 그 게임은 재미있었어.

____

3　결국에는 네가 옳았어.

____

MP3 043

다음 문장의 별색 표현을 우리말로 어떻게 바꿀지 생각해 보세요.

(1) I **should** go to work tomorrow.
(2) I'm sorry. **I mean it**.
(3) Our team **made it to** the semifinals.

결정적 키워드 1　　　안다고 착각하기 쉬운 표현들 (2)

must, have to, should

모두 '~해야 한다'로 알고 있는데, 각 조동사의 쓰임새가 다 다릅니다. must는 규칙이나 법을 포함한 가장 강한 의무를 말할 때 써요. must보다 좀 더 약한 의무가 have to이고요, should는 '~해야 한다'가 아니라 '~하는 게 좋다'라는 뜻으로, 조언이나 권고할 때 사용합니다.

You should see a doctor.　너 병원 가 보는 게 좋겠어. (감기, 두통 같은 경증)

You have to see a doctor.　너 병원 가야 해. (심각한 중증)

You must see a doctor.
너 꼭 병원에 가야 해. (단순한 감기 등이 아닐 수 있으므로 당장 행동을 취해야 한다는 절박함)

mean

'의미하다' 외에 '의도하다'라는 뜻이 있습니다. 그래서 I mean it.은 '진심이야'라는 뜻이에요.

Stop nagging me! I mean it.　잔소리 좀 그만해! 진심이야.
→ nag: 잔소리하다

make it

make it은 '그것을 만들다'가 아니라 '해내다, 성공하다'라는 뜻입니다. 여기에 to가 붙은 make it to는 의미가 확장돼 (약속 장소나 목표까지) 해내다, 즉 '(약속 장소에) 참석하다, (목표에) 도달하다'라는 뜻으로 쓰입니다.

She finally made it as an architect. 그녀는 마침내 건축가로 성공했어.

→ architect: 건축가

Can you make it to the get-together? 그 모임에 참석할 수 있어?

→ get-together: (사적인) 모임

"I'm happy for you!"

이것을 '널 위해 행복하다' 뜻으로 알고 계시면 안 됩니다. 이건 "너 정말 잘됐다"라는 뜻으로, 상대방에게 좋은 일이 생겼을 때 진심으로 기뻐하며 축하하는 표현이에요.

You got a promotion? I'm so happy for you! 승진했다고? 정말 잘됐다!

→ promotion: 승진

I think ~

'나는 ~라고 생각한다'보다 '~인 것 같아'로 해석하는 것이 훨씬 자연스럽습니다.

I think it's better to go now before rush hour starts.

러시아워 시작 전에 지금 가는 게 나을 것 같아.

→ rush hour: 러시아워

"Look at you!"

혹시 이것을 '너를 봐'로 해석하셨나요? 자기가 자기를 볼 수는 없겠죠? 이것은 상대방의 옷차림 등이 멋져 보이거나, 상대방이 놀라운 일을 해냈을 때 상대방을 칭찬하는 표현이에요. 꼭 칭찬의 의미로만 쓰이는 것은 아니고, "으이구, 그것 보라니까"처럼 냉소적인 뜻으로도 사용할 수 있습니다.

Wow, look at you! You're absolutely gorgeous in that dress!

와, 대박! 그 드레스 입으니까 너 너무 예쁘다!

→ gorgeous: 아주 멋진

Look at you! I knew you'd make it!

대박! 내가 너 해낼 줄 알았다니까!

Look at you! You were so sure you couldn't be wrong.

꼴 좋다! 틀릴 리가 없다고 그렇게 확신하더니.

정답 확인

(1) 내일 출근하**는 게 좋겠어**.

(2) 미안해. **진심이야**.

(3) 우리 팀이 준결승전에 **진출했어**.

Ⓥ Voca Tips

● **"What do you mean by that?"**

mean이 들어가는 표현 가운데 많이 쓰는 것 중 하나가 "What do you mean by that?"입니다. 상대방이 한 말의 뜻이나 의도가 궁금할 때 쓰는 것으로, "그거 무슨 뜻이야?" 또는 "그거 무슨 의미로 한 말이야?"라는 의미입니다. 이때 전치사 by를 꼭 기억하세요.

What do you mean by "we'll see"?

"곧 알게 되겠지"가 무슨 의미로 한 말이야?

● **get-together**

업무나 비즈니스 같은 공식적인 회의나 모임을 meeting이라고 한다면, 친목 위주의 사적인 모임은 get-together라고 합니다. get together가 '모이다, 만나다'라는 뜻이에요.

Let's get together sometime this week.

이번 주중에 한번 만나자.

I'm having a family get-together this Sunday.

이번 주 일요일에 가족 모임 있어.

● **문장 끝에 붙는 "period."**

문장 끝에 period.가 붙는 걸 보신 적이 있나요? 이 period는 '기간'이라는 뜻 외에 '마침표'라는 의미가 있습니다. 그래서 문장 끝에 period를 넣으면 내 얘기를 마치겠다, 즉 '더 이상 말하지 마'라는 뜻으로 단호함을 강하게 나타내게 됩니다.

This conversation is over, period.

이 얘긴 끝이야. 더 이상 말하지 마.

● '즉'으로 해석되는 or

or가 항상 '또는'으로 해석되는 건 아닙니다. 단위를 환산할 때나, 단어를 풀어서 설명할 때는 '즉'이란 뜻으로 쓰여요.

The ticket is 100,000 won, or roughly 70 dollars.

티켓은 10만 원, 즉 대략 70달러 정도야.

The WHO, or World Health Organization, has released new guidelines on the virus.

WHO, 즉 세계보건기구가 그 바이러스에 대한 새로운 지침을 발표했어요.

→ release: 발표하다

다음 문장을 앞서 배운 표현을 활용해 영어로 말하고 써 보세요.　　MP3 **044**　정답은 p. 306

1 사랑해. 진심이야.

2 결혼한다고? 정말 잘됐다!

3 그 파티에 참석할 수 있어?

다음 문장의 별색 표현을 영어로 어떻게 바꿀지 생각해 보세요.

(1) **혹시나 해서 하는 말인데**, 우리 헤어졌어.

(2) **분명히 말하는데**, 난 그 사람 초대하지 않았어.

(3) **그 말 듣고 보니까**, 나 톰한테 전화 안 했네.

결정적 키워드 1 ▬▬▬ **외워야만 쓸 수 있는 표현들 (1)**

외우지 않으면 그 뉘앙스를 살리기가 힘든 표현들을 소개합니다.

Just so you know

상대방에게 정보를 줄 때 오해를 불식하고 귀찮은 일이 발생하는 걸 막기 위해 '혹시나 해서 하는 말인데'라고 할 때는 Just so you know를 사용하세요.

Just so you know, I'm on a diet.
혹시나 해서 하는 말인데, 나 다이어트 중이야.

For the record

조금 더 강한 어조로 '분명히 말하는데'라고 할 때는 For the record라고 하세요. '기록을 위해'라는 뜻이라서 그만큼 분명히 말하겠다는 의미죠.

For the record, I never said that.
분명히 말하는데, 난 그 말 한 적 없어.

Now that you mention it

상대방 말을 듣고 무언가가 떠올랐을 때, '그 말 듣고 보니까'라고 얘기하죠? 영어로는 Now that you mention it이라고 합니다. now that이 '~이니까'니까 '네가 그것을 언급하니까', 즉 '그 말 듣고 보니까'라는 뜻이 됩니다.

Now that you mention it, I forgot to water the plants.
그 말 듣고 보니까, 식물에 물 주는 걸 깜빡했네.
→ water: (식물에) 물 주다

While you're at it

상대방이 어떤 일을 하고 있을 때, '하는 김에' 다른 것도 같이 해 달라고 부탁할 때가 있는데, 이때는 While you're at it을 사용합니다.

You're texting John? While you're at it, ask him where he is.
존한테 문자하는 거야? 하는 김에, 어디 있는지 물어봐.
→ text: 문자를 보내다

You're going to the convenience store? While you're at it, grab me some ice cream.
편의점 가? 가는 김에, 나 아이스크림 좀 사디 줘.

For what it's worth

상대방에게 '그냥 내 생각인데', '별거 아닐 수 있지만'이라고 하면서 자신의 의견을 조심스럽게 덧붙일 때는 For what it's worth를 사용해 보세요.

I know how you feel. For what it's worth, I've been there, too.
네 기분 알아. 별거 아닐 수 있지만, 나도 그런 적 있어.

정답 확인

(1) Just so you know, we broke up.

(2) For the record, I didn't invite him.

(3) Now that you mention it, I didn't call Tom.

 **Voca Tips**

- **FYI**

  Just so you know(혹시나 해서 하는 말인데)와 비슷하게 사용할 수 있는 표현으로 for your information이 있어요. 줄여서 FYI라고도 하는데, 좀 더 격식 있는 표현으로 비즈니스 같은 공식적인 상황에서 많이 씁니다.

  FYI, the deadline has been extended to the 10th.
  참고로 말씀드리자면, 마감 시한이 10일로 연장됐어요.

- **Off the record**

  For the record(분명히 말하는데)의 반대말은 Off the record입니다. '기록을 끄고'라는 뜻이니까, '비밀인데, 우리끼리 얘긴데'라는 의미가 되겠죠?

  Off the record, I'm dating John. 비밀인데, 나 존이랑 사귀어.

- **"I've been there, too."**

  상대방이 힘든 상황에 놓였을 때 "나도 그런 적 있어"라고 위로합니다. 그때 "I've been there, too"(나도 (그런 상황을) 역시 가 봤어)라고 표현합니다.

  I've been there, too. Don't worry, you'll be okay soon.
  나도 그런 적 있어. 걱정하지 마. 곧 괜찮아질 거야.

G **Grammar Tips**

- **타동사 water와 walk**

  식물에 물을 줄 때는 water 동사를, 강아지를 산책시킬 때는 walk 동사를 사용합니다. 두 동사 모두 타동사이므로, 뒤에 전치사를 사용할 필요가 없어요.

  Don't forget to water the garden. 정원에 물 주는 거 잊지 마.

  I walk my dog twice a day. 난 하루에 두 번 강아지 산책시켜.

다음 문장을 앞서 배운 표현을 활용해 영어로 말하고 써 보세요.　　　MP3 046　정답은 p. 306

1　그 말 듣고 보니까, 나 종일 안 먹었네. (all day)

2　비밀인데, 존이 나한테 데이트 신청했어. (ask ~ out)

3　별거 아닐 수 있지만, 너 잘했어.

다음 문장의 별색 표현을 영어로 어떻게 바꿀지 생각해 보세요.

(1) **이거 확실히 짚고 넘어가자.**

(2) 인생은 가끔 힘들어. **원래 그런 거지 뭐.**

(3) **아슬아슬하게** 택시 잡았어.

결정적 키워드 **1** ▬▬▬ 외워야만 쓸 수 있는 표현들(2)

우리말과 다른 뉘앙스라서 정확하게 그대로 외워서 써야 하는 표현들을 소개합니다.

Let me get this straight.

원어민들은 상대방의 말이 헷갈리거나 믿기지 않을 때, "Let me get this straight."라고 말합니다. "이거 확실히 짚고 넘어가자"란 뜻이에요.

Let me get this straight. You owe 100 million won?

이거 확실히 짚고 넘어가자. 너 빚이 1억이라고?

It is what it is.

어쩔 수 없는 상황에 맞닥뜨렸을 때, "원래 그런 거지 뭐", "어쩔 수 없지 뭐"라고 담담하게 받아들일 때는 "It is what it is."라고 말합니다.

Prices keep going up. It is what it is.

물가가 계속 오르네. 원래 그런 거지 뭐.

in the nick of time

어떤 일을 아슬아슬하게 간발의 차이로 했을 때, 원어민들은 in the nick of time(아슬아슬하게)이라고 말합니다.

I submitted my assignment just in the nick of time.

진짜 아슬아슬하게 과제 제출했어.

→ assignment: 과제

Let me put it this way.

상대방이 이해하기 쉽게 말을 바꿔 설명할 때는 "Let me put it this way."를 사용해 보세요. "이렇게 말해 볼게"란 뜻입니다.

Let me put it this way. People don't care about your life as much as you think. 이렇게 말해 볼게. 사람들은 네가 생각하는 만큼 네 인생에 관심 없어.

That said

그대로 외워야 하는 또 다른 표현으로 That said가 있는데, '그렇긴 하지만', '그래도'란 뜻입니다. '그것(that)이 말해졌지만(said)', 즉 '그렇긴 하지만'이란 뜻이 되는 거죠.

Horror movies aren't really my thing. That said, I'd watch them if you want.
공포 영화가 내 취향은 아니야. 그래도, 네가 원하면 볼게.
→ ~ is/are not my thing: 내 취향이 아니다

The next thing I knew

과거 일을 설명하면서, '정신 차리고 보니', '어느새'라는 뉘앙스로 상황을 설명할 때, 원어민들은 The next thing I knew라고 말합니다.

I was watching YouTube Shorts, and the next thing I knew, two hours had passed.
유튜브 쇼츠를 보고 있었는데, 정신 차리고 보니 두 시간이 지나 있었어.

정답 확인

(1) Let me get this straight.

(2) Life is tough sometimes. It is what it is.

(3) I caught a taxi in the nick of time.

Ⓥ Voca Tips

- **straight**

  straight는 성적(性的) 지향을 나타낼 때, gay의 반대말로 '이성애자(의)'라는 뜻이 있습니다.

  I'm not sure if he's straight. I've just never seen him with a girl.
  걔가 이성애자인지 잘 모르겠어. 그냥 여자랑 데이트하는 걸 한 번도 본 적이 없어서.

- **hand in**

  submit 외에 '제출하다'의 다른 표현으로 hand in이 있는데, 이 표현은 과제나 시험지 등을 직접 건넬 때 적합한 표현입니다.

  I handed in my test just in the nick of time. 진짜 아슬아슬하게 시험지를 제출했어.

- **my thing / not for me**

  '취향'에 대해 말할 때는 my thing이나 not for me 같은 표현을 활용해 보세요.

  Jazz is really my thing. 재즈는 완전히 내 취향이야.

  Marriage isn't for me. 결혼은 내 취향이 아니야. (결혼에 관심 없다는 뜻)

(G) Grammar Tips

- **That said vs. That being said**

  '그렇긴 하지만', '그래도'의 뜻으로 That said가 많이 쓰이는데, 좀 더 격식을 갖춘 비즈니스 맥락에서는 That being said도 많이 사용됩니다.

  I don't usually enjoy classical concerts. That said, I really liked this one. 평소엔 클래식 콘서트를 즐기진 않아. 그래도, 이번 건 정말 좋았어.

  This project involves high risks. That being said, the potential returns are significant.
  이 프로젝트는 높은 위험을 수반합니다. 그래도, 잠재 수익은 상당해요.

  → involve: 수반하다   returns: 수익

다음 문장을 앞서 배운 표현을 활용해 영어로 말하고 써 보세요.　　MP3 048　정답은 p. 306

1　시험 또 떨어졌어. 어쩔 수 없지 뭐. (fail)

____

2　우린 아슬아슬하게 공항에 도착했어.

____

3　진짜 춥네. 그래도, 네가 원하면 우리 산책할 수 있어. (go for a walk)

____

다음 문장의 별색 표현을 영어로 어떻게 바꿀지 생각해 보세요.

(1) 그 선거가 **코앞이야**.

(2) 네 잘못 아니야. **어깨 펴!**

(3) 존한테 말하지 마. **걔 입 정말 싸거든.**

결정적 키워드 1 ▬▬▬ 우리말과 비유가 다른 영어 표현들 (1)

언어마다 문화적, 역사적 배경이 달라서 비유법이 다를 수밖에 없습니다. 그래서 우리말 그대로 영어로 옮기면 어색한 경우가 많은데요, 우리말과 비유법이 다른 대표적인 영어 표현을 제시합니다.

just around the corner

어떤 일이 임박했을 때 사용하는 '코앞이야'를 in front of the nose라고 하면 아무도 이해 못합니다. 이때는 (just) around the corner, 즉 '코너만 돌면 되는'이라고 표현합니다.

Your birthday is just around the corner. 네 생일이 코앞이네.

Keep your chin up

힘든 상황에 있는 상대방을 격려하면서 "어깨 펴", "기운 내"라고 할 때는 "Keep your chin up!"이라고 해 보세요. '턱을 치켜들어!'란 뜻인데요, 턱을 치켜들면 자신감 있어 보이기 때문에 이렇게 말합니다.

I know you did your best. Keep your chin up, okay?

네가 최선을 다한 거 알아. 어깨 펴고, 알겠지?

have a big mouth

누군가가 입이 쌀 때 원어민들은 have a big mouth 구문을 씁니다. big mouth는 문자 그대로 '큰 입'이라는 의미도 되지만, 일상에서는 '입이 가벼움'을 뜻하죠. 좀 더 강조하면 have such a big mouth가 됩니다.

You shouldn't have told her. She has a big mouth.

걔한테 말하지 말았어야지. 걔 입이 싸잖아.

→ shouldn't have p.p.: ~하지 말았어야 했는데 (과거의 행동에 대한 후회)

be born with a silver spoon (in one's mouth)

영어에서는 우리말의 '금수저'를 silver spoon이라고 표현해 born with a silver spoon (in one's mouth) 구문을 사용합니다.

I'm so jealous. She was born with a silver spoon.
너무 부러워. 걔 금수저잖아.

lose face ↔ save face

체면을 잃거나 망신을 당해 면목이 없을 때는 lose face 표현을 쓰세요. 반대로 체면을 지킬 때는 save face를 씁니다. 체면의 '면'이 얼굴(face)이니, 이 표현은 우리말과 비슷한 표현입니다.

I didn't admit I was wrong. I just didn't want to lose face.
내가 틀렸다는 것을 인정 안 했어. 그냥 체면을 잃고 싶지 않았거든.

He apologized to his friends just to save face.
걔는 단지 체면을 지키기 위해 친구들에게 사과했어.

spread like wildfire

정보나 소문이 삽시간에 퍼질 때는 spread like wildfire 구문을 사용해 보세요. '산불(wildfire)'은 삽시간에 번지죠? 그래서 이런 의미를 갖게 되었습니다.

The rumor that they were dating spread like wildfire.
걔네가 사귄다는 소문이 삽시간에 퍼졌어.

정답 확인

(1) The election is just around the corner.

(2) It's not your fault. Keep your chin up!

(3) Don't tell John. He has such a big mouth.

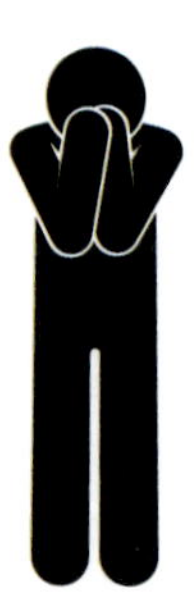
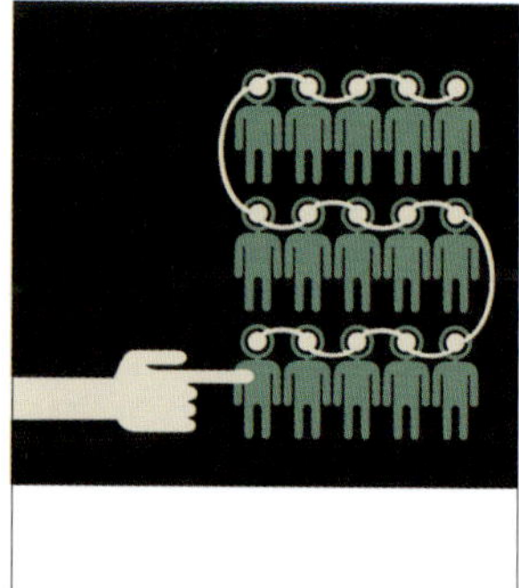

- **have bad breath**

'입 냄새가 나다'라는 표현도 우리말과 다르게 have bad breath라고 합니다. 입 냄새가 숨(breath) 쉴 때 나는 나쁜(bad) 냄새라서 '불쾌한 숨'이라고 표현하네요.

John has really bad breath. Should I tell him?
존은 입 냄새가 정말 심해. 걔한테 말해 줘야 할까?

- **smell vs. fragrance vs. scent vs. odor**

'냄새'를 나타내는 단어로 smell, fragrance, scent, odor 등이 있는데요, 각각 의미하는 바가 조금 씩 다릅니다.

`smell`

중립적인 단어로, 좋은 냄새, 나쁜 냄새를 모두 표현할 수 있습니다.

What's this smell? 이 냄새 뭐지?

`fragrance/scent`

fragrance나 scent는 꽃이나 향수처럼 주로 좋은 향기를 표현할 때 사용합니다.

This fragrance is too strong for me. 이 향은 나한테 너무 강해.

Have you seen the movie 'Scent of a Woman'? 영화 '여인의 향기' 봤어?

`odor`

불쾌한 냄새를 나타내요. 악취나 몸에서 나는 냄새 등을 포함하는데, 특히 '불쾌한 땀 냄새'를 body odor라고 합니다. 땀 냄새를 제거하기 위해 사용하는 '데오도란트(deodorant)'는 odor를 제거(de-) 하기 위한 제품이죠.

I started using a new deodorant because I was worried about body odor during the summer.
여름에 체취가 걱정돼서 새 데오드란트를 쓰기 시작했어.

This air purifier works really well for pet odors.
이 공기 청정기는 반려동물 냄새에 정말 효과가 좋아.

→ air purifier: 공기 청정기

- **go viral**

spread like wildfire와 비슷하게 쓸 수 있는 구문이 go viral인데요, viral은 virus의 형용사로 '(바 이러스처럼) 순식간에 퍼지는'이란 의미예요. 주로 디지털 콘텐츠에 쓰입니다.

After his TikTok went viral, he became famous overnight.
그의 틱톡 영상이 삽시간에 퍼진 후, 그는 하룻밤 사이에 유명해졌어.

→ overnight: 하룻밤 사이에

Grammar Tips

● 소유격을 생략하는 표현

lose face(체면을 잃다), save face(체면을 지키다) 모두 face 앞에 소유격을 쓰지 않습니다. 즉, lose/save one's face는 틀린 표현이에요. 이렇게 관용구처럼 소유격을 생략하는 표현을 더 살펴볼게요.

The kids are having fun playing in the pool.
아이들이 수영장에서 놀면서 재밌어하고 있어.

→ have fun: 즐기다

Don't lose hope. Things will get better. 희망을 잃지 마. 상황이 나아질 거야.
→ things: 상황

She lost consciousness after the accident. 그녀는 사고 후 의식을 잃었어.
→ consciousness: 의식

I want to lose some weight before wearing a bikini this summer.
올여름에 비키니 입기 전에 살 좀 빼고 싶어.

→ lose weight: 살을 빼다

I've gained some weight lately, because I've been eating well.
잘 먹었더니 요즘 살 좀 쪘어.

→ gain weight: 살찌다

다음 문장을 앞서 배운 표현을 활용해 영어로 말하고 써 보세요.   MP3 050   정답은 **p. 307**

1   여름이 코앞이야.

____

2   난 그냥 체면을 지키고 싶었어.

____

3   그 댄스 챌린지가 틱톡에서 삽시간에 퍼졌어. (viral)

____

다음 문장의 별색 표현을 영어로 어떻게 바꿀지 생각해 보세요.

(1) 그녀는 **초보 엄마**야.

(2) 그는 **모델 출신 배우**야.

(3) 나 **몸치**야.

결정적 키워드 1　　　━━━━　**우리말과 비유가 다른 영어 표현들 (2)**

문화적, 역사적 배경 등으로 인한 사고방식의 차이로 우리말과 비유가 다른 표현들이 꽤 있었습니다. 이번에도 역시 일상에서 많이 쓰이는 또 다른 비유 표현을 알아봅니다.

first-time

'초보'를 흔히 amateur(아마추어)라고 생각하기 쉬운데요, amateur는 비전문가나 취미로 뭔가를 하는 사람을 지칭하는 표현이에요. 초보 엄마는 '처음 엄마가 된 사람(first-time mom)'이라서 first-time을 사용해 표현합니다.

As a first-time mom, I'm learning new things every day.

초보 엄마로서 매일 새로운 걸 배우고 있어.

-turned-

직업 관련해 '~ 출신 …'은 turned(~로 전향한)를 활용해 [이전 직업-turned-현재 직업]으로 표현해 보세요.

He's a YouTuber-turned-writer.

그는 유튜버 출신 작가야.

have two left feet

'몸치'는 have two left feet라고 합니다. 가뜩이나 오른쪽보다 잘 못 쓰는 왼쪽 발이 하나도 아니고 둘이나 있으니, 덜 숙련되거나 민첩하지 못한 느낌이 들지 않나요? 원래는 춤을 어색하게 추거나 몸동작이 서툰 사람을 묘사하는 표현인데, 미술이나 공예, 요리를 서툴러서 잘 못하는 경우에도 쓸 수 있습니다.

He has two left feet, but dances with confidence.

개는 몸치인데, 자신감 있게 춤춰.

I burned the toast again. I must have two left feet in the kitchen.

나 토스트 또 태웠어. 나 진짜 주방에서는 완전 서툴러.

hit the roof

화가 나서 뚜껑이 열린다고 할 때는 hit the roof라는 표현을 사용합니다. 화가 지붕을 칠 정도로 많이 난 상황이네요.

I totally hit the roof when he lied to me again.

개가 또 거짓말했을 때, 나 완전히 뚜껑 열렸잖아.

over my dead body

절대로 허용할 수 없는 일에 "내 눈에 흙이 들어가기 전엔 안 돼!"라고 단호히 말하는 때가 있습니다. 죽어서 땅에 묻힐 때라는 의미인데요, 영어로는 "Over my dead body!"라고 합니다. 이때 body는 '시체'라는 뜻이에요.

You're thinking about dropping out of school? Over my dead body!

자퇴 생각 중이라고? 내 눈에 흙이 들어가기 전엔 안 돼!

→ drop out of school: 중퇴하다

'분위기를 파악하다'는 read the room이라고 합니다. 영어에서는 방 분위기를 읽는다고 표현하네요.

Seriously, read the room! Now is not the right time for that kind of joke. 진짜 분위기 파악 좀 해! 지금은 그런 농담할 때가 아니야.

일이 산더미처럼 쌓였을 때는 mountains of work보다 tons of work가 일상 대화에서는 더 자연스럽습니다.

I can't hang out today. I've got tons of work to do.
나 오늘 못 놀아. 할 일이 산더미처럼 쌓였거든.
→ hang out: (친구들과) 어울려 놀다

정답 확인

(1) She's a first-time mom.

(2) He's a model-turned-actor.

(3) I have two left feet.

- **first-time**

first-time이 무엇인가를 처음 해 볼 때 사용하는 표현이므로, '생애 최초 주택 구매자'도 이 표현을 사용해 나타낼 수 있습니다.

The government announced a new program for first-time home buyers. 정부가 생애 최초 주택 구매자를 위한 새 프로그램을 발표했어요.

- **'길치'와 '음치' 표현**

'몸치'가 나왔으니 '길치'와 '음치'에 대해서도 알아볼까요? '길치'는 have no sense of direction, 즉 방향 감각이 없는 거고요, '음치'는 tone-deaf, 즉 tone(음정)이 '안 들리는(deaf)'으로 표현합니다. 음치가 나왔으니 박자를 못 맞추는 '박치'가 빠질 수 없죠. 박치는 have no sense of rhythm 이라고 합니다. 또 구어체에서 많이 쓰는 표현이 can't keep the beat이에요.

Don't ask her for directions. She has no sense of direction.
걔한테 길 묻지 마. 걔 길치야.

She's tone-deaf, but she doesn't care when she sings.
걘 음치인데, 노래할 때 신경 안 써.

She has no sense of rhythm, so she always claps off-beat.
걘 박치라서 항상 박자를 엇나가게 박수 쳐.

→ clap: 박수 치다   off-beat: 박자를 벗어나서

I can't dance—I can't keep the beat!
나 춤 못 춰. 박자를 못 맞추거든!

- **우리말과 비유법이 비슷한 표현들**

He's getting on my nerves. 걔가 신경에 거슬려.
→ get on one's nerves: 짜증나게 하다, 신경을 건드리다

We're all in the same boat now. 우리 모두 이제 한배를 탔어요. (같은 처지라는 뜻)
→ in the same boat: 같은 처지에 있는, 같은 상황에 놓여 있는

It's time to tighten our belts.
허리띠를 졸라매야 할 때입니다. (절약하거나 긴축해야 한다는 의미)

→ tighten one's belt: 허리띠를 졸라매다 → 절약하다, 긴축하다

He was already upset, and your comment just added fuel to the fire.
그는 이미 화가 나 있었는데, 네 말이 불난 데 기름을 부은 꼴이 됐어.

→ add fuel to the fire: 불에 기름을 붓다 → 일을 더 악화시키다

- **drop out(중퇴하다) vs. dropout(중퇴자)**

  IT 업계의 거물급 인사인 빌 게이츠, 마크 저커버그, 스티브 잡스의 한 가지 공통점이 뭘까요? 바로 대학을 중퇴했다는 건데요, drop out(중퇴하다)의 두 단어를 붙인 dropout이 바로 '중퇴자'라는 뜻입니다.

  Bill Gates dropped out of Harvard to start Microsoft.
  빌 게이츠는 마이크로소프트를 창업하려고 하버드를 중퇴했어.

  Bill Gates is one of the richest college dropouts.
  빌 게이츠는 가장 부유한 대학 중퇴자 중 한 명이지.

다음 문장을 앞서 배운 표현을 활용해 영어로 말하고 써 보세요.   MP3 052   정답은 p. 307

1 그녀는 가수 출신 배우야.

____

2 나 길치야.

____

3 분위기 파악 좀 할래?

____

PART 2

영어다운 느낌을 가르는 주제별 표현

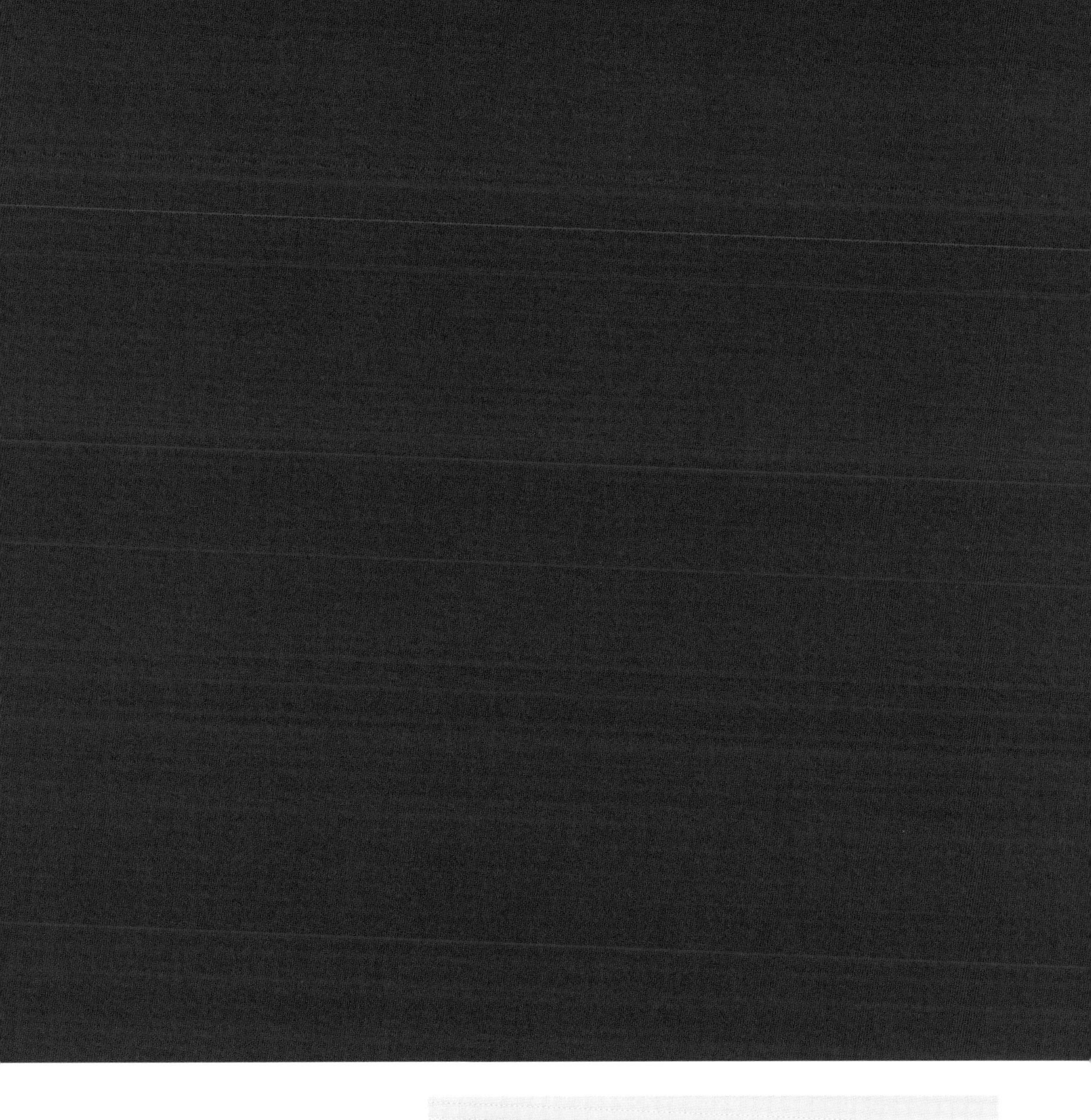

왼쪽의 QR코드를 스캔하시고 '바로듣기'를 탭하세요.
해당 도서의 음원을 바로 들으실 수 있습니다. 반복 재생과
속도 조절도 가능합니다.

CHAPTER 4

가격·수치 표현 키워드

다음 문장의 별색 표현을 영어로 어떻게 바꿀지 생각해 보세요.

(1) 휘발유 **가격이** 10% 올랐어.

(2) 휘발유 **가격이 1,700원으로** 올랐어.

(3) 휘발유 **가격이** 10% 올라 **1,700원이** 됐어.

결정적 키워드 1 ▬▬▬ 보통은 복수형에 능동태로 쓰이는 price

- '그 가격'이라고 가격을 구체적으로 특정 짓지 않는 이상, '가격'의 price는 보통 '복수' 형태를 사용합니다. 사과 하나를 구매해도 재래시장, 마트, 백화점마다 가격이 다 다르죠? 가격은 수요, 공급의 법칙에 따라 자연스럽게 형성되므로, 거래되는 시장에 따라 다양한 가격이 형성됩니다.

The price increased by 20 percent overnight.

그 가격이 하룻밤 사이에 20% 올랐어.

→ overnight: 하룻밤 사이에

Prices have gone up so much. I'm afraid to go grocery shopping.

물가가 너무 올랐어. 장 보러 가기가 겁나.

→ go grocery shopping: 장 보러 가다

- 가격은 수요, 공급의 법칙에 따라 자연스럽게 형성되므로, 보통 능동태로 표현합니다. 수동태로 표현하면, 가격을 인위적으로 조정하는 뉘앙스가 있어요. 유가나 주가 관련 뉴스나 기사를 찾아보면 거의 능동태 동사가 등장할 거예요.

Stock prices fell sharply in the first quarter of this year.

올해 1분기에 주가가 급락했어. (능동태)

→ stock prices: 주가   sharply: 급격히

Prices have been lowered for early-bird reservations.

얼리버드 예약에 대해 가격이 인하되었습니다. (수동태)

→ lower: 낮추다

- '가격이 10% 올랐다'라는 말은 '10%만큼' 올랐다는 의미로, 이렇게 '폭'을 나타낼 때는 수치 앞에 by를 사용합니다. 이때 by는 생략할 수 있어요. '가격이 1,700원으로 올랐다'에서 '1,700원으로'는 '최종 수치'인데요, 이렇게 '최종 수치'를 나타낼 때는 to를 사용하고, 이 to는 생략할 수 없습니다.

정답 확인

(1) Gas prices (have) increased (by) 10 percent.

(2) Gas prices (have) increased to 1,700 won.

(3) Gas prices (have) increased (by) 10 percent to 1,700 won.

 **Voca Tips** 휘발유 관련 표현들

- **gas prices**

'휘발유 가격'은 gas prices라고 합니다. gas는 gasoline의 줄임말로, 이 gasoline을 파는 '주유소'를 gas station이라고 해요. 휘발유 가격은 gas prices 외에 prices at the pump라고도 하는데, '주유기(pump)에서의 가격' 즉, '휘발유 가격'을 의미하네요.

Gas prices have fallen sharply over the past month.

= Prices at the pump have fallen sharply over the past month.

지난 한 달 동안 휘발유 가격이 급락했어.

- **be on the rise/increase**

be on the rise/increase는 '상승세에 있다'라는 뉘앙스입니다. 소비자 물가 지수에서 휘발유의 가중치가 높다 보니, 휘발유 가격에 관한 소식이 국내외에서 자주 다뤄집니다.

Prices at the pump are on the rise/increase. 휘발유 가격이 상승세에 있어요.

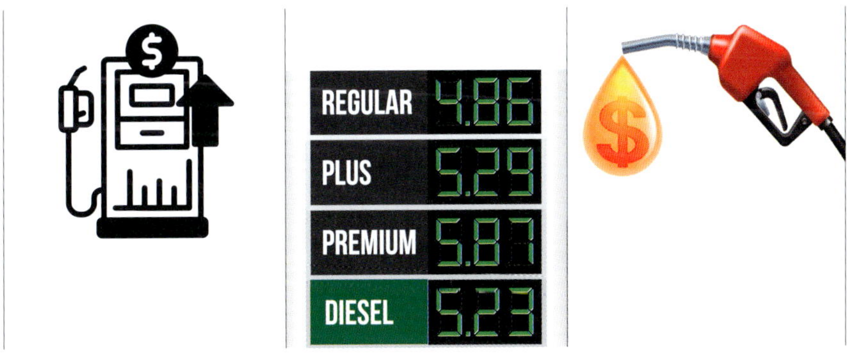

- oil **vs.** crude oil

'석유'와 '원유'는 각각 어떤 단어를 사용할까요? '석유'는 oil, 정제되지 않은 석유인 '원유'는 crude oil이라고 부릅니다.

Oil prices are going up because of supply chain issues.
공급망 문제 때문에 유가가 오르고 있어.

Demand for crude oil is rising faster than expected.
원유 수요가 예상보다 빨리 증가하고 있어.

◤ G ◢ Grammar Tips

- 형용사·부사로 쓰이는 overnight

'하룻밤 사이에'라는 뜻의 overnight는 형용사 및 부사로도 쓰이는 단어로, 부사로 쓰일 때는 앞에 전치사를 사용하지 않습니다.

We took an overnight flight to London. 우린 런던행 야간 비행기를 탔어. (형용사)

I just don't get him. His attitude changed overnight.
진짜 걔가 이해가 안 가. 하룻밤 사이에 태도가 바뀌었어. (부사)

다음 문장을 앞서 배운 표현을 활용해 영어로 말하고 써 보세요. ⬛ MP3 054 ⬛ 정답은 p. 307

1 우리 순이익이 10% 떨어졌어. (net profits)

2 휘발유 가격이 1,600원으로 떨어졌어. (drop)

3 금값이 증가세에 있어요.

다음 문장의 별색 표현을 영어로 어떻게 바꿀지 생각해 보세요.

(1) 휘발유 가격이 1,700원으로, 지난달 대비 **10% 떨어졌어.**

(2) 원유 가격이 78,000원으로, 전날 대비 **1,300원 올랐어.** (the previous day)

(3) 소비자 물가가 **전년 대비** 2.7% 올랐어. (consumer prices)

결정적 키워드 1 ━━━━━ **'증/감'을 나타내는 up/down**

- 가격 증/감의 '폭'을 by로 표현할 수 있었는데, 이번에는 up/down을 활용해 증/감을 표현해 볼게요. 증/감을 나타내는 up/down을 자유자재로 사용하지 못하면, which is ~로 연결하게 돼 문장이 길어지고 살짝 지저분해집니다.

Gas prices are 1,700 won, which is a 5 won decrease from last week.

휘발유 가격이 1,700원으로, 지난주 대비 5원 하락했어. **(틀리진 않지만 늘어진 느낌)**

원어민에게는 이 문장이 which is ~로 인해 길게 늘어지니까 비효율적으로 보입니다. 이때 원어민은 down을 활용해 깔끔하게 표현합니다.

Gas prices are 1,700 won, down 5 won from last week.

휘발유 가격이 1,700원으로, 지난주 대비 5원 하락했어.

Gas prices are 1,700 won, up 5 won from last week.

휘발유 가격이 1,700원으로, 지난주 대비 5원 증가했어.

- 소비자 물가 지수 관련해, 동기 대비 가격을 많이 비교합니다. '전년 대비'
  는 compared to the same period last year라고 하는데요, 간단히 year over
  year라고도 합니다.

Bottled water prices rose by 11 percent year over year.

생수 가격이 전년 대비 11% 올랐어.

→ bottled water: 생수

정답 확인

(1) Gas prices are 1,700 won, down 10 percent from last month.

(2) Crude oil prices are 78,000 won, up 1,300 won from the previous
day.

(3) Consumer prices rose by 2.7% year over year.

Ⓥ Voca Tips 1

- **stock** vs. **share** vs. **stake**

  주식은 stock 또는 share라고 하는데요, stock은 '한 회사 또는 시장 전체의 주식', share는 '하나
  의 주식 단위'를 일컫는 표현입니다. 또, '지분'은 stake라고 하는데, stake는 원래 '말뚝'이라는 뜻
  입니다. 말뚝을 박아서 나의 지분을 표시한다고 기억해 보세요.

  Stock prices are plunging today. 오늘 주가가 곤두박질치고 있어.
  → plunge: 급락하다

  I own 100 shares of the company. 난 그 회사 주식 100주를 보유하고 있어.

  I have a 20 percent stake in the company. 난 그 회사의 지분 20%를 갖고 있어.

- **on a daily/monthly/yearly basis**

  '매일/매월/매년'은 every day/month/year인데요, 이것을 on a ～ basis 패턴을 활용해 좀 더 격
  식 있게 말해 보세요. on a daily/monthly/yearly basis 이렇게 표현하면 됩니다.

  Starting next month, overtime will be paid on a monthly basis.

  다음 달부터 초과 근무는 월 단위로 지급됩니다.

  → overtime: 초과 근무

  This system is updated on a regular basis.

  이 시스템은 정기적으로 업데이트됩니다.

- **화폐 단위 환산의 or**

  화폐 단위를 환산할 때는 or를 사용해 말하세요. 이때 or는 '또는'이 아니라, '즉'이란 뜻입니다.

  The car costs 35 million won, or about $27,000.
  그 차는 3,500만 원, 즉 약 27,000달러야.

- **cost 동사**

  cost 동사는 '(값, 비용이) ～이다'라는 뜻으로, 사람을 주어로 쓸 수 없어요. 그래서 '책을 15,000원에 구매했다'라면 [산 것 + cost + 산 사람 + 가격]의 구문을 활용해 다음과 같이 말하면 됩니다.

  This book cost me 15,000 won.
  이 책의 가격은 15,000원이었어. (이때 cost는 동사 과거)

- **[stand at 가격/수치]**

  [stand at 가격/수치]는 '가격/수치가 ～ 수준이다'의 의미로, 가격이나 수치의 현재 상태를 나타내는 격식체 표현입니다.

  Interest rates stand at 4 percent. 금리가 4퍼센트 수준입니다.

  Unemployment stands at 2.8 percent this quarter.
  이번 분기 실업률이 2.8% 수준입니다.

다음 문장을 앞서 배운 표현을 활용해 영어로 말하고 써 보세요. MP3 056 정답은 p. 307

1 휘발유 가격이 1,600원으로, 지난주 대비 100원 떨어졌어.

____

2 그 가격이 4,500원으로, 6개월 전보다 10% 올랐어.

____

3 우리 매출이 전년 대비 15% 올랐어.

____

다음 문장의 별색 표현을 영어로 어떻게 바꿀지 생각해 보세요.

(1) 그 가격이 **10% 상승했어요**. (a 10 percent increase)

(2) 그 가격이 **대폭 하락했어요**. (a significant drop)

(3) 그 회사는 올해 **150억 원의 매출**을 기록했어요. (15 billion won in sales)

결정적 키워드 1　[a/an + 증/감을 나타내는 명사 + in]

- 가격 증/감의 '폭'은 by, 또는 up/down으로 표현할 수 있었습니다. 이번에는 [a/an + 증/감을 나타내는 명사 + in]을 활용해 '증/감'을 표현해 보세요. in 뒤에는 증/감이 나타났던 분야를 씁니다. 증/감을 나타내는 명사는 increase/decrease 외에도 rise/jump(증가), drop/fall(감소) 등을 활용해 다양하게 표현할 수 있습니다. 이는 격식 있는 표현으로, 보고서나 뉴스 등에 자주 활용됩니다.

The company reported a 10% increase in product prices this quarter.

회사는 이번 분기에 제품 가격이 10% 상승했다고 보고했어요.

We saw a big jump in housing prices last year.

작년에 주택 가격이 크게 올랐어요.

There was a significant drop in crude oil prices.

원유 가격이 대폭 하락했어요.

결정적 키워드 2　[금액 + in + 명사]

- '2천만 달러 수익', '3백만 달러 손실', '10억 달러 매출' 등은 [금액 + in + 명사]로 쉽게 표현할 수 있습니다. in 뒤에 오는 명사는 금액이 발생한 '범주'를 나타내요.

The company reported 20 million dollars in revenue last quarter.

그 회사는 지난 분기에 2천만 달러 수익을 보고했어요.

The company reported 3 million dollars in losses this quarter.

그 회사는 이번 분기에 3백만 달러 손실을 보고했어요.

We achieved 1 billion dollars in sales last year.

우리는 작년에 10억 달러 매출을 달성했어요.

정답 확인

(1) There was a 10 percent increase in the price.

(2) There was a significant drop in the price.

(3) The company recorded 15 billion won in sales this year.

Ⓥ Voca Tips

- **큰 숫자 읽기**

'십만', '1억', '10억'을 영어로 빠르게 바꿔 보세요. 어때요? 바로 입에서 영어로 숫자가 나오나요? 한국인들이 가장 헷갈리는 숫자 단위가 바로 '십만', '1억', '10억'인데요. 다음 표를 보면서, 큰 수 읽기를 영어로 계속 반복해서 말해 보세요.

십만	one hundred thousand
1억	one hundred million
10억	one billion
120,435 (십이만 사백삼십오)	one hundred twenty thousand, four hundred thirty-five
256,400 (이십오만 육천사백)	two hundred fifty-six thousand, four hundred
145 million (1억 4천5백만)	one hundred forty-five million
250 million (2억 5천만)	two hundred fifty million
2 billion (20억)	two billion
3.5 billion (35억)	three point five billion

- **increase/decrease**

increase/decrease는 명사/동사로 쓰이며, 명사일 때는 앞 강세, 동사일 때는 뒤 강세로 발음하세요.

There was a 10 percent **in**crease in the price. 가격이 10% 상승했어요. (명사)

The price incr**ea**sed by 10 percent 그 가격이 10% 상승했어요. (동사)

record 역시 명사/동사로 쓰이므로, 동일한 강세 법칙을 적용해 주세요.

He has an impressive sales **re**cord. 그는 뛰어난 매출 실적을 갖고 있어요. (명사)

Our company rec**or**ded its highest sales last quarter.

우리 회사는 지난 분기에 최고 매출을 기록했어요. (동사)

- **steep**

  '(경사가) 가파른'을 의미하는 형용사 steep은 증/감의 폭을 나타낼 때도 많이 쓰입니다. '(증/감의 폭이) 급격한'이란 뜻이에요.

  The country is seeing a steep decline in the birthrate.
  그 국가는 출산율 급감을 겪고 있어요.
  → birthrate: 출산율

Ⓖ Grammar Tips

- **증/감을 나타내는 명사가 '단/복수'인지 확인**

  [a/an + 증/감을 나타내는 명사 + in]을 활용한 다음 두 문장을 살펴보세요. 두 문장의 뜻 차이가 쉽게 이해되시나요?

  There was a 10 percent increase in the price.
  가격이 10% 상승했어요. (상승한 적이 한 번)

  There were three 10 percent increases in the price.
  가격이 10%씩 세 차례 상승했어요. (10%씩 세 번 상승함)

다음 문장을 앞서 배운 표현을 활용해 영어로 말하고 써 보세요.　　MP3 058　정답은 p. 307

1　가격이 20% 하락했어요. (명사 drop)

____

2　7월에 최저 임금이 4% 상승했어요. (minimum wage)

____

3　그 회사는 올해 100억 원의 매출을 기록했어요.

____

다음 문장의 별색 표현을 영어 동사 하나로 어떻게 바꿀지 생각해 보세요.

(1) 식품 가격이 전년 대비 **급등했어요**. (year over year)

(2) 유가가 이번 달 **급락했어요**.

(3) 불과 3개월 만에 매출이 **두 배가 됐어요**.

결정적 키워드 1 ▬▬ 급등/급락을 의미하는 동사들

수치와 관련해 급등 및 급락을 의미하는 동사를 알면 유용하게 사용할 수 있습니다.

'급등하다' surge, soar, spike, skyrocket

'급등하다'는 's-'로 시작하는 surge, soar, spike, skyrocket이 포함되는데요, 특히 skyrocket은 로켓을 타고 하늘로 올라가는 이미지로 기억해 보세요.

After the cold snap, temperatures are expected to soar this week. 일시적 한파가 지난 후, 이번 주에 기온이 급등할 것으로 예상됩니다.

→ cold snap: 일시적 한파

Housing prices skyrocketed in the city after the new subway line opened.

새 지하철 노선이 개통된 뒤 그 도시의 주택 가격이 급등했습니다.

'급락하다' plunge, plummet

'급락하다'는 plunge, plummet 이렇게 p-로 시작하는 동사 두 개만 기억해도 충분합니다. 참고로, 코 박고 아래로 다이빙하는 느낌의 nosedive도 같이 기억해 보세요.

The stock market plunged after the announcement.

그 발표 이후 주식 시장이 급락했어요.

Stock prices nosedived after the disappointing earnings report.

실망스러운 수익 보고서 이후 주가가 급락했어요.

→ earnings report: 수익 보고서

double/triple/quadruple

'두 배/세 배/네 배가 되다'라는 뜻의 동사 double/triple/quadruple도 쓰임새가 높습니다. 접두어 tri-, quad-는 각각 '셋'과 '넷'을 나타내고, quadruple의 경우 [콰ㄷ**루**쁠]로 발음해요.

The company's profits have quadrupled over the past two years.
그 회사의 이익이 지난 2년 동안 네 배가 됐어요.

정답 확인

(1) Food prices skyrocketed year over year.

(2) Oil prices plunged this month.

(3) Sales have doubled in just three months.

(v) Voca Tips　'급증/급감'의 표현과 함께 쓰이는 단어들

- **dramatically/sharply/significantly**

앞서 공부한 급등/급락을 나타내는 동사가 기억나지 않을 때는 '급격히 증가하다/감소하다'로 풀어서 표현하면 됩니다. '급격히'에 해당하는 부사 dramatically/sharply/significantly 중 가장 기억하기 쉬운 게 dramatically로, '드라마틱하게(dramatically)' 증가 또는 감소한다고 기억해 보세요.

After the cold snap, temperatures are expected to soar this week.
일시적 한파가 지난 후, 이번 주에 기온이 급등할 것으로 예상됩니다.

= After the cold snap, temperatures are expected to rise dramatically this week.

- **exponentially**

'기하급수적으로'라는 뜻의 부사 exponentially[엑ㅅ퍼**넨**셜리]도 함께 기억해 보세요.

Social media users are growing exponentially every year.
소셜 미디어 사용자가 매년 기하급수적으로 증가하고 있어요.

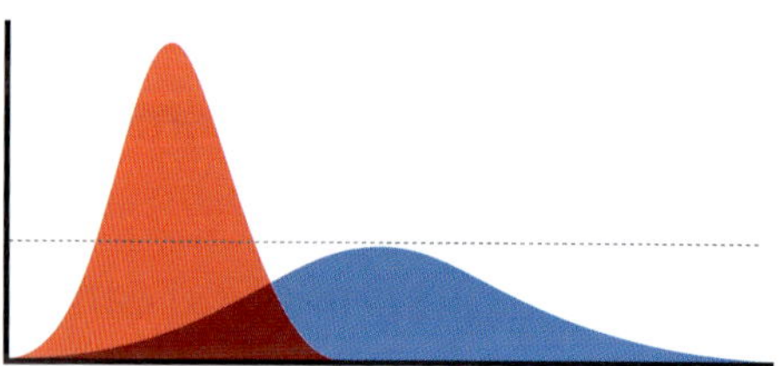

- **increase twofold/threefold/fourfold**

  배수를 나타내는 동사 역시 풀어서 표현할 수 있습니다. '~ 배'를 의미하는 접미어 -fold를 활용해 increase twofold/threefold/fourfold(2배/3배/4배 증가하다)라고 말해 보세요. 이 표현은 double/triple/quadruple보다 좀 더 격식 있는 표현입니다.

  The number of active users has increased threefold over the past six months.

  지난 6개월 동안 활성 사용자 수가 3배 증가했어요.

  → active user: 활성 사용자

Ⓖ Grammar Tips

- **year-over-year(형용사) vs. year over year(부사)**

  '하이픈(-)'은 단어를 연결해 하나의 의미 덩어리를 만듭니다. 그래서 year-over-year는 형용사, year over year는 부사로 쓰입니다.

  The company reported a 20% year-over-year increase in sales.

  그 회사는 전년 대비 20% 매출 증가를 보고했어요. (형용사: 전년 대비의)

  Housing prices rose by 25 percent year over year.

  주택 가격이 전년 대비 25퍼센트 상승했어요. (부사: 전년 대비)

다음 문장을 앞서 배운 표현을 활용해 영어로 말하고 써 보세요. | MP3 060 | 정답은 **p. 307**

1 금값이 하룻밤 사이에 급등했어요. (soar)

2 비트코인 가격이 어제 급락했어요. (plunge)

3 그 바이러스가 기하급수적으로 퍼지고 있어요.

다음 문장의 별색 표현을 영어로 어떻게 바꿀지 생각해 보세요.

(1) 휘발유 가격이 지난주 **역대 최고치를 기록했어요.**

(2) 기온이 오늘 아침 **역대 최저치를 기록했어요.**

(3) 유가가 지난주 **등락을 거듭했어요.**

결정적 키워드 **1** ━━━ 역대 최고치/최저치 표현

hit/reach an all-time high vs. hit/reach an all-time low

수치 표현에서, '역대 최고치/최저치'는 꼭 알아야 할 표현입니다. '역대 최고치를 기록하다'는 hit/reach an all-time high, '역대 최저치를 기록하다'는 hit/reach an all-time low를 사용해 보세요. 이때 high/low는 '최고치/최저치'라는 뜻의 명사이므로 부정관사 a(n)이 앞에 옵니다. all-time 대신 record(기록적인)를 사용할 수도 있어요.

Temperatures reached an all-time high this summer.

올여름 기온이 역대 최고치를 기록했어요. (a high — 한 차례 최고치)

Temperatures reached record highs this summer.

올여름 기온이 (여러 차례) 역대 최고치를 기록했어요. (highs — 여러 차례 최고치)

The Korean won hit an all-time low against the U.S. dollar.

한국 원화가 미 달러 대비 역대 최저치를 기록했어요. (a low — 한 차례 최저치)

- 유가, 주가 및 날씨 등이 등락을 거듭하는 상황이 많은데, 이때는 fluctuate 동사 하나로 표현할 수 있습니다.

Temperatures are fluctuating due to climate change.

기후 변화 때문에 온도가 오르내리고 있어요.

정답 확인

(1) Gas prices hit an all-time high last week.

(2) The temperature hit a record low this morning.

(3) Oil prices fluctuated last week.

Ⓥ Voca Tips

- **highs and lows**

highs and lows는 '(여러 차례) 최고치와 최저치'라는 뜻 외에도, 비유적으로 '인생의 기복'을 의미하기도 합니다.

I've been through a lot of highs and lows in my life.

난 인생에서 많은 기복을 겪어 왔어.

- **ups and downs / a roller coaster**

오르락내리락하는 것에는 감정이 있는데요, 이 '감정의 기복'은 ups and downs를 주로 사용합니다. 좀 더 생생한 전달을 위해 a roller coaster(롤러코스터) 단어를 활용하기도 해요.

After we broke up, I experienced a lot of emotional ups and downs.

우리가 헤어진 후, 나는 많은 감정 기복을 겪었어.

After we broke up, I went through a roller coaster of emotions.

우리가 헤어진 후, 나는 감정의 롤러코스터를 탔어.

- **reach vs. arrive**

특정 장소에 도착할 때는 동사 reach나 arrive를 모두 사용할 수 있지만, 수치에 도달할 때는 reach가 자연스럽습니다. 결론이나 합의 등에 도달할 때도 reach를 사용해요.

We finally reached the top of the mountain.

우리는 마침내 산 정상에 도달했어. (reach – 타동사)

I arrived at the airport just in time. 공항에 딱 맞춰 도착했어. (arrive – 자동사)

→ just in time: 딱 맞춰

Inflation is expected to reach 1.7 percent by the end of this year.

올해 말까지 인플레이션이 1.7%에 이를 것으로 예상됩니다.

We finally reached a conclusion after the meeting.

회의 후에 우리는 마침내 결론에 도달했어요.

It took about 5 hours to reach that decision.

그 결정을 내리는 데 약 5시간이 걸렸어요.

The two sides couldn't reach an agreement even after hours of negotiation.

양측은 몇 시간의 협상 후에도 합의에 도달하지 못했어요.

→ two sides: 양측

G Grammar Tips

- **화폐를 비교할 때는 전치사 against**

화폐 가치를 비교할 때는 전치사 against(~ 대비)를 사용해 보세요.

The yuan weakened against the dollar last week.

지난주 위안화가 달러 대비 약세를 보였어요.

The yen strengthened against the dollar after the announcement.

그 발표 이후, 엔화가 달러 대비 강세를 보였어요.

다음 문장을 앞서 배운 표현을 활용해 영어로 말하고 써 보세요.　　　MP3 062　정답은 p. 308

1　주가가 역대 최고치를 기록했어요.

2　소비자 신뢰도가 역대 최저치를 기록했어요. (consumer confidence)

3　우리는 드디어 합의에 도달했어요.

다음 문장의 별색 표현을 영어로 어떻게 바꿀지 생각해 보세요.

(1) 그는 **40대 중반**이야.

(2) 그 회사는 **2020년대 초에** 그 제품을 출시했어.

(3) 우리는 **이번 주 초에** 그 프로젝트를 시작했어요.

결정적 키워드 1 　 early/mid-/late 활용

- 나이 및 시간의 '초/중/후반'은 나이 및 시간을 나타내는 수치 앞에 early/mid-/late를 놓아서 표현합니다. 이때 나이는 '소유격'과 함께, 시간은 the와 함께 사용하는 경우가 많아요. '20대', '30대', '2000년대'처럼 '-대'가 붙는 표현은 복수를 의미하므로, 끝에 꼭 -s를 붙여야 합니다.

Even in his late 40s, he looks like he's in his 30s.

그는 40대 후반인데도 30대처럼 보여.

In the mid-2000s, social media platforms like Facebook and Twitter emerged.

2000년대 중반에 페이스북과 트위터 같은 소셜 미디어 플랫폼이 등장했어.

E-commerce became widespread in the early 21st century.

전자상거래는 21세기 초에 널리 보급됐어.

→ widespread: 널리 퍼진

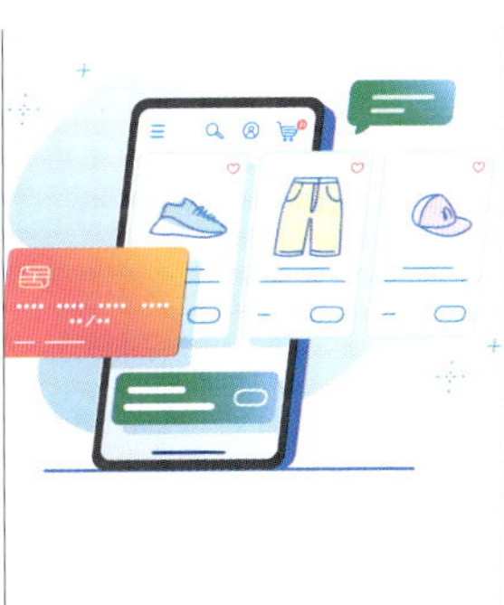

하루 시간대뿐 아니라, 주·월·연도 앞에도 early/mid-/late를 붙여 시간을 자연스럽게 표현할 수 있어요.

We usually go for a run early in the morning.

우린 보통 아침 일찍 러닝해.

→ go for a run: 러닝하다

I can still sleep well, even after drinking coffee late at night.

난 밤늦게 커피를 마셔도, 여전히 잘 잘 수 있어.

I'm planning a trip to New York in mid-June.

6월 중순에 뉴욕으로 여행 계획 중이야.

* June처럼 원래 the가 붙지 않는 표현에는 the가 붙지 않습니다..

정답 확인

(1) He's in his mid-40s.

(2) The company launched the product in the early 2020s.

(3) We started the project early this week.

Ⓥ Voca Tips

- **-something**

  정확한 나이가 아니라 대략적인 나이를 얘기할 때, 원어민은 -something을 사용해 표현하기도 합니다. 회화에서 많이 사용하는 캐주얼한 표현이에요.

  ### He's thirty-something, maybe 35 or so.

  그는 서른 몇 살이야, 아마 35살 정도일걸.

  → or so: 약

- **or so / give or take**

  대략적인 수량이나 수치를 나타내는 or so(약)는 항상 뒤에서 단어를 수식합니다. 또 다른 비슷한 표현으로 give or take도 자주 사용하는데, '약', '얼추'라는 의미로 우리말의 '플러스마이너스'와 뉘앙스가 비슷해요.

  ### It takes about 30 minutes or so to get to the airport.

  공항까지 도착하는 데 얼추 30분쯤 걸려요.

  ### He's about 30, give or take a year.

  그는 서른 살 정도인데, 플러스마이너스 한 살 정도 차이 날 수 있어.

- **back**

  과거의 시간을 나타내는 어구 앞에 종종 back이 쓰이는데요, 과거의 경험을 강조하는 뉘앙스가 있습니다. '그땐 그랬어'라는 정서가 반영된 표현이에요.

  ### Back in 2001, I was still in middle school.

  2001년에 난 아직 중학생이었지.

Believe it or not, I had a 22-inch waist back then.
믿거나 말거나, 그때는 허리가 22인치였어.

Back in the day, we didn't have smartphones.
예전에는 스마트폰이 없었지.

→ back in the day: 예전에는

G Grammar Tips

- **mid-(시간) vs. middle(장소)**

  mid-가 주로 시간을 나타낸다면, middle은 위치나 순서의 중간을 나타낼 때 많이 사용해요.

  Yesterday, I went to bed around midnight. 어제 자정쯤 잠자리에 들었어.

  The company is planning to launch the new product in mid-September.
  그 회사는 9월 중순에 신제품을 출시할 계획이에요.

  She's in the middle of the room. 그녀는 방 한가운데에 있어.

  I'm the middle child in my family.
  (자녀가 셋인 집에서) 난 우리 집에서 둘째야.

다음 문장을 앞서 배운 표현을 활용해 영어로 말하고 써 보세요. MP3 064 정답은 p. 308

1 2000년대 초반에는 인터넷이 꽤 느렸어. (pretty)

____

2 나 이번 주 초에 그 프로젝트 끝냈어.

____

3 예전에 우리는 DVD로 영화를 봤어. (on DVD)

____

CHAPTER 5

일상 관련 주제 키워드

주어진 단어를 활용해, 다음 문장의 별색 표현을 영어로 어떻게 바꿀지 생각해 보세요.

(1) 그 회사는 5년 동안 **흑자 상태**예요. (black)

(2) 우리 회사가 작년에 **파산했어**. (bankrupt)

(3) 우리 매출이 지난달 **회복됐어요**. (around)

결정적 키워드 **1** ━━━ 경기 상황 관련 다양한 표현들

in the black ↔ in the red

'흑자'와 '적자'는 영어로도 똑같이 색깔로 표현할 수 있어요. '흑자인 상태'는 in the black, 적자인 상태는 in the red입니다.

After a tough year, the company is finally back in the black.

힘든 한 해를 보낸 후, 그 회사는 마침내 흑자 상태로 돌아왔어요.

→ tough: 힘든

Many small business owners are still in the red.

많은 소상공인이 여전히 적자 상태예요.

go bankrupt

'파산하다'는 go bankrupt라고 표현합니다. bankrupt(파산한)는 형용사, bankruptcy(파산)는 명사예요. 좀 더 캐주얼한 표현으로 go under도 자주 쓰이는데, '망하다'라는 뉘앙스입니다. 배가 가라앉는 이미지를 떠올려 보세요.

The company is at risk of going bankrupt.

그 회사는 파산할 위험에 처해 있어요.

→ be at risk of Ving: ～할 위험에 처해 있다

Many small shops went under last year. 작년에 작은 가게들이 많이 망했어.

stay afloat

파산하지 않고 간신히 버티고 있는 상태는 stay afloat라고 합니다. afloat는 '물에 뜬'이란 뜻으로, 간신히 버티고 있는 상황을 비유적으로 나타내는 표현이에요. 버티지 못하면, 결국 물 아래로 내려가(go under) 망하는 거죠.

Many small business owners are barely staying afloat.

많은 소상공인이 간신히 버티고 있어요.

→ barely: 간신히

turn around

경기 관련 상황이 회복되거나 반등할 때는 turn around를 사용합니다. turn around가 '뒤돌아보다'라는 뜻으로 방향의 전환을 의미하기에, 회복이나 반등을 의미해요. '공이 다시 튀어오르다'라는 뜻의 bounce back도 회복이나 반등에 많이 쓰이는 표현입니다.

The economy is expected to turn around the next quarter.

경기가 다음 분기에 회복할 것으로 예상됩니다.

Sales bounced back after the product launch.

그 제품 출시 이후 매출이 반등했어요.

정답 확인

(1) The company has been in the black for five years.

(2) Our company went bankrupt last year.

(3) Our sales turned around last month.

Ⓥ Voca Tips

- **be at risk of ~**

'(주어가) ~할 위험에 처해 있다'라는 의미입니다. 비슷하지만 '(누군가를) ~할 위험에 처하게 하다'라는 표현은 [put 대상 at risk of ~]인데요, 같이 기억해 두고 활용해 보세요.

I'm at risk of diabetes because of my family history.

가족력 때문에 난 당뇨병에 걸릴 위험이 있어.

→ family history: 가족력

Not getting enough sleep puts you at risk of depression.

잠을 충분히 자지 않으면 우울증에 걸릴 위험에 처하게 됩니다(걸릴 위험이 있습니다).

→ depression: 우울증

- **double-digit growth**

매출 등과 관련해 '두 자릿수 성장'이라는 표현을 종종 사용하는데요, 이것은 double-digit growth로 표현합니다. 이때 digit은 '숫자'라는 뜻이에요.

We're targeting double-digit growth this year.

우리는 올해 두 자릿수 성장을 목표로 하고 있어요.

- **make a profit vs. turn a profit**

make a profit이 '이익을 내다'라는 뜻이라면, turn a profit은 '적자에서 흑자로 전환되다'라는 의미를 내포합니다.

The company made a profit of 150 million dollars the last quarter.

그 회사는 지난 분기에 1억 5천만 달러의 이익을 냈어요.

After years of losses, we finally turned a profit.

수년간의 적자 끝에, 우리는 마침내 흑자로 전환했어요.

(G) Grammar Tips

- **turn around(동사구) vs. turnaround(명사)**

명사 turnaround(회복)는 동사구 turn around(회복하다)에서 파생된 표현으로, 경제 소식에 자주 쓰입니다.

It took us several months to turn around after the crisis.

우리가 그 위기 이후 회복하는 데 몇 달이 걸렸어요.

The economy is showing signs of a turnaround.

경기가 회복 조짐을 보이고 있어요.

→ sign: 조짐

다음 문장을 앞서 배운 표현을 활용해 영어로 말하고 써 보세요.　　　MP3 066　정답은 p. 308

1　우리 회사는 드디어 흑자 상태야.

2　그 회사는 작년에 파산했어.

3　그 회사는 마침내 흑자 전환했어.

`MP3 067`

다음 문장의 별색 표현을 영어로 어떻게 바꿀지 생각해 보세요.

(1) 이번 주 금요일에 **스케줄** 있어? ('캐주얼한 약속'이 있는지에 관한 질문)
(2) 목요일 오전 10시로 그 회의 **스케줄 잡을 수 있나요?**
(3) 목요일 오전 10시에 그 회의 **스케줄 잡혀 있어요.**

결정적 키워드 1　　'캐주얼한 스케줄'은 plans

- 위의 세 문장 중 schedule을 사용하면 콩글리시가 되는 문장은 몇 번일까요? schedule은 공식적이거나 구체적인 계획표 혹은 일정표를 의미합니다. 그래서 '캐주얼한 스케줄', 즉 '약속'은 plans를 사용해야 해요.

He canceled our dinner plans at the last minute.
걔가 막판에 우리 저녁 약속을 취소했어.
→ at the last minute: 막판에

I have a hectic schedule today.
오늘 정신없이 바쁜 스케줄이 있어요.
→ hectic: 정신없이 바쁜

What's our schedule for this morning?
오늘 아침 스케줄은 어떻게 되나요?

결정적 키워드 2　　효율적 구문을 만들기 위한 동사 schedule

- '회의 스케줄을 잡다' 표현은 set up a meeting 또는 arrange a meeting 둘 다 괜찮아요. 이 외에 schedule을 동사(스케줄을 잡다)로 활용해 스케줄을 잡는 '순간'과 스케줄이 잡혀 있는 '상태'를 표현할 수 있습니다.

Can you set up a meeting with the sales team?
영업팀이랑 회의 스케줄 잡아 줄 수 있나요? (캐주얼한 느낌)

Can you arrange a meeting with the sales team?
영업팀이랑 회의 스케줄 잡아 줄(조율할) 수 있나요? (격식체)

Let's schedule a team lunch sometime next week.

다음 주쯤 팀 점심 스케줄 잡아 봅시다.

My interview is scheduled for Friday afternoon.

인터뷰가 금요일 오후로 잡혀 있어요.

정답 확인

(1) Do you have any plans this Friday?

(2) Can we schedule the meeting for Thursday at 10 a.m.?

(3) The meeting is scheduled for Thursday at 10 a.m.

Ⓥ Voca Tips 약속, 일정 관련 표현들

- **appointment vs. promise**

흔히 '약속'이라고 하면, appointment나 promise가 먼저 떠오르죠? appointment는 '공식적인 약속'을 뜻하는 단어로, 병원 예약, 회의, 인터뷰 등이 appointment에 포함됩니다.

I have a doctor's appointment at 10 a.m. tomorrow.

내일 오전 10시에 병원 약속(예약)이 있어.

반면 promise는 상대방에게 다짐하는 '약속'입니다. 손가락 걸고 하는 약속을 떠올려 보세요.

I'll never cheat on you again. I promise! 다시는 바람피우지 않을게. 약속해!

→ cheat on 사람: ~를 배신하고 바람을 피우다

- **be on a tight schedule**

일정이 빡빡할 때는 be on a tight schedule 구문을 활용해 표현하세요.

Let's grab coffee another time. I'm on a tight schedule today.

커피는 다음에 마셔요. 오늘은 일정이 빡빡해서요.

- **work**

상대방의 스케줄에 관해 물어볼 때, "몇 시가 제일 편해?"라고 질문합니다. 혹시 "What time is most comfortable for you?"라는 문장을 떠올렸나요? comfortable은 신체나 마음이 '편안한' 상태를 나타내는 단어라서, 이 문장은 약속을 잡을 때 쓰기에는 어색합니다. '시간이 편하다'라는 개념은 신체나 마음이 편안하기보다는 시간의 효율성을 묻는 거라서, 원어민들은 이럴 때 work(효과가 있다, 가능하다) 동사를 씁니다.

Are you comfortable in the chair? 그 의자 편해?

I'm not comfortable with my boyfriend having female friends.

남자 친구에게 여사친들이 있는 게 불편해.

What time works best for you? 몇 시가 제일 편해?

- [be scheduled for + 명사] vs. [be scheduled to + 동사원형]

  '~로 스케줄이 잡혀 있다'의 [be scheduled for + 명사] 구문은 [be scheduled to + 동사원형]
  으로 바꿀 수 있습니다.

  The train is scheduled for 9:45 a.m.

  = The train is scheduled to depart at 9:45 a.m.

  기차는 오전 9시 45분에 출발 예정이에요.

  → depart: 출발하다

  The meeting is scheduled for Thursday at 10 a.m.

  = The meeting is scheduled to be held on Thursday at 10 a.m.

  그 회의는 목요일 오전 10시에 열릴 예정이에요.

다음 문장을 앞서 배운 표현을 활용해 영어로 말하고 써 보세요.　　　　　　MP3 068　정답은 **p. 308**

1　우리 저녁 식사 약속 있어.

2　나 5월 1일에 치과 예약이 있어.

3　내일 오후 3시에 그 회의 스케줄이 잡혀 있어요.

주어진 단어를 활용해, 다음 문장의 별색 표현을 영어로 어떻게 바꿀지 생각해 보세요.

(1) 회의를 이번 주 목요일**로 미룰 수** 있을까요? (push)

(2) 회의가 **현지 시각 오전 10시에** 시작될 예정이에요. (local time)

(3) 회의가 **오전 10시 정각에** 시작될 예정이에요. (sharp)

결정적 키워드 1 **회의 관련 다양한 표현들**

reschedule vs. move up vs. push back

회의 일정을 변경할 때 쓸 수 있는 다양한 표현들이 있습니다. 각기 쓰는 동사와 표현이 다르므로 확실히 알아두고 활용해 보세요.

Can we reschedule the meeting?

회의 일정을 다시 잡을 수 있나요? (다른 날짜로 다시 잡아야 할 때)

Can we move the meeting to 2 p.m.?

회의를 오후 2시로 옮길 수 있나요? (일정을 당기거나 늦추거나 할 때)

Can we move up the meeting to 2 p.m.?

회의를 오후 2시로 당길 수 있나요?

Can we push back the meeting to 2 p.m.?

회의를 오후 2시로 미룰 수 있나요?

local time

'현지 시각' 기준으로 회의 일정을 얘기할 때는 local time을 시간이나 요일 뒤에 사용합니다. local time 앞에 전치사나 콤마는 사용할 필요가 없어요.

The meeting is scheduled for 2 p.m. local time.

회의는 현지 시각 오후 2시로 잡혀 있어요.

The meeting is scheduled for 2 p.m. on Wednesday local time.

회의는 현지 시각 수요일 오후 2시로 잡혀 있어요.

sharp

'정각'을 표현할 때는 시간 뒤에 sharp를 붙여서 표현합니다.

Let's meet for dinner at 6 p.m. sharp.

저녁 먹게 6시 정각에 만나자.

정답 확인

(1) Can we push back the meeting to this Thursday?

(2) The meeting will start at 10 a.m. local time.

(3) The meeting will start at 10 a.m. sharp.

(V) Voca Tips 회의 관련 기타 표현들

- **agenda**

agenda는 회의에서 다룰 항목 전체 리스트를 의미해요. 따라서, 개별 항목을 언급하는 '안건 A'는 agenda A가 아니라 item A on the agenda로 표현하는 게 맞습니다.

Let's start with item A on the agenda. 안건 A부터 시작하겠습니다.

- **회의 시작, 진행 및 마무리에 쓰면 좋은 표현들**

Now that everyone's here, let's get started.

모두 오셨으니, 시작합시다.

→ now that ～ : ～이니까

Alright everyone, let's get down to business.

자, 여러분. 이제 본론으로 들어갑시다.

Before we wrap up, are there any final questions?

마무리하기 전에, 혹시 마지막 질문 있나요?

Let's call it a day. 오늘은 여기까지 합시다.

- **회의 내용이 주제에서 벗어날 때 쓰면 좋은 표현들**

본론에서 벗어나는 것을 get sidetracked나 get off track이라고 합니다. track은 '길, 선로'라는 의미로, sidetrack은 '곁길로 새게 하다', off track은 '선로에서 벗어난'이란 뜻이에요.

I think we're getting a bit sidetracked. Let's get back to the main points.

이야기가 본론에서 약간 벗어난 것 같네요. 본론으로 다시 돌아갑시다.

→ get back to ～: ～로 돌아가다

Just a sec, I think we're getting off track.

잠깐만요, 이야기가 본론에서 벗어난 것 같아요.

- on(~에 관해)

  회의에서 많이 사용하는 표현 중에 전치사 on이 들어간 것이 많습니다. 이때 on은 '~에 관해'라는 뜻으로, 특정 주제나 항목에 대해 말할 때 주로 사용합니다.

  Let me elaborate on the timeline for this project.

  이 프로젝트 일정에 대해 자세히 설명해 드릴게요.

  → elaborate on ~: ~에 대해 자세히 설명하다

  Before we begin, let me briefly touch on our last discussion.

  시작하기 전에, 지난 논의 내용에 대해 간단히 언급할게요.

  → touch on ~: ~에 대해 간단히 설명하다

  Let's follow up on the topics from our last meeting.

  지난 회의에서 다뤘던 주제들을 이어서 논의해 봅시다.

  → follow up on ~: ~을 이어서 논의하다

  Please update us on the project's status by 3 p.m.

  오후 3시까지 프로젝트 진행 상황에 대해 업데이트해 주세요.

  → update 사람 on ...: ~에게 ...에 대해 업데이트하다   status: 상황, 현황

  Can you brief us on the agenda before the meeting starts?

  회의 시작 전에 안건에 대해 브리핑해 줄 수 있나요?

  → brief 사람 on ...: ~에게 ...에 대해 브리핑하다

다음 문장을 앞서 배운 표현을 활용해 영어로 말하고 써 보세요.　　　MP3 070　정답은 p. 308

1　오전 10시로 회의를 당길 수 있나요?

____

2　회의는 오후 2시 정각에 시작될 예정이에요.

____

3　이제 회의를 마무리합시다.

____

다음 문장을 영어로 어떻게 바꿀지 생각해 보세요.

(1) 소셜 미디어는 **논란이 되는** 이슈예요. (controversial)

(2) 우린 그 회의에서 **열띤 논쟁**을 했어요. (heated)

(3) **타협점**을 찾아보도록 합시다. (middle ground)

결정적 키워드 1 ▬▬▬ 논쟁/협상/타협 관련 주요 표현들

쟁점이 되는 이슈에 대해 논쟁할 때 사용할 수 있는 다양한 표현을 알려 드립니다.

controversial, hot-button, sensitive

논란이 되거나 민감한 이슈는 controversial(논란이 되는)/hot-button(논란이 되는)/sensitive(민감한) issue를 사용해 보세요. 해결하기 힘든 복잡한 이슈는 thorny/tricky issue를 많이 사용합니다.

Gun control remains a major hot-button issue in the U.S.

총기 규제는 미국에서 여전히 논란이 되는 주요 이슈예요.

→ gun control: 총기 규제　　　hot-button issue: 논란이 되는 이슈 ('뜨거운 감자' 뉘앙스)

Immigration is a thorny issue in many countries.

이민은 많은 국가에서 복잡한 이슈예요.

→ thorny issue: 복잡한 이슈 ('가시가 돋친 이슈' 뉘앙스)

back-and-forth, exchange

'논쟁'이나 '언쟁'은 debate나 argument 외에도 back-and-forth나 exchange도 많이 사용하는데, 의견을 주고받는 의미를 내포하고 있습니다.

We had a heated back-and-forth over the budget allocation.

예산 할당에 대해 열띤 논쟁이 있었어요.

→ heated: 열띤　　　allocation: 할당

There was a sharp exchange among the executives.

임원들 사이에 날카로운 언쟁이 있었어요.

→ executive: 임원

middle[common] ground

'타협'이나 '타협점'은 compromise 외에도 middle ground나 common ground를 사용할 수도 있습니다. 좀 더 캐주얼한 표현으로 meet halfway(중간에서 만나다, 절충하다)도 자주 쓰입니다.

After a long discussion, we finally found common ground on the pricing.
긴 논의 끝에, 마침내 가격 책정에 대해 타협점을 찾았어요.

We met halfway on the price at $2,500.
그 가격에 대해 2,500달러에서 절충했어요.

정답 확인

(1) Social media is a controversial issue.

(2) We had a heated debate in the meeting.

(3) Let's try to find a middle ground.

ⓥ Voca Tips

- **pending issue vs. pressing issue vs. ongoing issue**

issue 관련해 많이 쓰이는 또다른 대표 표현이 바로 위의 것들입니다. '현안'은 current issue 외에도 pending issue를 자주 사용하는데, pending은 '미결 상태의'라는 뜻입니다. pressing issue(긴급 이슈), ongoing issue(지속되는 이슈)도 많이 쓰이는 표현이니까 꼭 기억하세요.

We'll go over the pending issues in our next meeting.
다음 회의에서 현안에 대해 검토할 예정입니다.

* go over: 검토하다

We need to focus on the most pressing issues.
가장 긴급한 이슈에 집중해야 합니다.

We're dealing with several ongoing issues in the new system.
우리는 새 시스템에서의 여러 가지 지속되는 이슈를 처리 중입니다.

- **argument vs. fight**

argument가 '(가벼운) 말다툼이나 논쟁'을 의미한다면, fight는 훨씬 더 감정적인 '말싸움'이나 '몸싸움'을 나타냅니다.

Did you have an argument with him? 너 걔랑 말다툼했어?

Did you have a fight with him? 너 걔랑 대판 싸웠어?

- **deadlock**

  협상이 '교착 상태'에 빠졌을 때는 deadlock을 활용해 보세요. reach a deadlock(교착 상태에 이르다), be in a deadlock(교착 상태이다)가 많이 쓰입니다.

  After a fierce back-and-forth, the negotiations reached a deadlock.

  격렬한 논쟁 끝에, 협상이 교착 상태에 이르렀어요.

  → fierce: 격렬한

  We've been negotiating for hours, but we're still in a deadlock.

  몇 시간째 협상 중이지만, 여전히 교착 상태예요.

━━G━━ Grammar Tips

- **be open to ~ : ~의 여지가 있다**

  협상이나 타협의 여지가 있을 때 be open to negotiation(협상의 여지가 있다), be open to compromise(타협의 여지가 있다) 같은 be open to ~ 구문을 활용합니다. 이때의 to는 전치사로, 뒤에는 명사가 옵니다.

  We're open to negotiation on price.

  우리는 가격에 대해 협상의 여지가 있어요.

  We're open to compromise on some of the contract terms.

  우리는 일부 계약 조건에 대해 타협의 여지가 있어요.

  → contract terms: 계약 조건

다음 문장을 앞서 배운 표현을 활용해 영어로 말하고 써 보세요.　　　　MP3 072　　정답은 p. 308

1　이것은 매우 <u>민감한</u> 이슈예요.

2　서로 <u>절충합시다</u>. (halfway)

3　우린 <u>협상의 여지가 있어요</u>.

다음 문장의 별색 표현을 영어로 어떻게 바꿀지 생각해 보세요.

(1) 그 **법안**이 마침내 통과됐어요.

(2) 이것은 **헌법상의** 권리입니다.

(3) 우리는 그 정책에 **반대표를 던졌어요**.

결정적 키워드 1 　 bill vs. constitution

- '법안(bill)'은 법이 되기 이전 단계로, 우리나라의 경우, 국회를 통과하고 대통령이 서명해야 법으로서 효력을 발휘하게 됩니다. 법안을 '발의/승인/거부'할 경우, 각각 introduce/approve/reject 동사를 사용해요.

The bill was introduced, but it failed to gain enough support.

그 법안은 발의되었지만, 충분한 지지를 얻지는 못했어요.

The bill was approved with strong support.

그 법안은 강력한 지지를 받아 승인됐어요.

The bill was rejected due to lack of support.

그 법안은 지지 부족으로 거부되었어요.

- 최상위 법인 '헌법'은 constitution입니다. 형용사 constitutional은 '헌법의, 합헌의'란 뜻이고, unconstitutional은 '위헌의'란 뜻입니다.

The court ruled that the law is constitutional.

법원은 그 법이 합헌이라고 판결했어요.

→ rule: 판결하다

결정적 키워드 2 　 vote 동사 활용법

- 법은 투표로부터 태어난다고 볼 수 있습니다. 이 투표와 관련해서는 vote on/for/against 세 가지를 기억하세요. 각각 '~에 대해 투표하다/~에 찬성표를 던지다/~에 반대표를 던지다'라는 뜻입니다.

We're going to vote on the new budget tomorrow.

우린 내일 새 예산안에 대해 투표할 예정이에요.

I voted for that candidate in the last election.

지난 선거에서 그 후보에게 찬성표를 던졌어. (그 후보를 뽑았어)

The opposition party voted against the bill.

야당이 그 법안에 반대표를 던졌어.

→ opposition party: 야당

정답 확인

(1) The bill finally passed.

(2) This is a constitutional right.

(3) We voted against the policy.

 **Voca Tips 1** 법 관련 용어들

- **law** vs. **lesgislation** vs. **act** vs. **amendment**

law	'법' 전체를 포괄하는 개념으로, 헌법, 행정 명령, 판례 등 모든 법적 규칙을 포함
legislation	(의회를 통과한) 법, 또는 법을 제정하는 행위인 '입법'
act	'근로기준법'처럼 정식 명칭이 붙는 법률
amendment	헌법의 수정 조항

She's not interested in politics or law. 걘 정치나 법에 관심이 없어.

Legislation is a tough process that requires negotiation and compromise. 입법은 협상과 타협이 필요한 힘든 과정입니다.

The Data Protection Act regulates the use of personal information.
개인정보 보호법은 개인 정보의 사용을 규제합니다.

→ regulate: 규제하다

The First Amendment guarantees basic rights, such as freedom of speech. 수정헌법 제1조는 언론의 자유와 같은 기본권을 보장합니다.

→ guarantee: 보장하다 freedom of speech: 언론의 자유

- **lawmaker**

국회의원의 주요 임무 중 하나가 법 제정이므로, '국회의원'을 lawmaker 또는 legislator라고도 부릅니다.

Some lawmakers were against the bill. 몇몇 의원들이 그 법안에 반대했어요.

→ be against ～: ～에 반대하다

- **ruling vs. verdict**

  법원이나 판사가 내리는 '판결'은 ruling, 배심원단의 '평결'은 verdict입니다. 참고로 '항소하다'는 appeal 동사를 사용하세요.

  After hours of debate, the jury finally reached a verdict.

  몇 시간의 논의 끝에, 배심원단이 마침내 평결에 도달했어요.

  → the jury: 배심원단

  Our legal team is preparing to appeal the ruling.

  우리 법무팀은 그 판결에 항소할 준비를 하고 있어요.

(V) Voca Tips 2

- **law enforcement(법 집행)**

  '법 집행'은 law enforcement라고 합니다. 해외 및 우리나라 도로나 고속도로에 Police Enforcement 표지판이 보이는데요, 이는 속도 제한 등의 단속 구간을 의미하며, 말 그대로 경찰이 법을 집행하는 구간입니다. 경찰이나 검찰 등의 '법 집행 기관'은 law enforcement agency라고 합니다.

  Several law enforcement agencies are involved in the investigation.

  여러 법 집행 기관들이 그 수사에 관여하고 있어요.

  → be involved in ~: ~에 관여하다

다음 문장을 앞서 배운 표현을 활용해 영어로 말하고 써 보세요.　　MP3 074　정답은 p. 309

1　그 법안이 승인됐어요.

____

2　법원이 그 법이 위헌이라고 판결했어요.

____

3　우리는 그 계획에 대해 투표했어요.

____

다음 문장의 별색 표현을 영어로 어떻게 바꿀지 생각해 보세요.

(1) 그 사고로 네 명이 **사망했어요**.

(2) **사망자 수**가 백 명이에요.

(3) 그가 **뺑소니 사고**로 사망했어.

결정적 키워드 1 ━━━ 교통사고와 사망 표현

accident vs. crash | die/be killed/lost one's life vs. pass away

'사고'는 accident 외에 crash라고도 할 수 있어요. crash는 충돌을 강조한 표현으로, 자동차의 경우 충돌, 비행기의 경우 보통은 추락을 의미합니다. 사고로 사망했을 경우, 동사는 die/be killed/lose one's life 등을 사용해요. 직접적이지 않고 완곡하고 공손하게 '죽다'를 표현할 때는 pass away라고 하는데요, 이 표현은 사고사보다는 자연사나 병사에 적합합니다.

I got into a minor accident on my way home.

집에 오는 길에 접촉 사고가 났어.

→ minor accident: 접촉(가벼운) 사고

Ten people died (= were killed) in the crash on the highway.

열 명이 고속도로에서 일어난 사고로 사망했어요.

Everyone on board lost their lives in the plane crash.

탑승자 전원이 비행기 추락 사고로 사망했어요.

→ on board: 탑승한

My grandfather passed away peacefully in his sleep.

할아버지께서는 주무시다가 평안히 돌아가셨어요.

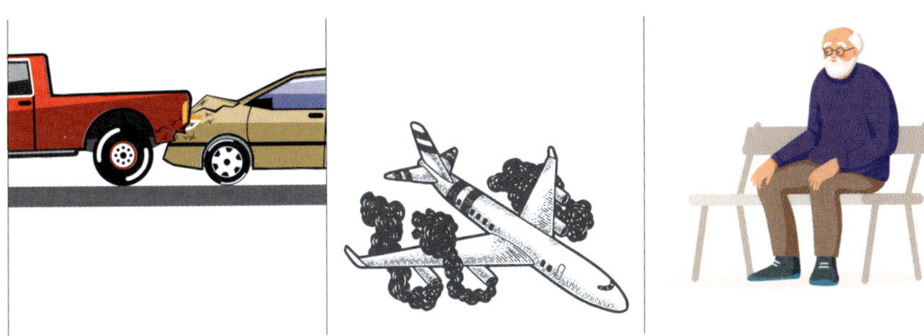

number of fatalities

'사망자 수'는 death toll이나 the number of fatalities로 나타내는데, fatal은 '치명적인'이라는 뜻의 형용사이며, '사망자'는 fatality라고 합니다.

The number of fatalities is still rising.

사망자 수가 여전히 늘고 있어요.

hit-and-run (accident)

'뺑소니 사고'는 hit-and-run accident 또는 줄여서 hit-and-run이라고 합니다. 말 그대로 치고 달아나는 거죠. run a red light라는 표현도 일상에서 자주 들을 수 있는데, '정지 신호를 무시하고 달리다'라는 뜻입니다

He was injured in a hit-and-run accident yesterday.

그는 어제 뺑소니 사고로 다쳤어요.

Yesterday, I got a ticket for running a red light.

어제 나는 정지 신호를 무시해서 딱지 끊겼어.

→ get a ticket: 딱지를 떼이다, 위반 딱지를 받다

정답 확인

(1) Four people died/were killed/lost their lives in the accident.

(2) The death toll/number of fatalities is 100.

(3) He died in a hit-and-run (accident).

Voca Tips 1

- **사상자 관련 표현들**

fatality(사망자)보다 좀 더 포괄적인 개념이 casualty인데요, 사망자와 부상자를 합친 '사상자'란 뜻입니다. casualty는 죽거나 다친 사람으로 좀 더 캐주얼하게 풀어서 말할 수도 있어요. 참고로, 사망자가 발생하는 '치명적인 사고'는 deadly/fatal accident/crash라고 합니다.

There were 15 casualties in the accident.

그 사고로 열다섯 명의 사상자가 발생했어요.

= Fifteen people were killed or injured in the accident.

그 사고로 열다섯 명이 죽거나 다쳤어요.

The police are investigating a deadly crash on the highway.

경찰이 그 고속도로에서 발생한 치명적인 사고를 조사 중이에요.

● **pull over**

경찰이 교통 단속 중 차량을 쫓아가면서 "Pull over!"라고 명령하는 경우가 있습니다. 이건 "차를 길가에 세우세요!"라는 뜻이에요. 과거에 타고 가던 말을 멈추려고 고삐를 위로(over) 당기는(pull) 이미지를 떠올리면 쉽게 기억할 수 있어요.

Sorry for being late. I got pulled over by the police on the way here.
늦어서 미안해. 여기 오는 길에 경찰에게 단속당했어.

● **ticket**

'벌금 딱지'는 ticket이라고 합니다. 좀 더 구체적으로 parking ticket은 '주차 위반 딱지', speeding ticket은 '과속 딱지'입니다.

I got a ticket for speeding. 과속으로 딱지 끊겼어.
→ speeding: 과속

다음 문장을 앞서 배운 표현을 활용해 영어로 말하고 써 보세요.　　　　　MP3 076 ｜ 정답은 p. 309

1 그 비행기 추락 사고로 열 명이 사망했어요.

2 치명적인 사고로 그 도로가 폐쇄됐어요. (close)

3 그는 뺑소니 사고로 체포됐어요. (arrest)

주어진 단어를 활용해, 다음 문장의 별색 표현을 영어로 어떻게 바꿀지 생각해 보세요.

(1) 그 사람이 (너무 뛰어나서) 나랑은 **급이 달라**. (league)
(2) 콘서트가 오후 8시에 **시작될** 거야. (kick)
(3) 그 영화가 **대박을 터뜨렸어**. (jackpot)

결정적 키워드 1 ━━━ 스포츠에서 유래한 다양한 표현들 (1)

야구, 축구에서 유래

He's out of my league in this competition.

그는 이 경쟁에서 나보다 훨씬 뛰어나.
(야구나 축구: 내가 속한 리그 밖의 더 뛰어난 리그에서 뛰는 상대라는 것에서 유래

The meeting will kick off at 2 p.m.

회의는 오후 2시에 시작될 예정이에요. (축구: 경기 시작 시 중앙에서 공을 차는 것에서 유레)

Let's touch base this afternoon to discuss how the project is going.

그 프로젝트가 어떻게 진행되고 있는지 논의하게 오늘 오후에 잠깐 얘기합시다.
(야구: 베이스를 터치한 후, 잠시 머물렀다가 다음 베이스로 넘어가는 것에서 유래)

It's pouring outside. Can we take a rain check on dinner tonight?

밖에 비가 쏟아지네. 오늘 저녁 약속 다음으로 미룰 수 있을까? (야구: 우천으로 경기가 취소되면, 관중들에게 환불 대신 다음 경기 무료 입장권(rain check)을 주던 것에서 유래)

경마, 달리기에서 유래

The two companies are neck and neck in the smartphone market.

두 회사는 스마트폰 시장에서 막상막하예요.
(경마: 시합에서 막상막하인 말 두 마리의 목이 나란한 데서 유래)

The candidate is currently the front-runner in the presidential race.

그 후보는 현재 대선 경쟁에서 선두 주자예요. (달리기: 가장 앞선 주자라는 뜻에서 유래)

- 영어에는 게임이나 도박에서 유래한 표현들도 많습니다.

She hit the jackpot with her new album.

그녀는 새 앨범으로 대박을 터뜨렸어.
(도박: 특히 슬롯머신에서 거액의 상금(jackpot)을 타는 데서 유래)

No way. You're bluffing!

말도 안 돼. 어디서 뻥을 치고 있어!
(포커: 강한 패를 가진 것처럼 베팅하는 데서 유래하여 '허세를 부리다', '엄포를 놓다'의 뜻)

He's kind of a wild card, so let's see how it goes.

걔는 예측이 좀 불가능해. 그러니까 상황이 어떻게 될지 지켜보자.
(카드 게임: 만능 카드처럼 쓰이는 wild card에서 유래해 '예측 불가능한 사람(변수)'이라는 뜻)

정답 확인

(1) He's out of my league.

(2) The concert will kick off at 8 p.m.

(3) The movie hit the jackpot.

(V) Voca Tips

- **in the same league**

out of one's league가 '실력이 월등한, (~에게는) 과분한'의 뜻이었다면, 실력이 비슷하거나 수준이 비슷할 때는 in the same league 표현을 사용합니다.

They're totally in the same league. 걔네는 정말 급이 같아.

- **first/second/third base, home run**

야구에서 유래한 first/second/third base(1루/2루/3루), home run(홈런)이라는 표현은 일의 진척 상황을 나타내는 데 쓰이기도 합니다. 그래서 first base는 '처음 시작된 단계', second base는 '구체적인 진행 단계', third base는 '거의 마무리 단계', home run은 '성과·결과를 내는 단계'를 의미합니다.

We can't even get to first base in this project.
이 프로젝트에서 첫 번째 단계도 시작 못하고 있어요.

- **latecomer**

'선두 주자(front-runner)'의 반대말인 '후발 주자'는 latecomer라고 합니다.

As a latecomer, we're working hard to catch up with our competitors.
후발 주자로서, 우리는 경쟁사를 따라잡기 위해 열심히 노력 중이에요.

→ catch up with ~: ~를 따라잡다

- **'일의 진행 상황에 관한 질문'**

  일의 진행 상황에 대해 질문할 때는 다음 문장을 활용해 보세요.

  What's the current status of the project?
  프로젝트 현재 진행 상황은 어떤가요? (격식)

  = **How's the project going?** 프로젝트는 어떻게 돼 가고 있어요? (비격식)

  = **How's the project coming along?** 프로젝트 어떻게 돼 가고 있어요? (비격식)

다음 문장을 앞서 배운 표현을 활용해 영어로 말하고 써 보세요.　　　 `MP3 078`　정답은 **p. 309**

1　회의는 내일 오후 3시에 시작될 예정이에요. (conference)

____

2　그는 항상 예측이 안 돼.

____

3　그 보고서 어떻게 돼 가고 있어요? (report)

____

MP3 079

주어진 단어를 활용해 다음 문장의 별색 표현을 영어로 어떻게 바꿀지 생각해 보세요.

(1) 솔직히, 이건 **가능성이 희박해**. (shot)

(2) 그는 항상 **날 지지해 줘**. (corner)

(3) 그가 널 좋아하는 게 **확실해**. (bet)

결정적 키워드 1 ━━━ 스포츠에서 유래한 다양한 표현들(2)

사격, 권투에서 유래

Winning the lottery is a long shot.

복권에 당첨될 가능성은 희박해. (사격: 총을 멀리서 쏘면 명중할 확률이 매우 낮은 데서 유래)

Just give it a shot! It's worth trying.

그냥 한번 해 봐! 해 볼 만한 가치가 있어.
(사격: 목표물을 명중시키려면 일단은 쏴 봐야 한다는 데서 유래)

→ be worth Ving: ~할 가치가 있다

Getting close to her is like shooting yourself in the foot.

걔랑 친해지는 건 네 발등을 찍는 거야. (사격: 실수로 자기 발을 쏘는 데서 유래)

I'm so lucky to have you in my corner.

네가 날 지지해 줘서 난 정말 운이 좋아.
(권투: 시합에서 링 양 코너에 각 선수의 트레이너나 코치가 위치하는 데서 유래)

He finally threw in the towel after failing in business again.

사업에 또 실패한 후, 그는 결국 포기했어.
(권투: 시합에서 경기를 포기하는 의미로 트레이너나 코치가 수건을 링 안으로 던지는 데서 유래)

You're a total knockout in that suit!

그 정장 입으니까 너 진짜 멋지다! (권투: 시합에서 상대를 쓰러뜨리는 KO에서 유래했으며, '엄청 매력적인 사람/사물'이라는 뜻)

골프, 테니스에서 유래

The conference teed off at 10 a.m. sharp.

회의가 오전 10시 정각에 시작됐어요.
(골프: 경기 중 티(tee)에서 첫 샷을 치는 데서 유래했으며, kick off가 일반적으로 더 많이 쓰임)

Your performance hasn't been up to par with expectations.

당신 실적이 기대에 못 미쳤어요.
(골프: '파(par)'가 기준 타수를 의미하므로, up to par는 기준에 도달했다는 뜻)

I've already apologized enough. Now the ball is in your court.

난 이미 충분히 사과했어. 이제 네가 결정해. (테니스: 공이 코트로 넘어온 상황에서 유래)

결정적 키워드 **2** ━━━ 게임/도박에서 유래한 다양한 표현들(2)

- 게임과 도박에서 유래한 표현에 대해서도 더 알아봅니다.

I bet he'll win the election.

그가 선거에서 이길 거라고 확신해. (도박: 자신이 확신하는 것에 베팅하는 데서 유래)

If you're not sure what to order, spaghetti is a safe bet.

뭘 주문할지 모르겠으면, 스파게티가 무난해.
(도박: 이길 확률이 높다고 생각하는 것에 안전하게 베팅하는 데서 유래)

My upstairs neighbors are too noisy. I guess it's just the luck of the draw.

윗집이 너무 시끄러워. (이웃 잘 만나는 것도) 그냥 운이지 뭐.
('추첨(draw) 운'에서 유래한 표현으로 '운, 무작위, 필자'라는 뜻)

→ upstairs: 위층의, 위층에

정답 확인

(1) Honestly, this is a long shot.

(2) He's always in my corner.

(3) I bet he likes you.

Ⓥ Voca Tips

- **give it a try**

  give it a shot(시도해 보다)과 같은 의미로 give it a try도 많이 씁니다.

  Who knows what'll happen? Let's give it a try anyway.

  어찌 될지 누가 알겠어? 어쨌든 시도해 보자!

- **sure bet**

  '무난한 선택'이 safe bet이라면 '확실한 선택'은 sure bet이라고 합니다.

  If you're looking for both sightseeing and shopping, Hawaii is a sure bet.

  관광과 쇼핑을 모두 즐기고 싶다면(= 찾고 있다면), 하와이가 확실한 선택이야.

  → sightseeing: 관광

- **You can't go wrong with ~**

확실한 선택에 대해 표현할 때, You can't go wrong with ~(~라면 틀릴 리가 없다, ~가 최고의 선택이다) 구문도 많이 쓰입니다.

You can't go wrong with beef stew for a hangover.

숙취에는 비프스튜가 최고지.

→ hangover: 숙취

G Grammar Tips

- **동사 shoot vs. 명사 shot**

'(총을) 쏘다'라는 뜻의 shoot 동사는 'shoot—shot(과거)—shot(과거분사)'으로 바뀌어요. 명사형은 shot인데 shoot의 과거(분사)형으로 오해하기 쉬워서 잘 구분해야 합니다. '발포'라는 뜻 외에 아플 때 맞는 '주사'의 뜻으로도 널리 쓰여요.

A man was shot in broad daylight at a shopping mall.

한 남자가 대낮에 쇼핑몰에서 총에 맞았어. (동사)

→ in broad daylight: 대낮에

The police fired a warning shot to stop the suspect.

경찰이 용의자를 멈추게 하려고 경고 사격을 했어. (명사)

→ suspect: 용의자

I got a flu shot yesterday. 어제 독감 주사 맞았어. (명사)

다음 문장을 앞서 배운 표현을 활용해 영어로 말하고 써 보세요. MP3 080 정답은 **p. 309**

1 그게 가능성이 희박하다는 걸 알지만, 노력해 볼게.

____

2 내일 비 올 거라고 확신해. (be going to)

____

3 흰색 티셔츠와 청바지는 실패할 리가 없지. (go wrong)

____

MP3 081

주어진 단어를 활용해, 다음 문장의 별색 표현을 영어로 어떻게 바꿀지 생각해 보세요.

(1) 엄마, 나 **통화 중이에요**. (phone)

(2) 미안한데, **너 목소리가 끊겨**. (break)

(3) 전화기 **무음으로 해 줄 수 있나요**? (silent)

결정적 키워드 1 ▰▰▰ 통화 관련 다양한 표현들

통화 중이다 vs. 전화를 걸다

누군가와 통화 중일 때는 be on the phone을 사용합니다. call someone은 '(통화를 하려고) 전화를 걸다'는 뜻이에요.

Can you keep it down a little? I'm on the phone.

조금만 조용히 해 줄래? 나 통화 중이거든.

→ keep it down: 조용히 하다

I was on the phone with my mom when you called.

네가 전화했을 때 나 엄마랑 통화 중이었어.

I gotta call my mom now. Can we talk about it later?

지금 엄마한테 전화해야 해. 그 얘긴 나중에 해도 되지?

목소리가 끊기다 vs. 신호가 약하다

통화 중 목소리가 끊기거나, 신호가 안 잡히는 등의 수신 상태에 대해 말할 때는 break up이나 reception을 활용해 보세요.

You're breaking up. I think the connection is bad.

너 목소리 끊겨. 연결 상태가 나쁜 것 같아.

I'm not getting any reception. 신호가 아예 안 잡혀.

I have bad reception. 신호가 잘 안 잡혀.

The reception is really weak in the elevator.

엘리베이터 안에서는 신호가 너무 약해.

Please put your phone on silent during the meeting.

회의 중에는 휴대전화를 무음으로 해 주세요.

Sorry, I missed your call. My phone was on silent.

미안, 전화 못 받았네. 휴대전화가 무음으로 돼 있었거든.

Please make sure your phones are on vibrate.

휴대선화가 진동 상태인지 꼭 확인해 주세요.

I always put my phone on airplane mode when I'm flying.

난 비행 중일 때는 항상 휴대전화를 비행 모드로 해.

정답 확인

(1) Mom, I'm on the phone.

(2) Sorry, you're breaking up.

(3) Can you put your phone on silent?

Voca Tips

- **keep one's voice down** vs. **keep it down**

공공장소에서 통화할 때는 소리를 낮춰야 합니다. 이때 '소리를 낮추다'의 의미로 keep one's voice down과 keep it down 두 가지를 쓸 수 있어요. keep one's voice down이 '목소리를 낮추다'의 뜻으로 목소리에 한정된 반면, keep it down은 목소리 외에 TV, 음악, 웃음 등을 포함한 전반적인 소리를 낮추는 것을 의미합니다.

Can you please keep your voice down? I can't concentrate.

목소리 좀 낮춰 줄래요? 집중이 안 돼요.

→ concentrate: 집중하다

Can you keep it down a bit? The music is too loud.

소리 좀 낮춰 줄래? 음악이 너무 시끄러워.

Could you keep it down a bit? Your laughter is disturbing others.

조금만 조용히 해 줄 수 있을까요? 웃음소리가 다른 사람들에게 방해가 되네요.

→ laughter: 웃음 (소리)   disturb: 방해하다

- **reception** vs. **connection**

휴대전화의 '수신 상태'는 reception, '연결 상태'는 connection으로 표현합니다.

I have no reception. 신호가 안 잡혀.

I think the connection is poor. Can you say that again?

연결 상태가 나쁜 것 같아. 다시 말해 줄래?

- **화상 회의 관련해 유용한 표현들**

  Your screen is frozen. Can you hear me? 화면이 멈췄어요. 제 말 들리세요?

  I think there's some lag on your end. 당신 쪽에 약간 딜레이가 있네요.

  → on your end: 당신 쪽에

  Sorry, I lost connection for a second. Can you repeat that?

  죄송해요, 잠깐 연결이 끊겼어요. 다시 말씀해 주시겠어요?

G — Grammar Tips

- **기기 설정을 의미하는 on**

  on silent/vibrate, on airplane mode 외에도 기기 설정을 나타낼 때는 전치사 on이 자주 쓰입니다.

  Hold on, let me put you on speaker. 잠깐만요, 스피커폰으로 바꿀게요.

  I think you're on mute. Can you unmute yourself?

  음소거 상태 같아요. 음소거 해제해 줄 수 있나요?

  → mute: 음소거 상태   unmute: 음소거를 해제하다

다음 문장을 앞서 배운 표현을 활용해 영어로 말하고 써 보세요.　　MP3 082　정답은 p. 309

1　나 톰이랑 통화 중이야.

____

2　이 건물 안에서는 신호가 정말 약해.

____

3　미안, 휴대전화가 무음이었네.

____

주어진 단어를 활용해, 다음 문장의 별색 표현을 영어로 어떻게 바꿀지 생각해 보세요.

(1) **시간 가는 줄 몰랐네.** (track)

(2) 너 **24시간 내내** 게임하는구나! (24/7)

(3) 미안, 좀 **늦어지네.** (run)

결정적 키워드 1 ■■■■ **시간 관련 다양한 표현들**

lose track of time

무엇인가에 너무 몰두해서 시간이 가는지도 몰랐을 정도로 감각을 잃었을 때는 lose track of time을 사용합니다. track이 '추적', '흐름'이라는 뜻이므로, '시간의 흐름을 놓치다'의 뜻이죠?

I totally lost track of time chatting with you.

너랑 수다 떠느라 정말 시간 가는 줄 몰랐네.

→ chat: 수다 떨다

흘러간 시간에 회상과 추억의 느낌을 담을 땐 "How time flies!"를 써요.

I can't believe your son is already eight. How time flies!

네 아들이 벌써 8살이라니 믿기지 않아. 세월 참 빠르네!

It's already been 20 years since we graduated from college. How time flies!

우리가 대학 졸업한 지 벌써 20년이야. 세월 참 빠르네!

24/7 vs. around the clock

'24/7'은 '하루 24시간, 주 7일 내내'라는 뜻으로, '쉬지 않고', '항상'의 의미예요. 읽을 때는 twenty-four seven으로 읽습니다.

This self-service store is open 24/7. 이 무인 매장은 24시간 영업해요.

→ self-service store: 무인 매장

Ever since we met, I've been thinking about you 24/7.

우리가 만난 이후로, 계속 네 생각만 해.

좀 더 격식 있는 표현으로 around the clock도 자주 쓰이는데요, 시계를 한 바퀴 돈다는 뜻이므로 '24/7'과 같은 의미입니다.

Our team is working around the clock to meet the deadline.
우리 팀은 마감 시한을 맞추려고 24시간 내내 일하고 있어요.

be late vs. be running late

be late ~가 이미 늦어 버린 상태를 나타낸다면 be running late ~는 늦어지고 있는 상황을 나타내는 표현입니다.

Sorry, I'm late. 늦어서 미안해.

Sorry, I'm running late. Traffic is pretty bad.
미안, 좀 늦어지네. 차가 많이 막혀.

정답 확인

(1) I lost track of time.

(2) You play games 24/7!

(3) Sorry, I'm running late.

Ⓥ Voca Tips 1

- **lose track of의 다양한 의미**

  lose track of ~ 구문은 시간이 가는 것 외에, 대화나 날짜 등 뭔가 흐름이 끊기는 것을 표현합니다.

  Sorry, I lost track of the conversation. 미안, 대화 흐름을 놓쳤어.

  I've been so busy lately that I lost track of what day it is.
  요즘 너무 바빠서 오늘이 무슨 요일인지도 모르겠어.

  I've lost track of Tom recently. 최근에 톰 소식이 끊겼어.

- **be busy vs. be in a hurry/rush**

  be busy는 바쁜 상황을 나타내고, be in a hurry/rush는 급한 상황을 나타내는 표현입니다.

  I've been really busy with work lately. 요즘 일 때문에 엄청 바빴어.

  I'm in a rush. My cab's waiting outside. 나 급해. 택시가 밖에서 대기 중이거든.

- **save the date**

  중요한 날짜에 시간 비워 두라는 말 많이 하죠? 이때 원어민들은 save the date로 표현합니다. 자리 맡아달라고 부탁할 때도 save 동사를 활용하세요.

  My wedding date is March 10th, so save the date!
  내 결혼식 날짜가 3월 10일이니까, 시간 비워 둬!

I might be around 10 minutes late. Can you save me a seat?
10분쯤 늦을지도 몰라. 내 자리 좀 맡아줄래?

Voca Tips 2

- **취미를 물어보는 질문에 in your free time**

바쁜 시간이 지나고 한가할 때 하는 취미에 대해 질문할 때, 원어민은 "What's your hobby?"라고는 잘 묻지 않아요. 너무 대놓고 물어보는 느낌이거든요. 더 자주 쓰이는 표현은 '여가, 자유 시간'을 의미하는 in your free/spare time이나 for fun(재미로)을 활용한 문장입니다.

What do you like to do in your free time? 여가 시간에 뭐 하는 거 좋아해?

What do you do for fun? 재미로 뭐 해?

다음 문장을 앞서 배운 표현을 활용해 영어로 말하고 써 보세요.　MP3 084　정답은 p. 309

1　네가 무슨 말 하고 있었는지 놓쳤어.

2　어떻게 24시간 내내 게임만 해?

3　미안해요, 회의에 늦어지고 있어요.

주어진 단어를 활용해, 다음 문장의 별색 표현을 영어로 어떻게 바꿀지 생각해 보세요.

(1) 그는 **엄청 부자**라서, 스포츠카가 여러 대 있어. (loaded)

(2) 그는 **억대 연봉을 벌어**. (six figures)

(3) 그는 유튜브 채널로 **돈을 쓸어 담고** 있어. (rake in money)

결정적 키워드 **1** ▬▬ 돈 관련 다양한 표현들

경제적으로 풍족한

rich 외에도 well-off나 loaded로 표현할 수 있어요. loaded는 원래 '총알이 장전된'이란 뜻인데, 재정 상태가 돈으로 가득 찬 이미지로 기억해 보세요.

She's going out with a guy who's well-off.

그녀는 부자인 남자와 사귀고 있어요.

He won the lottery, so now he's absolutely loaded.

그가 복권 당첨되어서 이제 아주 부자야.

억대 연봉

억대 연봉을 받는 걸 원어민은 six figures나 six-figure salary를 활용합니다. 달러로 여섯 자리 숫자를 우리 돈으로 환산하면 억 단위가 되니까요.

It's pretty common to make six figures in this industry.

이 업계에서 억대 연봉을 버는 건 꽤 흔해.

He earns a six-figure salary, but he's under a lot of stress.

그는 억대 연봉을 벌지만, 스트레스가 엄청 많아.

돈을 쓸어 담다

돈을 쓸어 담을 만큼 많이 벌 때는 rake in cash/money를 활용합니다. rake가 '갈퀴'인데, 갈퀴로 돈을 안쪽으로(in) 모으는 이미지로 기억하세요.

Since launching a new app, the startup has been raking in money. 새 앱을 출시한 이후로, 그 신생 창업 기업은 돈을 쓸어 담고 있어요.

(1) He's loaded, so he has several sports cars.

(2) He makes six figures.

(3) He's raking in money with his YouTube channel.

Voca Tips 1 돈과 관련된 표현들

- **flat broke**

돈이 없는 상태를 broke라고 하는데, 완전히 빈털터리인 건 flat broke라고 합니다. 돈이 하나도 없어서 지갑이 '납작해진(flat)' 이미지로 기억하세요.

My crypto crashed, and now I'm flat broke.

코인이 폭락해서 지금 완전히 빈털터리야.

→ crypto: 암호 화폐　　crash: 폭락하다

- **decent**

돈을 굉장히 많이는 아니더라도 괜찮게 버는 상황일 때는 decent를 활용하세요. decent 자체가 '괜찮은'이란 뜻입니다.

Don't worry about him. He makes decent money.

그 사람에 대해서는 걱정하지 마. 돈 괜찮게 벌어.

- **salary vs. wage vs. compensation**

salary	월급, 연봉 같은 고정 급여
wage	일한 시간을 기준으로 하는 일급이나 시급
compensation	급여에 보너스나 복지 등을 포함한 개념

These days, the minimum wage in South Korea is over 10,000 won.

요즘 한국은 최저 임금이 만 원이 넘어.

My compensation package includes performance bonuses and a company car.

내 연봉 패키지에는 성과급과 회사 차량이 포함돼요.

(V) **Voca Tips 2**

• **bull market(상승장) vs. bear market(하락장)**

돈을 버는 것과 주식을 떼놓을 수 없습니다. 이 주식 시장에는 '상승장'과 '하락장'이 있는데, 각각 bull market, bear market이라고 합니다. 황소(bull)와 곰(bear)이 공격하는 이미지를 떠올려 보세요. 황소는 뿔을 공중으로 치켜올려 공격하고, 곰은 발바닥을 아래로 휘갈겨 공격하죠? 각각은 형용사 bullish(상승장인), bearish(하락장인)로 바꿔 표현할 수도 있습니다.

Investors are optimistic because stocks are in a bull market.
주식이 상승장에 있어서 투자자들이 낙관적이야.

= Investors are optimistic because stocks are bullish.

The stock market has been in a bear market for the past three months. 주식 시장이 지난 3개월 동안 하락장이었어.

= The stock market has been bearish for the past three months.

다음 문장을 앞서 배운 표현을 활용해 영어로 말하고 써 보세요. **MP3 086** 정답은 p. 310

1 그는 부유한 집안 출신이야. (come from)

____

2 돈 좀 빌려줄 수 있어? 나 완전 빈털터리야.

____

3 그 사람 돈 괜찮게 벌어?

____

MP3 087

다음 문장의 별색 표현을 영어로 어떻게 바꿀지 생각해 보세요.

(1) 아내가 **임신 3개월째야.**
(2) 아내가 둘째 **임신 중이야.**
(3) **출산 예정일**이 언제야?

결정적 키워드 1 　임신 관련 다양한 표현들

- pregnant(임신한)의 정확한 활용법을 이번 기회에 잘 알아두세요. '임신 0개월이다'는 be ~ months pregnant로 표현합니다.

She's already seven months pregnant.
그녀는 벌써 임신 7개월째야.

'~를 임신 중이다'라고 할 때는 be pregnant with ~ 구문을 사용하는데, be expecting ~이나 be carrying ~으로 표현할 수도 있습니다.

Guess what! I'm pregnant with twins!
있잖아, 나 쌍둥이 임신 중이야!
→ Guess what!: (흥미로운 이야기를 꺼낼 때) 있잖아

I just found out I'm expecting twins.
쌍둥이 임신 중인 거 방금 알았어.

She's carrying twins and still working full-time.
그녀는 쌍둥이 임신 중인데도 여전히 풀타임으로 일하고 있어.

결정적 키워드 2 　출산 관련 다양한 표현들

- '출산 예정일'은 due나 due date로 표현합니다. due는 '만기의'라는 뜻인데, 출산 예정일도 아기가 만기가 돼서 태어나는 거라서 이렇게 나타냅니다.

I'm due next month.　나 다음 달 출산 예정이야.

My due date is June 10th.　출산 예정일이 6월 10일이야.

- 입덧하고 양수가 터지고, 진통이 시작돼 출산하는 과정은 다음과 같습니다.

I had bad morning sickness yesterday.

어제는 입덧이 심했어.

→ sickness: 메스꺼움 ('입덧'은 보통 아침 시간대에 메스꺼움이 심하기 때문에 morning sickness로 표현)

My water broke earlier than expected.

양수가 예상보다 일찍 터졌어.

→ one's water breaks: 양수가 터지다

My wife is still in labor. It's already been over 10 hours.

와이프가 아직 진통 중이야. 벌써 10시간이 넘었어.

→ labor: 노동, 진통 (진통도 일종의 노동으로 봄)　　in labor: 진통 중인

My sister just gave birth to a baby boy.

언니가 방금 남자아이를 낳았어.

→ give birth to ∼: ∼을 낳다 (뒤에 baby boy/girl, son, daughter 등이 옴)

정답 확인

(1) My wife is three months pregnant.

(2) My wife is pregnant with our second baby.

(3) When are you due? (= When is your baby due?)

Ⓥ Voca Tips　　임신 관련 표현들

- **on the way**

  임신 중인 상태를 on the way 구문을 활용해 표현할 수도 있습니다.

  My second baby is on the way. 둘째 아기가 오는 중이야. → 둘째 임신 중이야.

- **expectant**

  be expecting ∼이 임신 중인 상태를 나타내고요, 이렇게 임신 중인 '예비 엄마'는 expectant mom이라고 해요. '초보 엄마'는 '처음 해 보는'의 first-time을 써서 first-time mom이라고 합니다.

  This is a must-read book for every expectant mom.
  이것은 모든 예비 엄마들이 꼭 읽어야 할 책이에요.

  → must-read book: 꼭 읽어야 할 책

  Since I'm a first-time mom, I've been reading a lot of books on parenting. 초보 엄마라서 육아에 관한 책을 많이 읽고 읽어.

  → parenting: 육아

- **due**

  due가 '만기의'의 뜻이라서 출산 예정일 외에 납부일이나 마감일에도 이 단어가 종종 쓰입니다.

  My rent is due the day after tomorrow. 월세 납부일이 모레야.
  → the day after tomorrow: 모레

  The report is due by 6 p.m. 보고서는 오후 6시까지가 마감이에요.

- **miscarriage(유산)**

  '유산'은 miscarriage라고 하는데, '잘못된'을 의미하는 접두어 mis-에 carriage가 결합한 단어예요. carry가 '임신하고 있다'의 뜻이 있어서 miscarriage는 '유산'이라는 의미가 됩니다. '유산하다'는 have a miscarriage로 표현해요.

  She had a miscarriage at five months. 그녀는 (임신) 5개월 때 유산했어.

다음 문장을 앞서 배운 표현을 활용해 영어로 말하고 써 보세요.   MP3 088   정답은 p. 310

1   그녀는 임신 6개월째야.

____

2   너희 언니 출산 예정일이 언제야?

____

3   안타깝게도 우리 언니가 유산했어. (unfortunately)

____

다음 문장의 별색 표현을 영어로 어떻게 바꿀지 생각해 보세요.

(1) **온몸이 쑤셔.** (ache)
(2) **발이** 너무 **아파.** (hurt)
(3) **나, 팔 부러졌어.** (break)

결정적 키워드 **1** ━━━ 통증 관련 표현들

쑤시다, 뻐근하다, 저리다

묵직하게 쑤시는 듯한 통증은 ache를, 근육이나 관절이 뻐근한 통증은 sore
나 stiff를, 감각이 둔화한 저린 통증은 numb을 사용해 보세요.

I'm aching all over from yesterday's workout.

어제 운동해서 그런지 온몸이 쑤셔.

I'm sore all over.

온몸이 뻐근해.

I've been sitting all day, and now my back feels really stiff.

종일 앉아 있었더니, 지금 허리가 정말 뻐근해.

→ stiff: 뻐근한

My legs feel numb from sitting cross-legged for so long.

너무 오래 양반다리를 하고 앉아 있었더니 다리가 저려.

→ sit cross-legged: 양반다리를 하고 앉다

신체 부위 + hurt vs. 사람 + hurt

통증을 표현할 때 hurt 동사도 많이 사용하는데요, 중요한 건 신체 부위가
주어가 됩니다. 사람이 주어일 때는 '다치게 하다'로 해석되니 주의하세요.

My back really hurts from standing for hours.

몇 시간 동안 서 있었더니 허리가 정말 아파.

I fell and hurt my knee.

넘어져서 무릎을 다쳤어.

- 다음 동사들은 [동사 + 신체 부위]의 형태로 부상/상처 입은 걸 표현합니다.

I broke my leg snowboarding yesterday.

어제 스노보드 타다가 다리가 부러졌어. (**break**: 부러지게 하다 – 일상적 표현)

I fractured my wrist playing tennis, so now I'm in a cast.

테니스 치다가 손목이 골절돼서, 지금 깁스하고 있어. (**fracture**: 골절되게 하다 – 의학적 표현)

→ be in a cast: 깁스하고 있다

I twisted my ankle going down the stairs.

계단 내려가다가 발목을 삐었어. (**twist**: 삐다, 접지르다 – 일상적 표현)

I was running in heels and sprained my ankle.

힐 신고 뛰다가 발목을 접질렀어. (**sprain**: 삐다, 접지르다 – 의학적 표현)

I fell and scraped my knee.

넘어져서 무릎이 까졌어. (**scrape**: 찰과상을 내다)

I accidentally ran into a chair and bruised my knee.

실수로 의자에 부딪혀서 무릎에 멍이 들었어. (**bruise**: 멍들게 하다)

→ accidentally: 실수로

I was cutting a potato and accidentally cut my finger.

감자를 썰다가 실수로 손가락을 베었어. (**cut**: 베다, 베이다)

I burned my hand while taking spaghetti out of the oven.

오븐에서 스파게티 꺼내다가 손을 데었어. (**burn**: 데다, 데이다)

정답 확인

(1) I'm aching all over.

(2) My feet really hurt.

(3) I broke my arm.

Voca Tips

- **sore**

근육 통증 외에 목구멍이나 눈 등이 따갑거나 뻐근한 통증에도 자주 쓰입니다.

I caught a cold and now I have a sore throat. 감기에 걸려서 지금 목이 따가워.

My eyes feel sore after wearing contacts all day.

온종일 콘택트렌즈를 껴서 눈이 뻐근해.

→ contacts: 콘택트렌즈 (= contact lenses)

- **hurt**

  hurt는 신체에 부상을 입는 것 외에 '감정을 상하게 하다'라는 뜻으로도 자주 쓰입니다.

  I'm really sorry if I hurt your feelings. 기분 상하게 했다면 정말 미안해.

- **'허리'를 나타내는 waist vs. back**

  waist는 허리에서 가늘고 잘록한 부분을 지칭합니다. 허리띠를 매는 부분이죠. 반면, back은 허리를 포함한 등 전체를 지칭하는 표현인데요, 특히 통증이 느껴지는 허리 아래쪽은 lower back이라고 합니다.

  My waist got smaller after going on a diet. 다이어트하고 나서 허리가 줄었어.
  → go on a diet: 다이어트하다

  I have chronic pain in my lower back. 허리 아래쪽에 만성적인 통증이 있어.
  → chronic: 만성적인

(G) Grammar Tips

- **'통증'을 의미하는 접미사 -ache**

  ache는 명사, 동사 외에 접미사로도 쓰이는데, 대표적인 것으로 headache(두통), toothache(치통), stomachache(복통) 등이 있습니다. 참고로, 앞에 관사 a를 넣어 사용합니다.

  I've had a headache since yesterday. 어제부터 두통이 계속 있어.

  I went to the dentist because of a toothache. 치통 때문에 치과에 갔어.

  I ate too much cold food and ended up with a stomachache.
  찬 음식을 너무 많이 먹어서 결국 배탈이 났어.
  → end up: 결국 ~하다

다음 문장을 앞서 배운 표현을 활용해 영어로 말하고 써 보세요. `MP3 090` 정답은 p. 310

1 지금 목이 뻐근해. (stiff)

---

2 넘어져서 손가락 하나가 골절됐어.

---

3 미세먼지로 눈이 뻐근해. (fine dust)

다음 문장의 별색 표현을 영어로 어떻게 바꿀지 생각해 보세요.

(1) 그는 정말 **털털해**.
(2) 여자 친구가 음식에 관해 너무 **까다로워**.
(3) 그는 너무 **직설적이야**.

결정적 키워드 1  ## 성격을 묘사하는 다양한 단어들

긍정적인 느낌의 단어들

easygoing 털털한	She's really easygoing. She gets along with everyone. 걔는 정말 털털해. 모든 사람과 잘 지내. → get along with ~: ~와 잘 지내다
empathetic 공감 능력이 뛰어난	He's really empathetic, so people feel comfortable opening up to him. 걔는 정말 공감 능력이 뛰어나서, 걔한테 사람들이 편하게 마음을 열어. → open up to ~: ~에게 마음을 열다
sociable 사교적인	He's very sociable and loves connecting people he knows. 그는 매우 사교적이어서 자기가 아는 사람들 연결해 주는 걸 아주 좋아해.
witty 위트가 넘치는	He's so witty that everyone loves talking to him. 그는 진짜 위트가 넘쳐서 모두가 그와 얘기하는 걸 너무 좋아해.
sophisticated 세련된, 교양 있는	She's so sophisticated and attractive. No wonder all the guys like her. 그녀는 정말 세련되고 매력적이야. 그러니 모든 남자가 다 좋아하지. → No wonder ~: ~는 당연해
childlike 아이처럼 순수한	Even in his 30s, he's still childlike at times. 30대인데도 그는 가끔 아이처럼 순수해. → at times: 가끔

down-to-earth 소탈한	Despite his success, he's really down-to-earth and easy to talk to. 성공했는데도, 그는 정말 소탈하고 친근해. → down-to-earth: '소탈한' 외에 '현실적인'이라는 뜻도 있음
insightful 통찰력이 있는	Just ask him. He's pretty insightful. 그냥 걔한테 물어봐. 꽤 통찰력 있어.

부정적인 느낌의 단어들

picky 까다로운	She's too picky about her clothes. 걔는 옷에 대해 너무 까다로워.
nosy 오지랖을 부리는	You're being too nosy. Stop asking questions like that! (평소와 다르다는 뉘앙스로) 너 너무 오지랖이야. 그런 질문 좀 그만해!
moody 감정 기복이 심한	I broke up with my ex-girlfriend because she was way too moody. 전 여자 친구가 너무 감정 기복이 심해서 헤어졌어. → way: too를 강소하는 용법
bossy 권위적인	He's capable, but he can be a bit too bossy at times. 그는 유능한데, 가끔은 좀 너무 권위적이야.
short-tempered 욱하는	Don't take it personally. He's kind of short-tempered. 너한테 감정 있어서 그런 거 아냐. 그 사람, 성격이 좀 욱해.
impatient 성격이 급한	He's so impatient that he tends to rush things. 그는 성격이 아주 급해서 일을 서두르는 경향이 있어. → rush: 서두르다
indecisive 우유부단한	He's a bit too indecisive when it comes to marriage. 결혼에 대해서는 그는 좀 지나치게 우유부단해. → when it comes to ~: ~에 대해서는
clumsy 덤벙거리는	I'm really clumsy, so I always end up bumping into stuff. 난 너무 덤벙거려서, 결국 항상 뭔가에 부딪혀. → end up Ving: 결국 ~하다 bump into ~: ~에 부딪히다

	긍정적인 의미	부정적인 의미
straightforward	솔직한 I trust him because he's always honest and straightforward. 그가 늘 정직하고 솔직해서 난 그를 신뢰해.	직설적인 He's too straightforward, so people often take him the wrong way. 그는 너무 직설적이라, 사람들이 가끔 그를 오해해. → take 사람 the wrong way: ~를 오해하다
sensitive	섬세한 My girlfriend is so sensitive that she always picks up on how I feel. 여자 친구가 정말 섬세해서 내 감정이 어떤지 항상 알아채. → pick up on ~: ~을 알아채다	예민한 She's kind of sensitive, so I try to be mindful when I talk to her. 걔가 좀 예민해서, 걔한테 말할 때는 조심하려고 해. → mindful: 신경 쓰는
stubborn	(끈기 있게) 고집스러운 He's stubborn, so he never gives up easily. 그는 고집이 있어서, 절대 쉽게 포기 안 해.	(융통성 없게) 고집스러운 He's too stubborn. He never listens to anyone. 그는 너무 고집이 세. 누구 말도 절대 안 들어.
laid-back	느긋하고 여유로운 He has a very laid-back attitude, which makes him easy to work with. 그는 매우 여유로운 태도를 보여서 함께 일하기 편해.	너무 느긋한 He's too laid-back about deadlines. 그는 마감 시한에 대해 너무 느긋해.

정답 확인

(1) He's really easygoing.

(2) My girlfriend is too picky about food.

(3) He's too straightforward.

- **sympathy vs. empathy**

  sympathy가 타인의 아픔을 이해하는 '동정, 연민'의 감정이라면, empathy는 타인의 상황을 마치 자신의 상황처럼 감정 이입하는 '공감'을 의미합니다.

  I know this sounds a bit cold, but I really don't feel any sympathy for him.

  이 말이 좀 냉정하게 들리는 거 알지만, 나 걔한테는 정말로 아무런 동정심이 안 느껴져.

  I just can't feel any empathy for her situation. 걔 상황에 전혀 공감이 안 돼.

- **childlike vs. childish**

  childlike가 아이 같은 순수함을 나타내는 단어라면, childish는 아이 같은 유치함을 뜻하는 단어예요. 세상 물정을 모르는 부정적인 느낌의 순진함은 naive나 gullible을 사용합니다.

  She looked at the fireworks with childlike wonder.

  그녀는 어린아이 같은 경이로움으로 불꽃놀이를 바라봤어.

  → fireworks: 불꽃놀이

  Come on, don't be childish. Let's talk like adults.

  야, 유치하게 굴지 마. 어른답게 얘기하자.

  I was so naive. I can't believe I trusted him like that.

  내가 너무 순진했어. 그렇게 걔를 믿었다는 게 믿기지 않아.

- **demanding vs. hard to please**

  demanding이나 hard to please 역시 까다로운 싱격을 나타내는 데 종종 쓰입니다. demanding은 기대치가 높아서 '상대에게 이것저것 요구가 많은 까다로움'을 나타내고요, hard to please는 '만족시키기가 어려운 까다로움'을 나타냅니다.

  Our boss is so demanding that the whole team feels stressed out.

  상사가 이것저것 하라는 것도 많고 까다로워서 팀 전체가 스트레스가 엄청나.

  → stressed out: 스트레스가 엄청난

  My girlfriend is hard to please, because she expects everything to be perfect. 여자 친구는 모든 게 완벽하길 기대해서 만족시키기 까다로워.

● **extroverted**(외향적인) **vs. introverted**(내향적인)

MBTI 성격 검사에서 E와 I는 각각 extroversion(외향성)과 introversion(내향성)을 나타내는데, 형용사는 extroverted(외향적인)와 introverted(내향적인)입니다. 접두어 extro-는 '바깥으로', intro-는 '안으로'를 의미해요.

What's your MBTI? Are you more extroverted or introverted?

너 MBTI 뭐야? 외향적인 편이야, 내향적인 편이야?

다음 문장을 앞서 배운 표현을 활용해 영어로 말하고 써 보세요.　　　　 MP3 **092**　정답은 **p. 312**

1　그는 매우 사교적이어서, 친구가 많아.

____

2　오지랖 좀 그만 부려!

____

3　그는 왜 그렇게 유치하게 굴어? (act)

____

PART 3

영어 문장이 더 단단해지는 키워드

왼쪽의 QR코드를 스캔하시고 '바로듣기'를 탭하세요.
해당 도서의 음원을 바로 들으실 수 있습니다. 반복 재생과
속도 조절도 가능합니다.

CHAPTER

6

단번에 이해되는 '관사'와 '시제'

주어진 단어를 활용해, 다음 문장의 별색 표현을 영어로 어떻게 바꿀지 생각해
보세요.

(1) **비너스(Venus) 폰** 쓰다가 최근에 **주피터(Jupiter) 폰**으로 바꿨어.
　　(switch to)

(2) 아시아에 있는 **수도** 이름 **하나** 대 볼래? (동사 name)

(3) **깨끗한 환경**은 인간의 건강과 웰빙에 필수적이에요. (essential)

결정적 키워드 1 ▬▬▬ 다수 중 '하나'를 지칭할 때는 a/an

- 우리가 가장 어려워하는 영문법 내용 중 하나가 '관사'인데요, 부정관사 a/
an은 다수 중 '하나'를 지칭할 때 사용합니다. 비너스폰을 쓰다가 주피터 폰
으로 바꿨다면, 제품을 구성하는 많은 모델 중 하나를 사용한다는 뜻이죠?
이때 a/an 대신 정관사 the를 사용하면, 모델 전체를 지칭하는 표현입니다.

I have a Jupiter S25.

나 주피터 S25 써. (모델 중 하나를 지칭)

The Jupiter S25 was released this year.

주피터 S25가 올해 출시됐어. (모델 전체를 지칭)

→ release: 출시하다

- 각국의 수도(capital city)는 하나밖에 없으므로, 보통은 정관사 the를 사용해
the capital city라고 표현합니다. 하지만 세계의 '많은 수도 중 하나'라는 뜻
으로 사용할 때는 a capital city라고 말해 보세요.

London is the capital city of the United Kingdom.

런던은 영국의 수도야.

A capital city is the administrative center of a country.

수도는 한 국가의 행정 중심지야.

→ administrative: 행정상의

원래 정관사 **the**가 붙는 명사 앞에 '형용사'가 올 때는 **the** 대신 **a/an**을

- '정해진 것', '하나밖에 없는 것' 앞에는 정관사 the를 사용합니다. 원어민들에게 '자연환경'은 유일무이한 것이라서, '환경'을 the environment라고 표현해요. 하지만 이렇게 원래 the가 붙는 명사 앞에 '형용사'가 오게 되면, 그 명사를 수식하는 많은 형용사 중 '하나'이기 때문에 the 대신 a/an이 따라붙습니다.

Climate change is one of the biggest threats to the environment.

기후 변화는 환경에 가장 큰 위협 중 하나예요.

Tourists are more likely to visit destinations with a clean environment.

관광객들은 깨끗한 환경을 갖춘 여행지를 더 선호해요. (← 방문할 가능성이 더 커요).

→ be more likely to + V: ~할 가능성이 더 크다

정답 확인

(1) I used to have a Venus, but I recently switched to a Jupiter.

(2) Can you name a capital city in Asia?

(3) A clean environment is essential for human health and well-being.

Ⓥ Voca Tips

- **무관사 복수 명사형**

'주피터 S25' 모델 전체를 지칭할 때 the Jupiter S25라고 표현한다고 했죠? 모델 전체는 '복수' 개념이므로 끝에 -s/-es를 붙여 복수형으로 표현할 수도 있는데, 이때 the는 생략할 수 있습니다.

Jupiter S25s were released this year. 주피터 S25가 올해 출시됐어.

- **영국의 다른 이름들**

다양한 이름으로 불리는 '영국'을 정리합니다.

England	영국을 구성하는 4개국 중 하나인 '잉글랜드'를 지칭
Great Britain	'잉글랜드', '웨일스' 및 '스코틀랜드'를 포함한 영국 본토 섬을 지칭
the UK (= the United Kingdom)	'잉글랜드', '웨일스', '스코틀랜드'에 '북아일랜드'를 포함한 4개국을 통칭

- **environment**

  environment가 '자연환경'이 아니라 '근무 환경'이나 '학습 환경'처럼 '주변 환경'이라는 뜻으로 활용될 때는 a work environment(근무 환경), a learning environment(학습 환경)처럼 a/an이 쓰일 수 있습니다.

  A pleasant work environment helps employees feel happier and more comfortable.
  쾌적한 근무 환경은 직원들이 더 행복하고 편안하게 느끼게 해 줘요.

G Grammar Tips

- **another vs. other**

  a(n) 배울 때 짝꿍처럼 따라나오는 것이 바로 another입니다. another가 나오면 other까지 같이 등장하는데, 이것들이 종종 헷갈립니다. 이번에 확실히 알아두세요. another는 '또 다른 하나/하나 더'의 의미고, [an + other]의 결합형이므로 '가산 명사'의 경우 '단수형'이 따라옵니다. other는 '다른'의 의미로, other 뒤에는 '복수형'이 옵니다.

  Would you like another drink? 한 잔 더 하시겠어요?

  Do you have any other drinks besides beer?
  맥주 외에 다른 음료도 있나요?

  → besides: ~ 외에

다음 문장을 앞서 배운 표현을 활용해 영어로 말하고 써 보세요.　　　MP3 094　정답은 p. 310

1　나 중고 테슬라 사고 싶어. (used)

2　나 한 시간 더 기다릴 수 있어. (another hour)

3　식물이 집 안의 쾌적한 환경을 유지하는 데 도움이 돼요. (help maintain)

주어진 단어를 활용해, 다음 문장의 별색 표현을 영어로 어떻게 바꿀지 생각해
보세요.

(1) **미 정부**가 그 국제 컨퍼런스를 주최할 예정이에요. (host)

(2) 금요일로 **마감 시한**을 연장해 줄 수 있나요? (deadline)

(3) **음악 산업**이 급변하고 있어요. (rapidly)

결정적 키워드 1 　 '유일하고 정해진 것'에 사용하는 the

'유일무이한 명사' 앞에 정관사 the를 사용합니다. 이건 다 아는 내용일 텐데요, 이제 문법책에서
늘 보던 the sun(태양), the sky(하늘), the universe(우주)의 천체 이미지에서 벗어나, 좀 더 실용
적인 의미로 the의 활용법을 확장해 보겠습니다.

정부, 직책, 단일 기구 앞에

대다수 국가는 단일 정부를 구성하고 있어요. 그래서 '미국 정부'는 the U.S.
government라고 합니다. 정부의 수장인 '대통령(the President)'이나 '총리(the
Prime Minister)' 같은 직책, 또는 '유럽 연합(the EU)'이나 '유엔(the UN)'처럼 단
일 기구 앞에도 정관사 the를 사용해요.

**The French government has announced new measures to
reduce carbon emissions.**

프랑스 정부는 탄소 배출물을 줄이기 위한 새로운 조치를 발표했어요.

→ measure: 조치　　carbon emissions: 탄소 배출물

The President visited Belgium last week for a summit meeting.

대통령은 정상 회담 차 지난주에 벨기에를 방문했어요.

→ summit meeting: 정상 회담

The EU plans to invest around 40 billion euros in Latin America.

유럽 연합이 라틴 아메리카에 약 400억 유로를 투자할 계획이에요.

→ invest in ～: ～에 투자하다

deadline 앞에

우리가 '마감 시한'을 말할 때 아주 특별한 경우가 아니라면, 보통 '한 개'의 정해진 시한이 있죠? 그래서 마감 시한인 deadline 앞에도 정관사 the를 씁니다. 참고로 마감 시한을 연장할 때는 extend 동사를 사용해요.

Please let us know if you can extend the deadline to September 10th.
마감 시한을 9월 10일로 연장할 수 있는지 알려 주세요.

결정적 키워드 2 ━━━ '한 덩어리'로 간주하는 것에 사용하는 the

- 정관사 the는 전체적으로 '한 덩어리'로 간주하는 명사 앞에도 사용합니다. '음악 산업(the music industry)', '자동차 산업(the auto industry)' 같은 industry나, '세계 시장(the global market)', '주식 시장(the stock market)'과 같은 market 역시 the가 붙습니다. the public/private sector(공공/민간 부문), the economy(경기), the Middle East(중동)도 같은 맥락으로 이해할 수 있어요.

The stock market is fluctuating due to global instability.
주식 시장이 전 세계적인 불안정성 때문에 요동치고 있어요.

→ fluctuate: 요동치다

정답 확인

(1) The U.S. government will host the international conference.

(2) Can you extend the deadline to Friday?

(3) The music industry is rapidly changing.

Ⓥ Voca Tips

- **head of state**

  국가 원수가 참석하는 '정상 회담'은 summit 또는 summit meeting이라고 합니다. 대통령제 국가에서는 대통령, 내각제 국가에서는 총리가 참여하는데, 이를 통칭하는 '국가 원수'는 head of state입니다. state(국가)의 head(머리)라고 기억해 보세요. 복수형은 heads of state입니다.

Over 50 heads of state took part in the summit.
50명 이상의 국가 원수가 정상 회담에 참석했어요.

→ take part in ~: ~에 참석하다

- **extend the deadline to Friday vs. extend the deadline by a week**

  '마감 시한을 연장하다'가 extend the deadline인데요, '금요일로 마감 시한을 연장하다'는 뭘까요? extend the deadline to Friday입니다. '금요일'이 최종 날짜이므로 to를 사용해야 하죠. 반면, '마감 시한을 일주일 연장하다'는 extend the deadline by a week로 해야 합니다. '폭'을 나타낼 때는 by를 사용하니까요. 이건 '키워드 27'을 참고하세요.

  Is it possible to extend the deadline <u>by a week</u>?
  마감 기한을 <u>일주일</u> 연장하는 게 가능할까요?

- **meet the deadline**

  마감 시한을 제때 맞추는 것은 meet the deadline 구문을 사용해 보세요.

  I have to stay up all night to <u>meet the Thursday deadline</u>.
  목요일 <u>마감 시한 맞추려면</u> 밤새야 해.

  → stay up all night: 밤새다

G Grammar Tips

- **invest in ~ = make an investment in ~**

  '~에 투자하다'는 invest in ~인데요, invest의 명사형을 써서 make an investment라고 표현해도 전치사는 똑같이 in이 따라붙습니다.

  We've decided to <u>invest in</u> the new project.
  = We've decided to <u>make an investment in</u> the new project.
  우리는 신규 프로젝트에 <u>투자</u>하기로 했어요.

다음 문장을 앞서 배운 표현을 활용해 영어로 말하고 써 보세요. MP3 096 정답은 p. 310

1 유엔은 글로벌 기구예요. (organization)

____

2 금요일 <u>마감 시한</u>을 맞출 수 있나요?

____

3 우리는 올해 중국 <u>시장</u>에 진출했어요. (enter)

____

주어진 단어를 활용해, 다음 문장의 별색 표현을 영어로 어떻게 바꿀지 생각해 보세요.

(1) (통화 중인 상황) 앤더슨 과장님(He) 지금 **(자기) 자리에** 없는데요. (desk)

(2) 그 회사는 비용을 절감하겠다는 **목표**를 발표했어요. (cut costs)

(3) 우리는 **경쟁사들**보다 열심히 일합니다. (competitors)

결정적 키워드 1　　a/an, the, '소유격'의 의미 차이

명사 앞에 부정관사(a/an)나 정관사(the) 대신 '소유격'을 사용하는 것이 자연스러울 때가 있습니다. 다음 문장을 보면서 부정관사, 정관사, 소유격이 명사 앞에 올 때 뜻이 어떻게 달라지는지 확인해 보세요.

at a desk vs. at the desk vs. at one's desk

Mr. Anderson is not at a desk right now.

앤더슨 과장님 지금 어느 자리에도 없는데요. (많은 책상 중 정해지지 않은 아무 자리 하나)

Mr. Anderson is not at the desk right now.

앤더슨 과장님 지금 그 자리에 없는데요. (화자와 청자가 모두 알고 있는 그 자리)

Mr. Anderson is not at his desk right now.

앤더슨 과장님 지금 자기 자리에 없는데요. (회사에서 배정해 준 앤더슨 과장의 자리)

요즘에는 IT 기업이나 신생 창업 기업(startup)을 중심으로 '자율 좌석제'를 도입한 곳들도 많죠? 그 경우라면, 자리에 없다고 할 때 "He's not at a desk right now."라고 답할 수 있겠네요.

a goal vs. the goal vs. one's goal

한 회사가 비용 절감이라는 목표를 세웠어요. 회사(the company)에서 내세우는 목표는 '그 회사의 목표'이므로 its goal이 가장 자연스러워요. a goal은 '많은 목표 중 하나', the goal은 '그 목표'라는 뜻입니다.

Increasing brand awareness is a goal of our new strategy.

브랜드 인지도를 높이는 것이 우리 새 전략의 한 가지 목표예요.

→ brand awareness: 브랜드 인지도

Our team is working hard to achieve the goal.

우리 팀은 그 목표를 달성하기 위해 열심히 노력 중이에요. (우리 팀이 공유하고 있는 그 목표)

a competitor vs. the competitor vs. one's competitor

경쟁사들보다 열심히 일한다고 할 때, 경쟁사들 역시 '우리의 경쟁사들'이므로 our competitors를 사용해야 합니다. a competitor는 '많은 경쟁사 중 하나', the competitors는 '그 경쟁사들'이라는 뜻입니다.

We lost our biggest client to a competitor last year.

우리는 작년에 가장 큰 고객을 한 경쟁사에 빼앗겼어요.

Compared to the competitors, this brand is more customer-focused.

그 경쟁사들과 비교해 볼 때, 이 브랜드가 더 고객 중심적이에요.

→ customer-focused: 고객 중심적인

정답 확인

(1) He's not at his desk right now.

(2) The company announced its goal to cut costs.

(3) We work harder than our competitors.

Voca Tips

- **"앤더슨 과장님 지금 자리에 없는데요"의 다양한 표현**

He's not available right now.

(자리에 없는 상황뿐 아니라, 업무 때문에 바쁜 경우에도 사용 가능)

He's out of the office right now. (물리적으로 사무실에 없는 상황)

He just stepped out of the office. (방금 외출한 상황)

- **competitive advantage/edge over ~**

경쟁사 하면 짝꿍처럼 따라 나오는 표현, '경쟁 우위'는 competitive advantage 또는 competitive edge라고 합니다. '~보다 경쟁 우위가 있다'는 have a competitive advantage/edge over ~ 구문을 사용해요. 비교 우위에 있으니까 우월함을 나타내는 over가 적절합니다.

The company has a competitive advantage over its rivals.

그 회사는 경쟁사들보다 경쟁 우위를 갖고 있어요.

- customer needs vs. customers' needs

비즈니스에서 '고객 니즈'라고 많이 말하는데, 영어로 어떻게 표현할까요? 두 가지가 있는데요, customer needs가 '일반 고객'의 니즈를 통칭하는 표현이라면, customers' needs는 '특정 고객' 의 니즈를 지칭합니다.

Providing good service is key to meeting customer needs.

좋은 서비스를 제공하는 것이 고객 니즈를 충족하는 비결입니다.

→be key to Ving: (주어가) ~하는 비결이다

Our products are designed to meet our customers' needs.

우리 제품은 자사 고객의 니즈를 충족하도록 설계되었습니다.

다음 문장을 앞서 배운 표현을 활용해 영어로 말하고 써 보세요.   MP3 098   정답은 p. 311

1 존이 자리에 있는지 확인해 줄 수 있나요? (check if)

____

2 우리는 경쟁사들보다 더 나은 서비스를 제공해요.

____

3 우리는 마케팅에서 경쟁 우위를 갖고 있어요.

____

다음 문장의 별색 표현을 영어로 어떻게 바꿀지 생각해 보세요.

(1) **인플레이션** 때문에 모든 게 너무 비싸요.

(2) 그는 결정을 내리기 전에 **조언**을 구했어요.

(3) **경험**으로부터 배우는 것이 현명합니다.

결정적 키워드 1 ▬▬▬ a/an, the, '소유격' 생략

영어에서 셀 수 있는 '가산 명사' 앞에는 any, some, this, that처럼 그 뜻이 분명히 드러나는 단어를 제외하고는 a/an, the, '소유격' 중 하나가 따라붙습니다. 즉, '가산 명사' 앞에는 반드시 '관사'나 '소유격'이 와야 한다는 얘기인데요, 이번에는 '관사(정확히 말해서 a/an)'나 '소유격'이 필요 없는 명사에 대해 살펴보겠습니다. 참고로 특별한 경우가 아니라면, 셀 수 없는 불가산 명사 앞에는 관사나 소유격이 필요 없습니다.

inflation

'불가산 명사'이므로, an inflation은 문법적으로 틀리고, the inflation은 '그 인플레이션', 즉 특정 인플레이션을 지칭하는 표현입니다.

Inflation is making everything more expensive these days.
인플레이션 때문에 요즘 모든 게 비싸지고 있어요.

The inflation of the 1970s was far worse than what we're experiencing now. 1970년대 인플레이션은 우리가 지금 겪는 것보다 훨씬 심각했어.
→ far: 훨씬 (비교급 강조)

advice

역시 '불가산 명사'로, an advice는 문법적으로 틀리고, the advice는 '그 조언'이란 뜻이 되죠? 맥락에 따라 '소유격'을 사용할 수도 있습니다.

The advice doesn't sound very convincing.
그 조언이 그렇게 설득력 있게 들리진 않아.
* convincing: 설득력 있는

Your advice was really helpful. Thank you so much!
네 조언이 정말 도움이 됐어. 진짜 고마워!

- 관사의 유무를 결정하려면, '가산 명사'인지 '불가산 명사'인지를 구분해야 합니다. 사실 두 가지를 구분하는 게 어렵진 않아요. 대부분은 직관에 의존하면 됩니다. 누가 봐도 student는 셀 수 있고, milk는 셀 수 없으니까요. 이렇게 말하면 "우유 팩에 든 건 셀 수 있잖아요!"라고 말하는 분들이 있습니다. 물론 우유 팩은 셀 수 있지만, 거기에 담긴 우유라는 액체 자체는 셀 수가 없기에 milk 등의 액체는 불가산 명사가 됩니다 .

There are 30 students in the class. 그 수업에는 학생이 30명이에요.

Milk goes bad quickly in hot weather. 우유는 더운 날씨에 금방 상해요.
→ go bad: 상하다

I bought a pack of milk on my way home.
집에 오는 길에 우유 한 팩 샀어요.
→ a pack of milk: 우유 한 팩

그런데 맥락에 따라 '가산/불가산' 둘 사이를 왔다 갔다 하는 명사들이 있어요. 심지어 '불가산 명사'로 철석같이 믿었던 단어가 '가산 명사'로 탈바꿈하는 예도 많습니다. 다음 문장을 살펴보세요.

"While it is wise to learn from experience, it is wiser to learn from the experiences of others." — Rick Warren, *The Purpose Driven Life: What on Earth Am I Here for?*
"경험을 통해 배우는 것이 현명하지만, 타인의 경험을 통해 배우는 것이 더 현명하다."
– 릭 워렌, 〈목적이 이끄는 삶〉

위의 예문에 experience와 experiences가 쓰였습니다. 원래 '불가산 명사' 인 experience가 '경험'이라는 '일반적'인 개념 전체를 나타낸다면, '가산 명사'로 쓰인 experience는 '구체적'인 경험, '개별적'인 사건을 의미해요. 원어민적인 감각이라서 이해하기 쉽지 않겠지만, 가산/불가산을 넘나들며 쓰이는 단어들의 쓰임새를 알고 있으면 전체 맥락 이해에 도움이 됩니다. '명사' 앞에 무조건 a/an이나 the를 써야 한다는 강박 관념이 있다면, learn from experience처럼 맥락에 따라 과감히 관사를 빼 보세요.

정답 확인

정답 확인

(1) Because of inflation, everything is too expensive.

(2) He asked for advice before making a decision.

(3) It is wise to learn from experience.

Ⓥ Voca Tips

- **research**

research는 대표적인 '불가산 명사'이므로, research 앞에는 many 대신 much나 a lot of가 와요.

We did a lot of research on the virus.

우리는 그 바이러스에 관해 많은 연구를 했어요.

- **ask for ~ vs. ask 사람 for ~**

무언가를 요청할 때 ask for ~ 구문을 사용하는데요, 누군가에게 무언가를 요청할 때는 [ask 사람 for ~] 구문이 활용됩니다. 이때도 전치사 for는 변하지 않아요.

I asked for his autograph after the concert.

콘서트가 끝난 뒤에 그의 사인을 요청했어.

→ autograph: (유명인의) 사인

I asked the singer for his autograph.

그 가수에게 사인을 요청했어.

자업자득인 상황에서도 ask for ~ 구문을 사용해 보세요.

A My girlfriend told me she wants to break up.

여자 친구가 헤어지재.

B You asked for it! You should have treated her better.

네가 자초한 거야! 걔한테 더 잘했어야지!

→ You asked for it.: 자업자득이다.
　　should have + p.p.: ~했어야 했는데 (유감을 나타내는 표현)

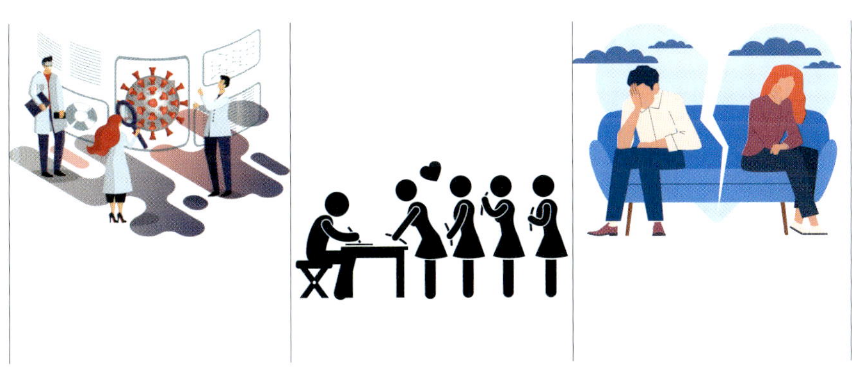

- **[a/an + 형용사 + 고유명사]**

국가명, 도시명 같은 고유명사 앞에는 원래 관사를 사용할 수 없는데요, 형용사가 앞에 올 때에는 a/an이 따라붙습니다. 형용사가 고유명사를 꾸며, 하나의 '특별한 모습'을 표현하는 거죠.

We must strive to create a beautiful Korea for future generations.

미래 세대에게 전해 줄 아름다운 한국을 만들기 위해 노력해야 합니다.

→ strive: 노력하다 (try보다 강한 어감)

A dynamic and vibrant Seoul continues to attract visitors from all over the world.

역동적이고 활기찬 서울은 세계 곳곳의 방문객들을 계속해서 유치하고 있어요.

→ dynamic: 역동적인   vibrant: 활기찬

다음 문장을 앞서 배운 표현을 활용해 영어로 말하고 써 보세요.   MP3 100   정답은 p. 311

1   인프라에 대한 투자는 경제 성장에 필수적이에요. (essential)

____

2   우리는 무슨 일이 있어도 전쟁을 피해야 합니다. (at all costs)

____

3   20세기에, 파키스탄과 인도 사이에는 세 번의 전쟁이 있었어요.

다음 문장의 별색 표현을 영어로 어떻게 바꿀지 생각해 보세요.

(1) 저녁 언제 **먹었어**?

(2) 메뉴 하나가 아직 **안 나왔는데요**.

(3) **어디 있었어**? 난 이미 프로젝트 **끝냈는데**.

결정적 키워드 1　　콕 찍고 끝나는 '과거'

- 우리말 '~했어'를 보면 항상 두 개의 영어 시제, '과거'와 '현재완료'를 동시에 떠올리세요. 어떤 뉘앙스를 전하고 싶은가에 따라 과거 혹은 현재완료를 쓰면 됩니다. '과거'가 '점'의 개념으로 콕 찍고 끝난 것이라면, '현재완료(have/has + p.p.)'는 '선'의 개념이에요. 선을 죽 긋듯이 과거에 있었던 일이 현재까지 영향을 미치는 상황이죠.

The price increased by 10 percent.

그 가격이 10퍼센트 올랐어.
(과거의 한 시점에 10퍼센트가 올랐고, 그 이후의 가격에 대한 정보는 없음)

The price has increased by 10 percent.

그 가격이 10퍼센트 올랐어.
(과거의 한 시점에 10퍼센트 오른 가격이 현재까지 유지되는 상황)

- 마찬가지로 우리말로는 똑같은 과거 시제지만, 단순히 상대방이 점심을 먹었는지가 궁금할 때와 점심을 먹고 지금까지 (배고프지 않게) 있는 상태인지가 궁금할 때, 영어로는 다르게 물어볼 수 있어요. 전자가 단순한 사실 확인이라면 "Did you have lunch?"의 과거 시제로, 후자라면 "Have you had lunch?"의 현재완료 시제로 물어보는 것이 맞습니다.

Did you have lunch? It's already past two.

점심 드셨어요? 벌써 두 시가 넘었네요.

Have you had lunch? If not, I can grab you something.

점심 먹었어? 안 먹었으면 내가 뭐 좀 사다 줄게.
→ grab: 잡다 (여기서는 '사다 주다'라는 뜻)

"점심 언제 먹었어?"라는 질문은 '언제(when)'가 명백한 과거를 나타내기 때문에, 반드시 과거 시제를 사용해서 질문합니다.

When did you have lunch? I didn't see you in the cafeteria.
점심 언제 먹었어? 구내식당에서 안 보이더라.
→ cafeteria: 구내식당

결정적 키워드 2   선을 긋듯 이어오는 '현재완료'

- 음식을 주문한 지 한참 됐는데, 계속 안 나오고 있어요. 30분째 기다리는 중이라서 도저히 못 참고 '음식이 아직 안 나왔다'고 말하고 싶을 때는 다음과 같이 말할 수 있습니다.

  A **Excuse me, but one of our dishes hasn't come out yet.**
  죄송하지만, 메뉴 하나가 아직 안 나왔는데요.
  → dish: 메뉴

  B **I'm sorry about that. I'll check on it right away.**
  죄송합니다. 바로 확인해 볼게요.
  → check on ∼: (이상이 없는지) 확인하다   right away: 바로, 즉시

- 한참을 찾던 사람이 드디어 나타났어요. 과거부터 지금까지 어디 있었는지 계속 걱정하고 있었다는 점을 강조하기 위해, 현재완료 시제를 사용해 보세요.

Where have you been? I've been so worried about you!
어디 있었어? 진짜 걱정했어!

정답 확인

(1) When did you have dinner?

(2) One of our dishes hasn't come out yet.

(3) Where have you been? I've already finished the project.

- **menu vs. dish**

  우리가 말하는 '메뉴'는 menu가 아니라 dish입니다. menu는 '메뉴판'이에요.

  What's the most popular dish here? 여기서 가장 인기 있는 메뉴가 뭐예요?

  = What's the most popular item on the menu?

  Can I get the dessert menu, please? 디저트 메뉴판 좀 볼 수 있나요?

  각 식당의 '시그니처 메뉴', 즉 '대표 요리'는 signature dish라고 해요. signature는 '서명'이라는 뜻 외에 '대표하는, 특징 짓는'의 뜻으로도 쓰입니다.

  You should definitely try the chef's signature dish at this restaurant. 이 식당에서는 주방장 시그니처 메뉴를 꼭 먹어 봐야 해.

  Her signature runway walk has become iconic in the fashion industry. 그녀의 시그니처 런웨이 워킹은 패션 업계에서 아이콘이 됐어.

  → iconic: 아이콘이 되는

- **check on vs. check out**

  check on과 check out 둘 다 '확인하다'여서 종종 헷갈릴 수 있는데요. check on이 '(이상이 없는지) 확인하다'라면, check out은 '(흥미로운 것을) 확인하다'의 뜻입니다.

  I'll go and check on the baby while you cook.
  자기가 요리하는 동안, 난 가서 아기 좀 살펴볼게.

  You should definitely check out the café. It's really nice!
  그 카페 꼭 가 봐. 진짜 좋아!

- **come out**

  come out은 '(음식이) 나오다'라는 뜻 외에, 정말 다양한 의미로 쓰입니다. '(제품, 영화, 책 등이) 공개되다', '(얼룩이) 빠지다', '(말이) 나오다' 등을 의미해요.

  When does the new season of the drama come out?
  그 드라마 새 시즌 언제 공개돼?

  This red wine stain won't come out! 이 레드와인 얼룩이 안 빠져!
  → stain: 얼룩　　won't: (사물이) 고집스럽게 ~하지 않는다 (미래 용법 아님)

  I didn't mean to say that. It just came out!
  그걸 말하려던 건 아니었어. 그냥 튀어나왔어!

  → I didn't mean to ~: ~할 의도는 아니었다

● **지금도 진행 중이면 '현재완료 진행형'**

현재까지 영향을 미치는 과거의 행위나 사건이 지금도 진행 중임을 표현하고 싶다면, '현재완료 진행형(have/has + been + Ving)'을 사용해 보세요.

I've been binge-watching that show on Netflix for four hours.
4시간 동안 넷플릭스에서 그 프로그램 정주행 중이야.

→ binge-watch: (프로그램을) 정주행하다, 몰아서 보다   show: 프로그램

'현재완료'가 '완료된 결과'에 초점을 둔다면, '현재완료 진행'은 '진행 중인 동작'에 초점을 둡니다.

She's cooked all this food.
그녀가 이 모든 음식을 다 요리했어. (완료된 결과)

She's been preparing all this food since this morning.
그녀가 오늘 아침부터 이 모든 음식을 준비 중이야. (진행 중인 동작)

다음 문장을 앞서 배운 표현을 활용해 영어로 말하고 써 보세요.   MP3 102   정답은 p. 311

1   그 프로젝트 언제 끝냈어?

____

2   우린 아직 결정 못 했어.

____

3   비가 5시간 동안 내리고 있어.

____

MP3 **103**

다음 문장의 별색 표현을 영어로 어떻게 바꿀지 생각해 보세요.

(1) 오늘 밤 저녁 먹으러 친구들 **만날 거야**.

(2) 네가 전화했을 때 난 **샤워하고 있었어**.

(3) 왜 **갑자기** 나한테 **잘해 주는 거야**?

결정적 키워드 1　　미래의 확정된 일정·약속은 '현재진행형'

- 가까운 미래에 할 일로 정해진 일정은 '현재진행형'을 사용합니다. will로 나타내는 '단순 미래' 시제가 주로 '확정되지 않은 일정'에 쓰인다면, '현재진행형'은 바뀔 일이 거의 없는 '확정된 일정/약속'을 나타냅니다.

We'll probably have a meeting soon.
조만간 회의가 있을 예정이에요. (회의가 확정되지 않음)

We're having a meeting at 10 a.m. tomorrow.
내일 오전 10시에 회의가 있어요. (회의가 확정됨)

결정적 키워드 2　　과거 특정 순간에 진행 중이던 동작은 '과거진행형'

- 과거 특정 순간에 진행 중이던 동작은 '과거진행형'을 씁니다. 한 문장에 '단순 과거'와 '과거진행형'이 동시에 쓰이는 경우가 많아서, 막상 문장을 내뱉을 때 헷갈리는 경우가 많아요. 하지만 과거의 특정 순간(과거형)에 진행 중이던(과거진행형) 것, 이것만 꼭 잡고 있으면 술술 말할 수 있습니다.

I was sleeping when the alarm went off.
알람이 울렸을 때, 난 자고 있었어. (자고 있는데 알람이 울렸다는 뜻)

→ go off: (벨, 알람 등이) 울리다

We were having dinner when the power went out.
정전됐을 때, 우린 저녁 먹고 있었어. (저녁 먹고 있는데 정전됐다는 뜻)

→ power: 전력, 전기　　go out: (전기 등이) 나가다

- 원래 못된 성격인데, 오늘따라 유독 잘해 주는 것처럼 행동이나 성격의 갑작스러운 변화를 원어민들은 보통 진행형으로 표현합니다. '일반적인 성격이나 성향'은 '단순 시제'를, '일시적인 행동 변화'는 '진행형'을 사용하세요.

Why are you so stubborn? 왜 그렇게 고집이 세? (원래 성격)

→ stubborn: 고집 센

Why are you being so stubborn?

왜 갑자기 그렇게 고집을 부려? (원래는 안 그런데 일시적인 행동 변화를 표현)

정답 확인

(1) I'm meeting my friends for dinner tonight.

(2) When you called, I was taking a shower.

(3) Why are you being nice to me?

Ⓥ **Voca Tips**

- **3-on-3 blind date**

  '만나다'는 meet이고, 이것에 -ing를 붙인 게 meeting입니다. meeting은 '회의'라는 뜻이지만, 우리말의 '미팅'은 '여러 명이 하는 소개팅'을 의미하기도 하는데요. 그럼, '3대 3 미팅'은 어떻게 말할까요? '소개팅'을 의미하는 blind date를 활용해 3-on-3 blind date라고 표현합니다.

  ## We're going on a 3-on-3 blind date this Friday.

  이번 주 금요일에 우리 3대 3 미팅 하러 가.

  → go on a date: 데이트하러 가다

- **go off**

  '알람'이나 '경보'가 울릴 때, go off 구문을 씁니다. 어떤 것에서 분리돼 멀어질 때 off를 사용하는데요, 알람이나 경보가 멀리(off) 퍼져나가는(go) 이미지를 떠올려 활용해 보세요.

  ## My alarm goes off at 6 a.m. every morning.

  매일 아침 6시에 알람이 울려.

  ## The fire alarm suddenly went off in the middle of the night.

  화재 경보가 한밤중에 갑자기 울렸어.

  → in the middle of the night: 한밤중에

● 반복되는 행동으로 짜증이 날 때도 '현재진행형'

상대방의 반복되는 행동으로 짜증이 날 때, 원어민들은 '진행형'을 사용해 이 감정을 표현합니다. '현재' 시제가 단순한 사실을 표현한다면, '현재진행형'은 반복되는 행동으로 인한 짜증을 내포하는 것이죠. 이때 함께 자주 쓰이는 표현이 always입니다. always와 현재진행형의 조합은 '맨날 그래서 짜증 난다'의 의미로 상당히 많이 쓰입니다.

He always complains about everything.
그는 항상 매사에 불평을 해. (단순 사실만 전달하며 그것에 대한 화자의 심정은 전해지지 않음)

He's always complaining about everything.
그는 항상 매사에 불평불만이야. (그것 때문에 짜증이 난다는 것을 전달)

다음 문장을 앞서 배운 표현을 활용해 영어로 말하고 써 보세요.　　　　MP3 104 　정답은 p. 311

1　이번 주말에 나 부모님과 저녁 먹을 예정이야.

____

2　네가 전화했을 때 나 자고 있었어.

____

3　왜 갑자기 그렇게 심각하게 굴어?

____

다음 문장의 별색 표현을 영어로 어떻게 바꿀지 생각해 보세요.

(1) 돈이 **많으면**, 페라리를 **살 텐데**.
(2) 내가 **택시를 탔으면**, 제시간에 **도착했을 텐데**.
(3) 제인이랑 **결혼했으면**, 우린 지금쯤 애가 셋일 **텐데**.

결정적 키워드 1 　현재 사실과 반대되거나, 가능성이 작을 때 '가정법 과거'

- 가정법, '이러면 어떨까? 저러면 이럴 텐데'처럼 가정할 때 쓰는 용법입니다. 그중에서도 가정법 과거는 '현재 사실과 반대되거나 가능성이 작은 일'에 쓰입니다. 그럼, 가정법 과거의 과거는 도대체 어디서 온 건가 싶은데요, 다음 공식의 '동사 과거형'에서 온 거라고 보시면 됩니다.

If + 주어 + 동사 과거형, 주어 + would/could/might + 동사원형

If Jane didn't have a boyfriend, I would ask her out.
제인이 남자 친구가 없으면, 내가 데이트 신청할 텐데.
(현재 사실의 반대 - 현재 제인에게 남자 친구가 있어서 데이트 신청을 할 수 없다는 의미)
→ ask 사람 out: ～에게 데이트 신청하다

If I won the lottery, I would quit my job right away.
복권에 당첨되면, 당장 직장 때려치울 텐데. (낮은 가능성 - 복권 당첨 가능성 작음)

- 가정법 과거에서 be동사는 주어가 무엇이든 상관없이 were를 사용합니다. If I were you(내가 너라면), If she were here(그녀가 여기 있다면)처럼요. 이렇게 주어와 어긋나는 were를 사용함으로써, '비현실적인 상황'을 강조하는 효과가 있어요. 문법적으로는 If I were ～가 맞지만, 일상 회화에서는 If I was ～도 자주 쓰입니다.

If I were single, I would probably adopt a dog.
내가 싱글이면, 강아지를 입양할 텐데. (문법적으로 맞는 문장)
→ adopt: 입양하다

If I was single, I would probably adopt a dog.

내가 싱글이면, 강아지를 입양할 텐데. (일상 회화에서 사용 가능)

결정적 키워드 2 ■■■■■ 과거와 반대되는 상황은 '가정법 과거완료'

● 과거와 반대되는 상황을 가정할 때는 '가정법 과거완료'를 씁니다. 가정법 과거완료에서 과거완료는 다음 공식의 [had + p.p.]에서 온 것이지요. 주로 '과거 사실에 대한 후회'를 나타낼 때, 가정법 과거완료를 사용합니다.

If + 주어 + had + p.p., 주어 + would/could/might + have + p.p.

If I had taken that job offer, I would have had a better salary.

그 일자리를 받아들였더라면, 더 괜찮은 연봉을 받았을 텐데.
(일자리를 받아들이지 않은 사실에 대한 후회)

If I had told him how I felt, things might have been different.

그에게 내 감정을 말했더라면, 상황이 달라졌을 텐데. (감정을 말하지 않은 사실에 대한 후회)
→ things: 상황

결정적 키워드 3 ■■■■■ 과거의 일이 현재 영향을 미칠 때는 '혼합 가정법'

● 과거에 있었던 일이 현재에 영향을 미치고 있다면, '혼합 가정법'을 사용합니다. 두 시제가 섞여 있어서, '혼합 가정법'이라고 부릅니다.

If + 주어 + had p.p., 주어 + would/could/might + 동사원형

If I had won the lottery, I would be retired by now.

복권에 당첨됐다면, 지금쯤 은퇴했을 텐데.
→ by now: 지금쯤

If I had left on time, I would be there by now.

제시간에 출발했더라면, 지금쯤 거기에 도착했을 텐데.

정답 확인

(1) If I had a lot of money, I would buy a Ferrari.

(2) If I had taken a taxi, I would have arrived on time.

(3) If I had married Jane, we would have three kids by now.

Ⓥ Voca Tips

- **ask out vs. go out**

누군가에게 데이트하자고 신청할 때는 나가자고 부탁하는 의미로 ask out이라고 합니다. 그렇게 해서 누군가와 밖으로 나간다는 의미의 go out은 데이트 중이거나 사귀는 사이를 말할 때 씁니다.

I'm thinking about asking Tom out this weekend.
이번 주말에 톰한테 데이트하자고 할까 생각 중이야.

Are you going out with Tom? 너 톰이랑 사귀니?

- **things**

원어민들은 일상 회화에서 '상황'을 things로 표현합니다. situation보다 훨씬 더 자연스러워요.

Let's see how things turn out. 상황이 어떻게 되는지 보자.
→ turn out: (일이 ~ 방식으로) 되다

Things have been really busy lately. 요즘 상황이 엄청 바빴어.

- **by + 시간**

'대략적인 시간' 또는 '마감 시한'을 나타낼 때는 [by + 시간] 구문을 활용해 보세요.

I think he'll call me by this evening. 걔가 오늘 저녁쯤 전화할 것 같아.

Please finish the report by 6 p.m. today. 오늘 오후 6시까지 보고서 끝내 주세요.

- **Ferrari** (브랜드 자체) **vs. a Ferrari** (페라리 한 대)

  고유명사인 Ferrari가 브랜드 자체를 의미할 때는 관사가 필요 없지만, '페라리 자동차 한 대'는 셀 수 있는 명사이므로 a Ferrari라고 합니다. 그래서 '페라리 자동차 한 대를 샀다'를 I bought Ferrari.라고 하면 틀립니다. 이건 '페라리 브랜드 자체를 샀다'라는 의미니까요. a Ferrari라고 해야 합니다.

  Ferrari is known for its high-performance luxury cars.
  페라리는 고성능 럭셔리 자동차로 유명해.

  → be known for ~: ~로 유명하다   high-performance: 고성능의

  I rented a Ferrari for the weekend. 주말 동안 타려고 페라리 한 대를 렌트했어.

다음 문장을 앞서 배운 표현을 활용해 영어로 말하고 써 보세요.   MP3 106   정답은 p. 311

1 내가 너라면, 제인한테 사과할 거야. (apologize)

____

2 더 열심히 공부했더라면, 그 시험에 합격했을 텐데.

____

3 2010년에 비트코인을 샀더라면, 지금쯤 부자일 텐데.

____

CHAPTER 7

문장의 뜻을 좌우하는 동사들

주어진 명사를 활용해, 다음 문장의 별색 표현을 영어로 어떻게 바꿀지
생각해 보세요.

(1) 오랫동안 생각한 후에 **결정을 내렸어요**. (decision)

(2) 우린 그 프로젝트에 대해 **논의했어요**. (discussion)

(3) 우린 어제 루브르 박물관을 **방문했어요**. (visit)

결정적 키워드 1 ━━━ 격식 있는 느낌을 전하는 [동사 + 명사] 형태

- '동사'는 같은 뜻을 지닌 [동사 + 명사] 형태로 쪼개지는 습성이 있습니다.
  decide = make a decision, discuss = have a discussion 식으로 말이죠. 같은
  의미지만 뉘앙스에 약간 차이가 있는데, 다음 두 문장을 비교해 볼까요?

I need to decide what to wear.

뭘 입을지 결정해야 해.

He made a decision to move abroad.

그는 해외로 이주하기로 결정을 내렸어.

일반적이고 빠른 결정은 decide를 사용해요. 입을 옷을 결정하는 데 많
은 시간이 필요하진 않죠? 반면, 좀 더 신중한 결정은 make a decision을
활용합니다. 그래서 decide가 자연스러운 일상적인 표현이라면, make a
decision은 좀 더 격식 있는 표현이므로, 비즈니스나 공식적인 문서에 자
주 쓰입니다.

We need to make a decision before the deadline.

마감 시한 전에 결정을 내려야 합니다.

[make/have/take 동사 + 명사]로 쪼개지는 동사들

이렇게 동사가 같은 의미로 쪼개질 때 make/have/take 등의 동사가 많이 쓰
입니다. 명사 앞에 어떤 동사가 오는지, 필수 표현별로 정리합니다.

make + 명사

decide = make a decision(결정하다)

choose = make a choice(선택하다)

plan = make a plan(계획하다)

promise = make a promise(약속하다)

announce = make an announcement(발표하다)

complain = make a complaint(불평하다)

reserve = make a reservation(예약하다)

have + 명사

discuss = have a discussion(논의하다)

talk = have a talk(이야기하다)

argue = have an argument(논쟁하다)

fight = have a fight(싸우다)

debate = have a debate(토의하다)

experience = have an experience(경험하다)

take + 명사

look = take a look(보다)

walk = take a walk(산책하다)

break = take a break(휴식을 취하다)

act = take action(행동하다)

sit = take a seat(앉다)

breathe = take a breath(숨쉬다)

nap = take a nap(낮잠자다)

[make/have/take 이외의 동사 + 명사]로 쪼개지는 동사들

investigate = conduct an investigation(조사하다)

explain = give an explanation(설명하다)

apologize = offer an apology(사과하다)

visit = pay a visit(방문하다)

agree = reach an agreement(합의에 도달하다)

정답 확인

(1) I made a decision after thinking for a long time.

(2) We had a discussion about the project.

(3) We paid a visit to the Louvre Museum yesterday.

Ⓥ Voca Tips

- **'뭔가를 취하다'의 take**

  take action처럼 '행동/입장/조치'를 취할 때는 take 동사를 사용합니다. take a position/stance(입장을 취하다), take a step/measure(조치를 취하다), take an approach(접근 방식을 취하다) 이렇게 활용해 보세요.

  The government decided to take a strong position on climate change. 정부는 기후 변화에 대해 강력한 입장을 취하기로 했어요.

  The company took steps to reduce costs.
  회사가 비용 절감 조치를 취했어요.

  We decided to take a different approach to data collection.
  우리는 데이터 수집에 다른 방식을 취하기로 했어요.

- **Let's take five!**

  간단한 휴식이 필요할 때, 'Let's take a 5-minute break!(5분만 쉬재!)'라고 말하죠? 더 간단하게 'Let's take five!'라고 줄여 말할 수도 있습니다

  We've been working hard. Let's take five to recharge.
  우리 열심히 일했어요. 5분간 쉬면서 재충전합시다.

  → recharge: 재충전하다

- **decide vs. make a decision**

  make a decision이 decide에 비해 좀 더 격식 있는 느낌을 준다고 했었죠? 엄밀히 말하면 make a decision은 '결정을 내리다'로, 우리말로도 좀 더 격식 있는 느낌입니다. 마찬가지로, agree가 '합의하다'라는 뜻이라면, reach an agreement는 '합의에 도달하다'라는 뜻이에요.

  Our team agreed on the new marketing strategy.
  우리 팀은 새로운 마케팅 전략에 합의했어요.

  Our team reached an agreement on the new marketing strategy.
  우리 팀은 새로운 마케팅 전략에 대한 합의에 도달했어요.

다음 문장을 앞서 배운 표현을 활용해 영어로 말하고 써 보세요.　　MP3 108　정답은 p. 311

1　정부가 중요한 발표를 했습니다. (announcement)

2　자리에 앉아서 차례(turn)를 기다려 주세요. (seat)

3　오랜 논의 끝에 우린 드디어 합의에 도달했어요. (agreement)

다음 문장의 별색 표현을 영어로 어떻게 바꿀지 생각해 보세요.

(1) 사업을 **확대하기** 위해 우린 더 많은 투자가 필요해요.

(2) (통화 중) 내 말 **들려**?

(3) 미안, 널 못 **알아봤어**.

결정적 키워드 1　　철자가 비슷해 뜻이 헷갈리는 동사들

- 철자가 비슷해 뜻이 헷갈리는 동사들이 많습니다. 그중 일상에서 많이 쓰이는 동사들을 다음 예문을 통해 구분해 볼까요?

extend(길이를 연장하다) **vs. expand**(부피를 확대하다)

We decided to extend the deadline by two more weeks.

우리는 마감 시한을 2주 더 연장하기로 했어요.

We're trying to expand our customer base.

우리는 고객층을 확대하려고 노력 중이에요.

→ customer base: 고객층

compliment(칭찬하다) **vs. complement**(보완하다)

His boss complimented him on his excellent presentation.

그의 상사는 그가 프레젠테이션을 멋지게 한 것에 대해 칭찬했어요.

The new features will complement the existing software.

새로운 기능들이 기존의 소프트웨어를 보완할 겁니다.

→ existing: 기존의

insure(보험에 가입시키다) **vs. ensure**(꼭 ~하다, 보장하다)

I need to insure my car before I can drive it.

운전하기 전에 차를 보험에 넣어야 해.

Please ensure that the door is locked before you leave.

떠나기 전에 그 문 꼭 잠가 줘.

● 뜻이 비슷해 헷갈리는 동사들 중 일상에서 많이 쓰이는 것들을 다음 예문을 통해 확실히 구분해 보세요.

hear(무의식적으로 듣다) vs. listen to(집중해서 듣다)

I woke up when I heard a loud noise in the middle of the night.

한밤중에 큰 소리를 듣고 깼어.

I love to listen to jazz music when I relax.

쉴 때 재즈 음악 듣는 걸 아주 좋아해.

doubt(~을 의심하다) vs. suspect(~라고 의심하다)

I doubt she's telling the truth.

걔가 사실을 말하고 있다고는 믿지 않아. (←걔가 사실을 말하고 있는 것을 의심해.)

I suspect she's lying.

걔가 거짓말하고 있다는 의심이 들어. (←걔가 거짓말하고 있다고 의심해.)

recognize(인식하다, 알아보다) vs. acknowledge(인정하다)

Do you recognize the man in this photo?

이 사진 속 남자 알아보겠어?

He acknowledged that he was wrong.

그는 자신이 틀렸다고 인정했어.

deny(부인하다) vs. refuse(거절하다)

He denied having said such a thing.

그는 그런 말을 했다는 걸 부인했어.

→ deny Ving: ~을 부인하다

He refused to join us for dinner.

그는 우리와 함께 저녁 식사하는 걸 거절했어.

정답 확인

(1) We need more investment to expand our business.

(2) Can you hear me?

(3) Sorry, I didn't recognize you.

- **insure**

insure는 '보험에 가입시키다'라는 뜻이에요. 그래서 보험에 가입된 '피보험자'나 '보험 가입자들'은 the insured, '보험 미가입자들'은 the uninsured라고 합니다. [the + 형용사 = 복수 보통 명사]라는 문법이 적용됐어요.

The insurance company is responsible for covering the medical expenses of the insured. 보험 회사는 피보험자의 의료비를 부담할 책임이 있습니다.
→ cover: (비용을) 부담하다

The number of the uninsured in the U.S. has decreased over the past few years. 미국 내 보험 미가입자의 수는 지난 몇 년 동안 감소했어요.

- **in the middle of**

in the middle of는 '(장소/시간/행동의) 한가운데'를 의미하므로, 맥락에 따라 자연스럽게 의역해 보세요.

There's a tree in the middle of the park.
공원 한가운데에 나무가 한 그루 있어. (장소)

I woke up in the middle of the night, feeling thirsty.
한밤중에 목이 말라서 깼어. (시간)

Sorry, I'm in the middle of something right now.
미안, 지금 한창 뭐 하는 중이야. (행동)

- **recognition**

recognize가 '인식하다, 알아보다'라는 뜻이므로, '음성 인식 기술', '안면 인식 기술' 등의 첨단 기술에 이 단어의 명사형 recognition(인식)이 쓰입니다.

Artificial intelligence has greatly improved voice recognition technology. 인공지능 덕분에 음성 인식 기술이 크게 발전했어요.
→ artificial intelligence: 인공지능 (= AI)

Facial recognition technology is used in smartphones for security.
스마트폰에서는 보안을 위해 안면 인식 기술이 사용됩니다.

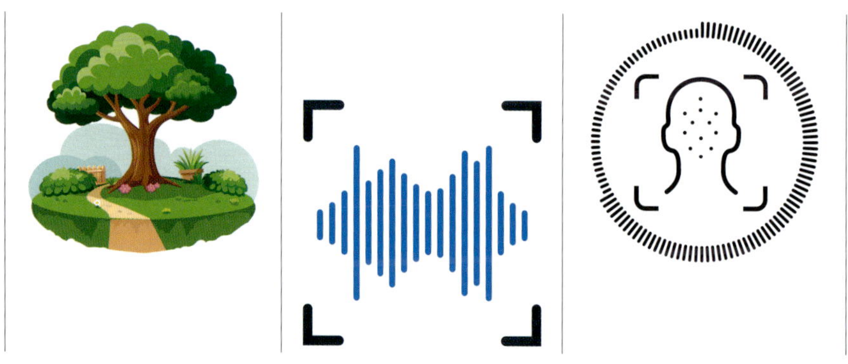

 **Grammar Tips**

- **동명사를 목적으로 취하는 동사 deny**

  keep(계속하다), finish(끝내다), quit(관두다), enjoy(즐기다), consider(고려하다) 등이 동명사를 목적어로 취하는 대표적인 동사인데요, deny(부인하다) 역시 동명사를 목적어로 사용합니다.

  ## The student denied having cheated on the test.

  그 학생은 시험에서 부정행위를 한 것을 부인했어.

  → cheat on the test: 시험에서 부정행위를 하다 (커닝하다)

다음 문장을 앞서 배운 표현을 활용해 영어로 말하고 써 보세요.　　　MP3 110　정답은 p. 312

1　내 말 좀 잘 들어 봐.

____

2　난 그녀의 이야기가 사실이라고 믿지 않아. (doubt)

____

3　난 그 제안을 받아들이는 것을 거절했어.

____

주어진 동사를 활용해, 다음 문장의 별색 표현을 영어로 어떻게 바꿀지 생각해 보세요.

(1) 난 **너라는 사람을 믿어.** (believe)
(2) 옛 친구가 방금 **생각났어.** (think)
(3) 그 사고에 **대해 들었어?** (hear)

결정적 키워드 1 ▬▬▬ 전치사 유무로 달라지는 동사의 의미

- 전치사가 붙으면 원래의 뜻과 달라지는 동사들이 있습니다. 다음 예문을 통해 살펴볼까요?

believe(말을 믿다) **vs. believe in**(능력/인품/가능성 등을 믿다)

I believe you. You don't have to prove it.

난 네 말 믿어. 그거 증명할 필요 없어.

Don't give up! I believe in you!

포기하지 마! 난 네가 해낼 거라 믿어!

think(생각하다) **vs. think of**(~가 떠오르다) **vs. think about**(~에 대해 깊이 생각하다)

What are you thinking? 뭐 생각해?

Every time I hear this song, I think of you.

이 노래 들을 때마다, 네가 떠올라.

I've been thinking about you a lot lately.

요즘 너에 대해 많이 생각해.

hear(듣다) **vs. hear of**(개념/이름/존재에 대해 듣다)
vs. hear about(소식/정보에 대해 듣다)

Haven't you heard? Jenny broke up with her boyfriend.

너 못 들었어? 제니가 남친이랑 헤어졌대.

Have you heard of the concept of sustainability?

지속 가능성이란 개념 들어 봤어?

→ sustainability: 지속 가능성

I'm looking forward to hearing about your wedding plans!

네 결혼식 계획에 대해 듣는 거 기대하고 있어!

→ look forward to Ving: ~을 고대하다

care(신경 쓰다) vs. care for(~을 좋아하다) vs. care about(~에 대해 신경 쓰다, 걱정하다)

I don't care.

난 신경 안 써.

I don't really care for coffee.

난 커피를 별로 좋아하지 않아.

Are you okay? I really care about you.

괜찮아? 정말 네가 걱정돼.

prepare(~을 준비하다) vs. prepare for(~에 대비하다)

Mom is preparing dinner.

엄마 저녁 준비하시는데요.

You should prepare for the worst.

최악의 상황에 대비하는 게 좋겠어요.

정답 확인

(1) I believe in you.

(2) I just thought of an old friend.

(3) Have you heard about the accident?

Voca Tips

- **hear me out**

  동사 hear를 활용해 '내 말 좀 끝까지 들어봐'를 어떻게 표현할까요? '끝까지'를 until the end라고 직역하여 넣으면 문장이 굉장히 어색하게 들려요. 이때는 hear me out 구문을 활용해 보세요.

  I know it sounds crazy, but hear me out.

  말도 안 되는 소리 같겠지만, 내 말 좀 끝까지 들어 봐.

- **break up vs. break up with ~**

  사귀던 연인과 헤어질 때 break up(헤어지다) 구문을 사용하는데요, break up과 break up with ~는 다음과 같은 뉘앙스 차이가 있습니다.

  We broke up. 우리 헤어졌어. (헤어진 결과에 초점)

  I broke up with Tom. 나 톰이랑 헤어졌어. (내가 주도해서 톰과 헤어짐, 즉 톰이 차임)

- **give up on 사람**

  believe in의 반의어로 사람에 대한 기대를 포기할 때는 [give up on 사람] 구문을 사용합니다.

  My parents never gave up on me. 부모님은 나를 절대 포기 안 하셨어.

- **look forward to Ving: 〜을 기대하다**

  look forward to Ving 구문은 비즈니스 이메일에서 '기대감'을 표현할 때 자주 쓰입니다. 회신, 만남, 협업 등을 기대할 때 꼭 사용해 보세요. to부정사의 to가 아니라 전치사의 to라서 뒤에는 동명사나 명사 어구가 온다는 것에 주의하세요.

  I look forward to hearing from you soon.
  곧 답변 주시기를 기대합니다. (회신에 대한 기대감)

  We are looking forward to seeing you at the conference.
  컨퍼런스에서 뵙기를 기대하고 있습니다. (만남에 대한 기대감)

  We look forward to collaborating with your team.
  귀하 팀과의 협업을 기대합니다. (협업에 대한 기대감)

  → collaborate: 협업하다

다음 문장을 앞서 배운 표현을 활용해 영어로 말하고 써 보세요.　　　MP3 112　정답은 p. 312

1　우리 부모님은 항상 날 믿어 주셔.

2　그는 환경에 대해 정말 신경 써. (the environment)

3　나 면접 준비해야 해. (job interview)

be동사를 활용해, 다음 문장의 별색 표현을 영어로 어떻게 바꿀지 생각해 보세요.

(1) (요리하던 중) 소금이 **떨어졌네**.

(2) 우린 **결혼 20년 차예요**.

(3) 저 감기약 **복용 중이에요**. (cold medicine)

결정적 키워드 1 ━━━ 대표적인 ‘상태 동사’ 활용 구문

be out of ~

‘상태/동작 동사’, 머리로는 알아도 막상 말하려고 하면 영어로 잘 안 나옵니다. 우선 be동사를 사용해 상태를 나타낼 수 있는데요, 대표적으로 무엇인가를 다 써서 ‘떨어진 상태’는 be out of ~로 표현해요. 이 상황을 겪는 주체는 ‘사람’이니까, 꼭 사람을 주어로 사용하세요.

We're out of sugar. Can you run to the grocery store and pick up some sugar?

(우리) 설탕이 떨어졌네. 후딱 마트에 가서 설탕 좀 사 올래?

→ pick up: 사다

We're almost out of milk. How about going grocery shopping tomorrow?

우유가 거의 다 떨어졌네. 내일 장 보러 가는 거 어때?

→ go grocery shopping: 장 보러 가다

get married vs. be married

get married가 결혼하는 순간에 초점을 맞춘 ‘결혼하다’의 뜻이라면, have been married는 ‘현재완료’ 시제로 ‘결혼 생활을 유지하고 있다’의 뜻입니다.

A **When did you get married?**

언제 결혼했어?

B **We got married in 2010. We've been married for almost 15 years now.**

2010년에 결혼했어. 지금 거의 결혼 15년 차네.

be on + 약

약을 먹거나 복용할 때는 take 동사를 사용하는데, 먹는다고 해서 eat를 쓰면 안 돼요. eat 동사는 '음식'에만 사용합니다. take 동사가 약을 먹는 행위에 초점을 맞춘 단어라면, 복용 중인 상태는 be on ~으로 표현합니다.

Don't forget to take your medicine.

약 먹는 거 잊지 마.

Are you on any medication right now?

지금 복용 중인 약이 있나요?

정답 확인

(1) We're out of salt.

(2) We've been married for 20 years.

(3) I'm on cold medicine.

Ⓥ Voca Tips

- **supermarket vs. mart**

  요리하다 재료가 떨어져서 급히 사러 갈 때는 보통 마트에 간다고 하죠? 식료품을 주로 취급하는 작은 마트를 영어로는 grocery store라고 합니다. supermarket은 식료품 외에 생필품 등을 취급하는 대형 상점을 지칭하는 표현입니다. mart는 우리가 생각하는 것만큼 일반 명사로는 거의 쓰이지 않고요, Walmart처럼 브랜드 명의 일부로 주로 쓰입니다.

- **be running out of ~**

  be out of ~는 이미 다 떨어진 상태를 나타내요. 그럼, 거의 떨어져 가는 상태를 나타낼 때는 뭐라고 할까요? be running out of ~가 '~가 거의 다 떨어진 상태'를 의미합니다. 운전 중 주유 경고등이 켜질 때가 종종 있는데, 이때는 이렇게 말해 보세요.

  I'm running out of gas. 휘발유가 다 떨어져 가네.

  혹시 저처럼 종종 스마트폰 충전하는 걸 잊어버리시나요?
  My phone is running out of battery. 휴대폰 배터리가 다 떨어져 가네.

  마침내 배터리가 다 떨어져 휴대폰이 꺼지면, 다음과 같이 사망 선고를 하면 됩니다.
  My phone died. 휴대폰이 꺼졌어.

- **I'm engaged!**

  결혼하면 빼놓을 수 없는 표현이 바로 이것입니다. 미국 드라마나 영화를 보면 주인공이 남자 친구에게 프러포즈를 받고 승낙한 후, 친구에게 전화를 걸어 "I'm engaged!"라고 자랑하는데요. 과연 약혼식을 했다는 뜻일까요? 문맥에 따라서는 그렇게도 쓰이지만, 이때는 프러포즈를 승낙했다는 뜻이에요. 톰의 프러포즈를 승낙했다면 이렇게 말할 수 있습니다.

  I'm engaged to Tom. 나, 톰의 프러포즈 승낙했어 (나, 톰이랑 약혼했어).
  → be engaged to ~: ~와 약혼한 상태이다 (with가 아니라 to)

- **'약'의 종류**

  '약'은 medicine 또는 medication이라고 하는데요, medication이 좀 더 공식적이고 의학적인 단어예요. '알약'은 pill, '물약'은 liquid medicine이라고 하는데, 특히 시럽 형태로 된 기침약은 cough syrup이라고 합니다.

  ## I forgot to take my cough syrup this morning.
  오늘 아침에 기침약 먹는 걸 깜빡했네.

G   Grammar Tips

- **결혼 연차(현재완료) vs. 임신 개월 수(현재형)**

  결혼 연차는 '현재완료 시제'를 사용하지만, 임신 개월 수는 '현재 시제'를 사용하는 것이 훨씬 자연스럽습니다. 또, 전치사 with를 사용해 '첫째 아기/남자 아기/쌍둥이' 등을 임신 중임을 나타낼 수 있어요.

  ## My wife is three months pregnant.
  아내가 임신 3개월 차야.

  ## My wife is pregnant with our second baby.
  아내가 둘째 임신 중이야.

  ## My wife is six months pregnant with twins.
  아내가 쌍둥이를 임신해서 지금 6개월 차예요.

다음 문장을 앞서 배운 표현을 활용해 영어로 말하고 써 보세요.　　　　MP3 114　정답은 p. 312

1　우리 화장지 다 떨어졌어. (toilet paper)

____

2　식사 후 이것 복용하세요. (meals)

____

3　그녀는 쌍둥이 임신 중이야.

____

다음 문장의 별색 표현을 영어로 어떻게 바꿀지 생각해 보세요.

(1) 밖이 **어두워지고 있어**.

(2) 그 콘서트가 취소됐을 때, 난 **실망했어**.

(3) 우린 데이팅 앱을 통해 서로 **알게 됐어**.

결정적 키워드 1 ▬▬▬ [get + 형용사]로 상태 변화 표현

- 특정 상황이 점차 변하거나, 감정의 변화가 있을 때 원어민들은 [get + 형용사] 구문을 활용해 표현합니다.

I got better after taking some medicine.
약 좀 먹고 나아졌어.

I always get nervous before giving a presentation.
프레젠테이션하기 전에 항상 긴장돼.

결정적 키워드 2 ▬▬▬ [get to + 동사원형]으로 상황 변화 표현

- 어떤 일이 가능해지거나, 새로운 기회를 얻게 되는 등 상황의 변화가 있을 때 [get to + 동사원형] 구문을 활용해 표현합니다. 우리말로는 '~하게 되다'로 해석해요.

I'm really happy I got to work from home this week.
이번 주에 재택 근무하게 돼서 너무 좋아.
→ work from home: 재택 근무하다

I finally got to visit Switzerland after months of planning.
수개월 동안 계획한 끝에 드디어 스위스를 방문하게 됐어.

(1) It's getting dark outside.

(2) I got disappointed when the concert was canceled.

(3) We got to know each other through a dating app.

Ⓥ Voca Tips

- **[get + 형용사 원급] vs. [get + 형용사 비교급]**

  상태의 변화를 표현할 때, get 다음에 '형용사 원급'이나 '비교급'이 올 수 있는데요, 두 표현에는 뉘앙스 차이가 있습니다.

  It's getting dark.

  어두워지고 있어. (밝은 상태에서 어두운 상태로 변화)

  It's getting darker.

  점점 더 어두워지고 있어. (이미 어두운 상태에서 더 어두운 상태로 변화)

- **have butterflies in one's stomach**

  긴장된 상태는 형용사 nervous로 많이 표현하죠? 중요한 일을 앞두고 긴장되거나 누군가에게 설렐 때, have butterflies in one's stomach 구문도 자주 쓰입니다. 말 그대로 배 속에 나비가 날아다니는 느낌으로 표현하네요.

  I had butterflies in my stomach on my first day at work.

  출근 첫날 너무 긴장됐어.

  I had butterflies in my stomach when John asked me out.

  존이 데이트 신청했을 때 설렜어.

- **work at home vs. work from home**

  work at home과 work from home이 헷갈릴 수 있는데요. work at home이 단순히 '집에서 일하다'의 뜻이라면, work from home은 '재택 근무하다'라는 뜻입니다.

  He usually works at home on weekends.

  그는 보통 주말에 집에서 일해. (업무 시간과 상관없이 밀린 일을 한다든가의 의미)

  He works from home two days a week.

  그는 일주일에 이틀 재택 근무해. (업무 시간을 지켜 사무실에서 일하는 대신 집에서 일한다의 의미)

● **부정적 영향이 미칠 때 쓰는 [get to + 사람]**

get to ~는 뒤에 무엇이 오느냐에 따라서 의미가 많이 달라집니다. [get to + 장소]는 '~에 도착하다'라는 뜻인데요. 여기에서 장소 대신 사람이 와서 [get to + 사람]이 되면 부정적인 상황이 누군가에게 영향을 미친다는 의미입니다. 말 그대로 부정적인 상황이 누군가에게 도착하는 거죠.

We need to leave early to get to the airport on time.
제시간에 공항에 도착하려면 우리 일찍 출발해야 해.

The deadline is starting to get to me.
마감 시한이 내게 영향을 주기 시작했어. → 마감 시한 때문에 스트레스받기 시작했어.

다음 문장을 **get** 동사를 활용해 영어로 말하고 써 보세요.　　MP3 116　정답은 p. 312

1　네가 전화 안 받았을 때 난 걱정됐어. (answer my call)

____

2　그는 자기 사업을 시작한 후 부자가 됐어.

____

3　나 2년 동안 해외에서 공부하게 됐어. (abroad)

____

다음 문장의 별색 표현을 영어로 어떻게 바꿀지 생각해 보세요.

(1) 밖에 날씨가 춥네. 이 재킷 **입어**!

(2) 나 버스 **타는** 중이야.

(3) 우리 엄마는 항상 **남동생 편을 들어**.

결정적 키워드 1 ▬▬▬ 대표적인 '동작 동사' 활용 구문

put on vs. wear

순간의 동작은 '동작 동사'로 표현합니다. 많이 혼동해 쓰는 동사 중 하나가 wear와 put on인데요, wear는 '입다'가 아니라, '입고 있다'라는 뜻이에요. 착용 중인 '상태'를 나타내는 동사죠. 입는 동작은 put on을 사용하는데, 단어 그대로 내 몸 위에(on) 옷을 올려놓는다(put)는 의미입니다.

She's wearing a red dress. 걔 빨간색 원피스 입고 있네.

You should put on a sweater. It's pretty chilly.

스웨터 입는 게 좋겠어. 꽤 쌀쌀해.

→ chilly: 쌀쌀한

교통수단과 함께 쓰는 be 동사 vs. get 동사

교통수단에 이미 탑승한 상태일 때는 be동사, 탑승하거나 하차할 때는 get 동사를 사용해요.

I'm on the train right now. 지금 기차 안이야.

I'm about to get off the train. 곧 기차에서 내릴 거야.

be on one's side vs. take one's side

이미 누군가의 편인 상태는 be on one's side 구문을 사용합니다. 편을 드는 순간을 강조할 때는 take one's side로 표현해 보세요.

Don't worry. He's always on my side. 걱정하지 마. 걔는 항상 내 편이야.

Why didn't you take my side? 왜 내 편 안 들었어?

(1) It's cold outside. Put on this jacket!

(2) I'm getting on the bus.

(3) My mom always takes my brother's side.

Ⓥ Voca Tips 1

- **wear와 put on의 다양한 활용**

동사 wear/put on은 몸에 착용하는 거의 모든 품목에 사용할 수 있는데요. 옷, 신발, 안경, 장갑 외에 화장품, 향수에도 사용할 수 있습니다. put on makeup이 화장하는 동작에 초점을 맞춘 표현이라면, have no makeup on은 화장을 안 한 상태, 즉 '민얼굴'을 의미해요. 참고로 makeup은 불가산 명사입니다.

You smell amazing! What perfume are you wearing?
너 향 끝내 준다! 무슨 향수 뿌렸어?

I usually put on makeup before I leave for work.
나는 보통 출근하기 전에 화장을 해요.

I have no makeup on today. 나 오늘 민얼굴이야.

- **be in ~**

동사 wear는 be in ~으로 바꿔 표현할 수도 있습니다. 착용하는 품목 안(in)에 쏙 들어간다고 기억해 보세요. 참고로, dress를 결혼식이나 시상식에서 입는 화려한 드레스로만 알고 있는데, 일상복으로 입는 원피스도 dress라고 부릅니다.

You look great in jeans. 너 청바지 입으니까 진짜 잘 어울려.

이렇게 안에 쏙 들어가는 것 중에 신발이 있지요. 상대방에게 내 입장이 돼 보라고 할 때, 원어민들은 '내 신발 안에 들어가 봐라'의 뜻으로 put yourself in my shoes라고 표현합니다.

Just put yourself in my shoes. 내 입장이 좀 돼 봐.

- **교통수단 탑승 시 take vs. get vs. ride**

take	교통수단에 탑승하는 것 자체를 의미
get	실제로 탑승하는 동작을 의미 get on: (발을 딛고 설 수 있는 교통수단에) 타다 ↔ get off 내리다 get in: (몸을 굽혀서 안으로 들어가는 교통수단에) 타다 ↔ get out 내리다
ride	(자전거, 오토바이처럼 올라타는 교통수단에) 타다

I take the subway to work. 난 지하철 타고 출근해.

I'm about to get on the plane. 곧 비행기 탈 거야.

Get in the car! 차에 타!

Be careful when you get off the bus. 버스에서 내릴 때 조심해.

I just got out of the taxi. I'll be there in a minute.
방금 택시에서 내렸어. 곧 도착해.

→ in a minute: 곧

I usually ride my bike to school. 주로 자전거 타고 학교에 가요.

Voca Tips 2

- **식당에서 사용하는 side**

side는 '누구누구 편'이라는 뜻 외에 '옆, 부수적인 것, 보조'의 뜻으로도 자주 쓰입니다. 한편으로, 식당에서 주문할 때 유용하게 쓸 수 있는 표현이기도 한데요, 샐러드 주문 시 소스를 따로 요청할 때는 이렇게 말해 보세요.

Can I have the sauce on the side? 소스는 따로 주실래요?

→ on the side: (메인 요리와) 따로, 곁들여서

주요리와 함께 사이드 요리를 주문할 때는 have a side of 구문을 활용해 보세요.

Can I have a side of fries with my burger? 햄버거에 사이드로 감자튀김 주세요.

Grammar Tips

- **데이트 중임을 나타내는 see 동사는 반드시 진행형으로**

see는 '보다'라는 뜻의 상태 동사로, 진행형으로는 잘 사용하지 않아요. 하지만 '데이트하다', '만나다'라는 뜻일 때는 행동을 나타내기 때문에, 반드시 진행형을 사용해야 합니다.

I'm seeing someone, but it's still early. 누군가 만나고는 있는데, 아직 얼마 안 됐어.

다음 문장을 앞서 배운 표현을 활용해 영어로 말하고 써 보세요. <u>MP3 118</u> 정답은 p. 312

1 햇볕이 너무 강하네. 선크림 좀 바르는 게 어때? (sunscreen)

2 방금 비행기에서 내렸어.

3 난 버스 타고 출근해.

다음 문장의 별색 표현을 동사 come을 활용해 영어로 어떻게 바꿀지 생각해
보세요.

(1) **진정한 사랑은** 결코 쉽게 **얻어지지** 않아.

(2) **그 결정은** 몇 시간의 논의 **이후에 내려졌어.**

(3) **그 사고는 충격이었어.**

결정적 키워드 1   '(일, 상황이) 발생하다'의 동사 come

- come이 '오다'의 뜻이므로, 사건이나 기회, 변화 등이 다가오고 발생하는
  맥락에 자주 쓰입니다. '~이 온다'로 직역한 후, 자연스럽게 의역해 보세요.

A good idea came to me.

좋은 아이디어가 내게 왔어. → 나한테 좋은 아이디어가 떠올랐어.

The invitation came unexpectedly.

그 초대는 예상치 못하게 왔어. → 예상치 못하게 초대받게 됐어.

Her success didn't come easy.

그녀의 성공은 쉽게 오지 않았어. → 그녀는 쉽게 성공한 게 아니야.

결정적 키워드 2   '발생하다'의 come을 활용한 다양한 구문들

come as 주어 + 동사: ~할 때 오다

The idea came as I was walking in the park.

그 아이디어는 내가 공원에서 걷고 있을 때 왔어.
→ 공원에서 걷고 있을 때 그 아이디어가 떠올랐어.

come after ~: ~ 이후에 오다

The reward came after years of hard work.

그 보상이 몇 년간의 노력 이후에 왔어. → 몇 년간 노력한 후에 그 보상을 받았어.

→ reward: 보상

come with ~: ~와 함께 오다

Great responsibility comes with power.

큰 책임은 권력과 함께 옵니다. → 권력에는 큰 책임이 따릅니다.

come at a time of ~: ~의 때에 오다

The crisis came at a time of economic recession.

그 위기는 경기 불황의 때에 왔어. → 그 위기는 경기 불황일 때 발생했어.

→ recession: 불황

come at the price of ~: ~의 대가를 치르고 오다

Freedom comes at the price of responsibility.

자유는 책임이라는 대가를 치르고 옵니다. → 자유에는 책임이라는 대가가 따릅니다.

→ price: 대가

come as a shock/surprise/relief, etc.: 충격/놀람/안도로 오다 (감정적인 반응)

The company's bankruptcy came as a shock to its employees.

그 회사의 파산은 직원들에게 충격으로 왔어. → 그 회사의 파산은 직원들에게 충격이었어.

→ bankruptcy: 파산

정답 확인

(1) True love never comes easy.

(2) The decision came after hours of discussion.

(3) The accident came as a shock.

Voca Tips

- **come with**

  come with가 '~와 함께 오다'라는 뜻이라서, '~이 딸려오다, ~이 포함되다'라는 뜻으로도 자주 확장돼 쓰입니다.

  ### This ticket comes with free access to the museum.

  이 표는 박물관 무료 입장과 함께 와. → 이 표에는 박물관 무료 입장이 포함돼.

  ### The phone plan comes with unlimited data.

  그 전화 요금제는 무제한 데이터와 함께 와. → 그 전화 요금제에는 무제한 데이터가 포함돼.

  → phone plan: 전화 요금제

- **경기 침체와 경기 불황 표현들**

  '경기 불황'은 economic recession/downturn/slump 등으로 표현할 수 있어요. 이 외에도 depression이 있는데, 이것은 1930년대의 the Great Depression(대공황)처럼 '극심한 경기 침체'를 나타낼 때 사용합니다.

  ### The company laid off workers due to the economic downturn.

  그 회사는 경기 불황 때문에 직원들을 해고했어.

  → lay off: 해고하다

  ### Many businesses went bankrupt during the Great Depression.

  대공황 시기에 많은 기업이 파산했어.

  → go bankrupt: 파산하다

- **come first**

  우선순위를 나타낼 때 come first를 사용하면, 주어 자리에 오는 것이 '가장 중요하다'의 뜻입니다.

  ## Above all, family comes first.

  무엇보다 가족이 먼저 와. → 무엇보다 가족이 가장 중요해.

  → above all: 무엇보다

  ## When it comes to relationships, trust comes first.

  관계에 있어서 신뢰가 먼저 와. → 관계에 있어서 신뢰가 가장 중요해.

  → when it comes to ∼: ∼에 관해

Ⓖ Grammar Tips

- **[come to + 동사원형]**

  키워드 58에서 '∼하게 되다'를 [get to + 동사원형]으로 표현했었죠? [come to + 동사원형] 역시 '∼하게 되다'라는 뜻인데요, 주로 '인식의 변화'를 나타내기 때문에 come to know/realize/understand(알게 되다/깨닫게 되다/이해하게 되다) ∼와 같은 패턴으로 주로 쓰입니다.

  ## I came to realize that true happiness comes from within.

  진정한 행복은 내면에서 비롯된다는 것을 깨닫게 됐어.

  → from within: 내면에서

  ## I came to understand how hard it is to balance work and life.

  일과 삶의 균형을 맞추는 것이 얼마나 어려운지 이해하게 됐어.

  → balance: 균형을 유지하다

다음 문장을 come 동사를 활용해 영어로 말하고 써 보세요.　　　MP3 120　정답은 p. 312

1　그의 성공은 수년간의 연구 끝에 이뤄졌어. (years of research)

2　그의 결정은 모두를 놀라게 했어.

3　가족이 가장 중요하다는 걸 깨닫게 됐어.

다음 문장의 별색 표현을 동사 get을 활용해 영어로 어떻게 바꿀지 생각해 보세요.

(1) 너 그 농담 **이해했어**?

(2) (친구가 실수로 떨어뜨린 컵이 깨진 걸 보고) **내가 치울게**!

(3) 휴대폰 **수리 맡겼어**?

결정적 키워드 1 ━━━ 만능 동사 get의 다양한 의미

받다, 사다

get 동사는 기본적으로 '받다, 사다'라는 뜻이 있습니다. 다음 예문을 통해 살펴볼까요?

Did you get the email I sent this morning?
오늘 아침에 제가 보낸 이메일 받으셨나요?

Let's get some snacks before the movie starts.
영화 시작하기 전에 간식 좀 사자.

이해하다

일상 대화에서 원어민들은 "I don't get it!" 문장을 많이 쓰는데요, "이해가 안 돼!"라는 뜻입니다. 이때 get은 '이해하다'라는 뜻이에요.

I don't get it! If you like him that much, why don't you just ask him out? 이해가 안 돼! 그렇게 걔가 좋으면, 그냥 데이트 신청하는 게 어때?

I'll get it!으로 활용

get 동사는 문제를 해결하거나, 상황을 처리할 때도 자주 쓰이는데요. 보통 I'll get it! 형태로 활용됩니다. 뜻이 딱 정해져 있는 게 아니라 상황에 따라 달라져요.

(누군가 휴대폰을 떨어뜨렸을 때) **Don't worry, I'll get it!** 걱정 마, 내가 주울게!

(초인종이 울릴 때) **I'll get it!** 내가 문 열게!

(친구의 가방이 너무 무거울 때) **I'll get it for you!** 내가 들어줄게!

- 다음 두 문장을 비교해 보세요.

I fixed my computer.
내가 컴퓨터 고쳤어. (내가 직접 고침)

I got my computer fixed.
나 컴퓨터 수리 맡겼어. (전문가가 고치게 맡김)

[get + 목적어 + 과거분사]는 '목적어가 (~한 상태가) 되게 하다'라는 뜻입니다. 크게 ① 전문가로부터 서비스를 받거나 ② 안 좋은 경험을 했을 때 주로 사용합니다.

I got my hair cut and permed.
나 머리 자르고 파마했어. (미용사에게 서비스를 받음)

I got my computer hacked.
나 컴퓨터 해킹당했어. (해킹을 당한 안 좋은 경험)

정답 확인

(1) Did you get the joke?

(2) I'll get it!

(3) Did you get your phone fixed?

V **Voca Tips**   get을 이용한 유용한 표현들

- **Let's get some fresh air!**

  실내에 오래 있으면 답답한 마음에 "바람 좀 쐬고 오자!"라고 말하는데요, 이때 "Let's get some fresh air!" 문장을 활용해 보세요. '바람'을 직역해서 wind라고 하면, 상당히 어색하게 들려요. 이때 쓰인 get은 '얻다'라는 뜻으로, 원어민들이 무의식적으로 아주 많이 쓰는 표현입니다.

  ### I need to clear my head. Let's get some fresh air!
  머리 좀 식혀야겠어. 바람 좀 쐬고 오자!

  → clear one's head: 머리를 식히다

- **I'll go get him.**

  누군가 과장님을 찾고 있을 때, "I'll go get him(제가 가서 모셔 올게요)."라고 말해 보세요. 이때의 get은 얻다, 즉 '데려오다'라는 뜻입니다. get 다음에 사물이 나오면 '가져오다'라는 뜻이겠죠?

  ### I'll go get my brother. 가서 남동생 데려올게.

  ### I'll go get some water. 가서 물 좀 가져올게.

- **I get that a lot.**

  사람들한테서 종종 듣는 말에 대해 "그런 말 많이 들어"라고 답할 때가 있습니다. 이때 "I get that a lot."이라고 해 보세요. 이때의 get 역시 '얻다'라는 뜻이겠죠?

  A You look like Tom Hanks! 톰 행크스 닮으셨어요!

  B Thanks, I get that a lot. 고마워요. 그런 말 많이 들어요.

Ⓖ Grammar Tips

- **[get + 사람 + to부정사]**

  특정 행동을 하도록 누군가를 설득하거나 유도할 때 [get + 사람 + to부정사] 구문을 활용해 보세요. '~가 ...하도록 하다'라는 뜻입니다.

  I'll get John to call you back later.
  존한테 나중에 너한테 다시 전화하라고 할게.

  This book got me to change my perspective on life.
  이 책이 삶을 바라보는 내 관점을 바꿔놨어.

  → perspective: 관점

다음 문장을 **get** 동사를 활용해 영어로 말하고 써 보세요.　　　　MP3 **122**　정답은 p. 313

1　차 세차 맡겼어.

____

2　가서 수건 가져올게.

____

3　그 영화가 날 울렸어.

____

다음 문장의 별색 표현을 동사 give를 활용해 어떻게 바꿀지 생각해 보세요.

(1) 집까지 **태워다 줄** 수 있어?

(2) **할인해 줄** 수 있나요?

(3) 집에 도착하면 **전화 줘**.

결정적 키워드 1 ▬▬▬▬ 활용도 높은 give me a ~ 구문의 다양한 활용법

give me a ride

회화에서 give me a ~ 구문이 다양하게 활용되는데, 그중 대표적인 것이 '누군가를 태워다 주다'의 [give 사람 a ride]입니다. 예문으로 확인하세요.

Can you give me a ride to the airport? I missed the airport limousine. 공항까지 태워다 줄 수 있어? 공항 리무진을 놓쳤어.

Can you give me a ride home? 집까지 태워다 줄 수 있어?

→ home: 집으로 (home은 부사라서 "Can you give me a ride to home?"은 틀립니다.)

give me a discount/refund

매장에서 할인/환불을 요청할 때도 give me a ~ 구문을 활용할 수 있어요.

Can you give me a discount for paying in cash?
현금으로 결제하면 할인해 줄 수 있나요?

→ pay in cash: 현금으로 결제하다

Can you give me a refund for this? 이거 환불해 줄 수 있나요?

give me a call

전화해 달라고 말할 때도 give me a ~ 구문을 활용해 보세요.

Give me a call anytime if you need someone to talk to.
말할 상대가 필요하면 언제든 전화해.

Give me a call when you get off work. 퇴근할 때 전화해.

→ get off work: 퇴근하다

give me a hug/smile/hand/heads-up

이 외의 give me a ~ 구문의 활용 예문입니다.

Can you give me a hug? I'm feeling a bit down.

좀 안아 줄래? 기분이 좀 우울해.

→ down: 우울한

Come on, give me a smile! Everything will be okay.

자, 좀 웃어 봐! 다 괜찮아질 거야.

Can you give me a hand with these bags?

이 가방들 좀 들어줄래?

→ hand: 도움(의 손길)

Please give me a heads-up if you're going to be late.

늦게 되면 미리 알려줘.

→ heads-up: 미리 알림, 귀띔

정답 확인

(1) Can you give me a ride home?

(2) Can you give me a discount?

(3) Give me a call when you get home.

Voca Tips

- **Give me a break!**

짜증 나거나 쉬고 싶을 때 우리는 "제발 좀!"이라고 상대방에게 종종 말하는데요, 원어민들은 뭐라고 할까요? 바로 우리가 앞서 공부한 give me a 구문을 활용해 "Give me a break!" 문장으로 표현합니다. 말 그대로 좀 쉬게 해달라, 즉 그만하라는 뜻이겠죠?

Give me a break! Stop nagging me! 제발 좀! 잔소리 좀 그만해!

→ nag: 잔소리하다

- **Can you give me 10 percent off?**

매장에서 물건을 10퍼센트 할인해 달라고 요청할 때(give me a discount), discount 앞에 10%를 붙여 "Can you give me a 10 percent discount?"라고 하는 경우가 대부분일 거예요. 이것도 좋은데요, 할인을 의미하는 off를 사용해 "Can you give me 10 percent off?"라고 물어볼 수도 있습니다. off는 '분리'를 나타내기 때문에, 10 percent off는 정가에서 10퍼센트 분리된 금액, 즉 '10퍼센트 할인된 가격'을 의미해요.

If I buy two of these, can you give me 10 percent off?

이거 두 개 사면, 10퍼센트 할인해 줄 수 있나요?

- **pay in cash** vs. **pay by credit card**

  요즘에는 물건을 구매할 때 거의 신용카드나 모바일 결제 시스템을 주로 활용하지만, 여전히 현금 거래도 많이 이루어지고 있습니다. 현금으로 결제할 때는 pay in cash, 신용카드로 결제할 때는 pay by credit card, 또는 pay with a credit card 구문으로 전치사를 달리해서 사용해야 합니다. [by + 수단]에는 보통 관사를 쓰지 않기 때문에, pay by a credit card는 부자연스러운 표현입니다.

  ## Can I pay in cash for this item?

  이 물건 현금으로 결제할 수 있나요?

  ## You can pay your utility bills by credit card.

  신용카드로 공과금 결제 가능해요.

  → utility bills: 공과금

Ⓖ Grammar Tips

- **drive/walk 동사 뒤에 '사람'이 목적어로 오는 경우**

  drive/walk를 활용할 때 '사람'을 목적어로 사용하면 '누군가를 데려다 주다'는 의미로 아주 쉽게 표현할 수 있습니다.

  ## Can you drive me home? I don't feel like driving.

  집까지 태워다 줄 수 있어? 운전하고 싶지가 않네.

  → feel like Ving: ~하고 싶다

  ## Can you walk me home? It's late and I'm scared to walk alone.

  집까지 같이 걸어서 데려다 줄 수 있어? 늦어서 혼자 걷기 무서워.

다음 문장을 **give me** ~ 구문을 활용해 영어로 말하고 보세요.　　　MP3 **124**　정답은 p. 313

1　이 프로젝트 도와줄 수 있어요? (hand)

2　일정이 바뀌면 미리 알려 주세요. (heads-up)

3　제발 좀! 나한테 거짓말 그만해! (break)

MP3 125

다음 문장의 별색 표현을 동사 help를 활용해 어떻게 바꿀지 생각해 보세요.

(1) **설거지 좀 도와줄** 수 있어?
(2) 이 **가방 좀 도와줄** 수 있어?
(3) 2주 전에, 그녀의 **취업 면접을 도와줬어.**

결정적 키워드 1 ━━━ help의 목적어는 '사람'

- 한국어로는 설거지, 숙제, 면접 준비, 보고서 작성 등을 돕는다고 하지만, 영어로는 '사람', 즉 도움을 받는 대상을 도와준다고 표현합니다. 그래서 원어민들은 이런 상황에선 꼭 [help 사람 with 명사] 구문을 활용해 표현하지요.

Can you help me with this report?
이 보고서 좀 도와줄 수 있나요?

[help 사람 with 명사] 구문은 [help 사람 (to) 동사원형]으로 바꿔쓸 수도 있습니다.

Can you help me with this report?
이 보고서 좀 도와줄 수 있나요?

= Can you help me finish/write this report?
이 보고서 끝내는/작성하는 것 도와줄 수 있나요?

He helped me with my presentation.
그 사람이 내 프레젠테이션을 도와줬어.

= He helped me prepare my presentation.
그 사람이 내 프레젠테이션 준비하는 걸 도와줬어.

Can you help me with the kids for a moment?
잠깐 애들 (보는 것) 도와줄 수 있어?

= Can you help me look after the kids for a moment?
잠깐 애들 보는 것 좀 도와줄 수 있어?

→ look after: 돌보다

[help 사람 (to) 동사원형] 구문을 사용하려면, 맥락에 맞는 동사(finish this report, prepare my presentation, look after the kids)를 적절히 골라야 하므로, [help 사람 with 명사] 구문을 더 많이 씁니다. 편리하거든요.

정답 확인

(1) Can you help me with the dishes? (= Can you help me do the dishes?)

(2) Can you help me with this bag? (= Can you help me carry this bag?)

(3) Two weeks ago, I helped her with her job interview.
(= Two weeks ago, I helped her prepare for her job interview.)

Ⓥ Voca Tips

- **give/deliver a presentation**

직장에서는 크든 작든 프레젠테이션을 하는 경우가 많습니다. give/deliver a presentation이 '프레젠테이션하다'라는 뜻이에요.

Yesterday, she gave a presentation on the company's annual performance. 어제 그녀는 회사 연간 실적에 대해 프레젠테이션했어요.
→ performance: 실적

He will deliver a presentation on the research findings next Friday. 그는 다음 주 금요일에 그 연구 결과에 대해 프레센테이션할 예정이에요.
→ findings: (조사, 연구) 결과

- **carrier**

'들다'의 carry의 명사형은 carrier입니다. 캐리어 하면 여행 시 공항에 들고 가는 '캐리어'가 떠오르죠. 이건 suitcase라고 합니다. 이 상황에서 carrier는 콩글리시예요. carrier는 기본적으로 무엇인가를 실어 나르는 것을 의미하기 때문에, 승객이나 화물을 실어 나르는 '항공사'나 통신을 실어 나르는 '통신사'의 뜻으로 많이 쓰입니다.

The number of accidents related to low-cost carriers has been increasing lately.
저가 항공사(LCC)와 관련된 사고 수치가 요즘 증가하고 있어.

→ low-cost carrier: 저가 항공사 ↔ full-service carrier (FSC): 일반 항공사

The mobile carrier offers the fastest 5G service in South Korea.
그 이동 통신사는 한국에서 가장 빠른 5G 서비스를 제공해요.

carrier는 '펫 캐리어'나 '음료 캐리어'라는 뜻으로도 캐주얼하게 쓰입니다.

I got a new pet carrier for my dog.
우리 강아지용 펫 캐리어 새로 샀어.

Can I get a carrier for these drinks?
이 음료 담을 캐리어 하나 주실래요?

- ### I can't help it.

  help가 들어간 문장 표현 중 많이 쓰이는 것이 바로 어떤 상황에 대해 "어쩔 수 없어"라고 할 때 원어민들이 입에 달고 사는 "I can't help it."입니다. 이때 it은 '그 상황' 자체를 지칭해요.

  I can't help it. It's just the way she is.
  어쩔 수 없어. 그냥 걔가 그런 사람인 거야.

G Grammar Tips

- ### 자동사 help

  help가 항상 '~을 돕다'라는 뜻의 '타동사'로만 쓰이지는 않습니다. '도움이 되다(be helpful)'라는 뜻의 '자동사'로도 자주 쓰여요. 자동사라서 뒤에 목적어가 오지 않는다는 것에 주의하세요.

  Thank you for your advice. It really helped.
  충고 고마워. 정말 도움이 됐어.

  Taking some aspirin really helped.
  아스피린을 좀 먹은 게 정말 도움이 됐어.

다음 문장을 help 동사를 활용해 영어로 말하고 써 보세요.   MP3 126   정답은 p. 313

1   내 여행 계획 좀 도와줄래? (travel plans)

____

2   그가 내 지원서를 도와줬어. (application)

____

3   그가 서류 작업 좀 도와달라고 부탁했어. (some paperwork)

____

MP3 **127**

다음 문장의 별색 표현을 동사 see를 활용해 어떻게 바꿀지 생각해 보세요.

(1) **한국은** 지난 10년 동안 엄청난 경제 성장을 **이뤘어**. (tremendous)

(2) **이 도시는** 역사상 최악의 홍수 중 하나를 **겪었어**. (in its history)

(3) **올여름은** 세계 많은 지역에서 심각한 산불이 **발생했어**. (severe wildfires)

결정적 키워드 1　━━━　'장소'를 주어로 사용하는 see

- 동사 see는 '보다'라는 뜻 외에, '경험하다'라는 뜻이 있습니다.

  He has seen a lot in his life. 그는 인생에서 많은 것을 경험했어.

  I've seen both success and failure in my career.
  난 커리어에서 성공과 실패를 모두 경험했어.

- see가 '경험하다'의 뜻일 때 주어로 '장소'가 올 수도 있습니다. 장소가 뭔가를 경험한다는 뜻이므로, 생동감 있게 상황을 묘사하는 느낌이 들지 않나요? 해석은 '경험하다'라는 뜻에 기반해 적절히 의역하시면 됩니다.

  The city saw a rise in crime rates last year.
  그 도시는 작년에 범죄율 증가를 경험했어. → 그 도시는 작년에 범죄율이 증가했어.

  The beach saw an influx of tourists during the summer holidays.
  그 해변은 여름휴가 동안 관광객의 급증을 경험했어. → 그 해변은 여름휴가 동안 관광객이 급증했어.

  → influx: 급증, 유입

결정적 키워드 2　━━━　'시간'을 주어로 사용하는 see

- 이번에는 '시간'을 주어로 사용해, 동사 see가 '경험하다'로 해석되는 예문입니다. 역시 생동감 있게 상황을 묘사하는 느낌을 전합니다.

  The last few years have seen a rise in remote work.
  지난 몇 년은 원격 근무의 증가를 경험했어. → 지난 몇 년간 원격 근무가 증가했어.

  → remote work: 원격 근무

The 21st century has seen rapid technological advancements.

21세기는 급속한 기술 발전을 경험했어. → 21세기에 급속한 기술 발전이 이뤄졌어.

정답 확인

(1) South Korea has seen tremendous economic growth in the past decade.

(2) This city saw one of the worst floods in its history.

(3) This summer saw severe wildfires in many parts of the world.

Ⓥ Voca Tips   see를 활용한 유용한 표현들

- **see a doctor vs. meet a doctor**

  의사에게 진료받을 때 see a doctor라는 표현을 사용하죠? 의사, 치과 의사, 변호사와 같은 전문가에게 진료나 상담받을 때 이렇게 see를 사용합니다. 하지만 학회나 모임처럼 단순히 누군가를 소개받거나 처음 만나는 상황에서는 meet 동사를 사용하세요.

  You should see a doctor as soon as possible.

  가능한 한 빨리 진료받아 봐.

  I met a doctor at the conference. 그 학회에서 의사 한 분을 만났어.

- **see A as B**

  'A를 B로 간주하다'라고 하면 보통 [regard A as B] 구문을 많이 떠올립니다. 이 구문은 격식체이고, regard 대신 see를 쓴 [see A as B] 구문은 부드럽고 일상적인 표현으로 활용도가 정말 높아요.

  People see this technology as a game changer.

  사람들은 이 기술을 게임 체인저로 생각해요.

  → game changer: 게임 체인저 (판도를 바꾸는 것)

- **I saw that coming!**

  예측한 상황이 발생했을 때, "그럴 줄 알았어!"라고 말합니다. 이건 "I saw that coming!" 문장을 활용해 보세요. 말 그대로 그 상황이 오고 있는 걸 이미 봤다는 거죠.

  I wasn't surprised at all. I saw that coming!

  전혀 안 놀랐어. 그럴 줄 알았거든!

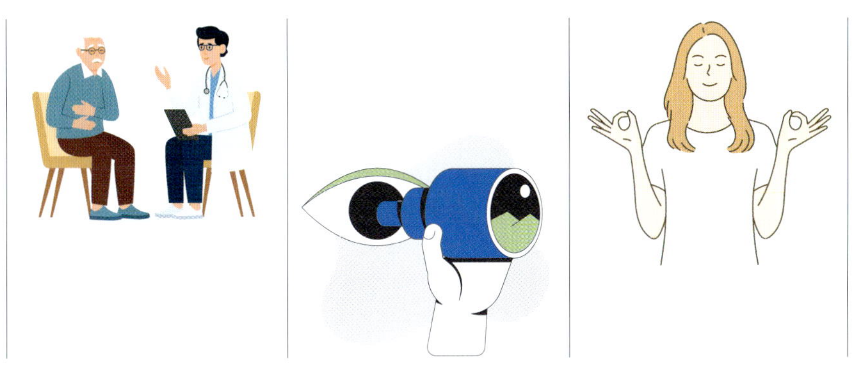

- **fire vs. a fire**

  fire가 '불'의 의미일 때는 불가산 명사이지만, '화재 (사건)'의 뜻일 때는 가산 명사입니다. '산불'은 일반적으로 wildfire라고 하는데요, forest fire가 말 그대로 '숲에 한정된 불'을 지칭한다면, '산불'은 숲을 포함한 자연환경에서 발생하는 불을 포괄적으로 지칭하는 단어로, 활용도가 더 높아요.

  Fire is dangerous. 불은 위험해. (불가산 명사)

  There was a fire in my neighborhood last night.
  어젯밤 우리 동네에 화재가 발생했어. (가산 명사)

  → neighborhood: 동네

다음 문장을 see 동사를 활용해 영어로 말하고 써 보세요.　　　　　　　MP3 128 ｜ 정답은 p. 313

1　그 공원은 이번 주말에 많은 방문객이 찾아왔어.

2　이 도시는 지난 몇 년 동안 많은 변화를 겪었어. (over the past few years)

3　지난 10년은 기술 업계에서 엄청난 성장을 이뤘어. (decade)

다음 문장의 별색 표현을 동사 take를 활용해 어떻게 바꿀지 생각해 보세요.

(1) 그걸 너무 심각하게 **받아들이지** 마.
(2) 그녀는 내 조언을 도움이 되는 제안으로 **받아들였어**.
(3) 네 도움을 **당연시해서** 미안해.

결정적 키워드 1 ▬▬▬ 특정 감정을 갖고 상황을 받아들이는 take

- '받아들이다' 하면 accept가 먼저 떠오르지만, 특정 감정을 갖고 상황을 받아들일 때, 원어민들은 take를 많이 씁니다. 다양한 활용법을 다음 예문을 통해 살펴보세요.

Don't take it too seriously.
그걸 너무 심각하게 받아들이지 마.

Don't take it personally.
너한테 감정 있어서 그러는 거 아냐. (← 개인적으로 받아들이지 마.)

Don't take it the wrong way.
오해하지 마. (← 잘못된 방식으로 받아들이지 마.)

Don't take my advice as criticism.
내 조언을 비난으로 받아들이지 마.

Don't take it to heart.
그걸 맘에 두고 그러지 마.

- [take A for granted]는 'A를 당연시하다'라는 뜻인데요, grant가 '허락하다, 주다'는 의미입니다. 즉 A를 주어진 것, 당연한 것으로 여긴다는 의미지요.

I promise I'll never take you for granted again.
다시는 널 당연시하지 않겠다고 약속할게.

Many people take their health for granted.
많은 사람이 자신의 건강을 당연시해.

정답 확인

(1) Don't take it too seriously.

(2) She took my advice as a helpful suggestion.

(3) I'm sorry for taking your help for granted.

Ⓥ Voca Tips

- **명사로 쓰인 take**

  take는 '명사'로도 쓰이는데요, 이때는 '의견'이라는 뜻입니다. opinion에 비해 더 가볍고 부드러운 느낌이라 일상 대화에서 자주 쓰입니다.

  Hey, what's your take on this?
  이것에 대한 네 의견은 뭐야? → 이것에 대해 어떻게 생각해? (비격식)

  We'd like to hear your opinion on this.
  이것에 대한 당신의 의견을 듣고 싶습니다. (격식)

- **grant**

  grant가 '허락하다, 주다'라는 뜻이라서 명사로 쓰이면 '보조금'을 의미합니다. 정부나 기관 등이 연구 및 비즈니스 활동 등을 지원하기 위해 제공하는 돈이라는 뜻이에요.

  The government approved the research grant for the university.
  정부가 그 대학에 줄 연구 보조금을 승인했어요.

  The government announced a large-scale grant program for small businesses.
  정부가 소규모 사업체를 위한 대규모 보조금 프로그램을 발표했어요.

  → large-scale: 대규모의

- **I didn't mean to hurt your feelings.**

  Don't take it the wrong way(오해하지 마). 뒤에 올 수 있는 찰떡 표현이 바로 이 문장입니다. "기분 상하게 하려는 의도는 아니었어."라는 뜻인데, 동사 mean은 '의미하다'라는 뜻 외에 '의도하다'라는 뜻도 있어요. 이 표현은 간단히 "No offense."라고도 할 수 있는데요, offense는 '화나게 하는 행위'라는 뜻입니다. 즉, 화나게 할 의도가 없었다는 의미겠죠?

I didn't mean to hurt your feelings, but I was just being honest.
기분 상하게 하려는 의도는 아니었어. 그냥 솔직했을 뿐이야.

No offense, but I don't like that restaurant.
기분 상하게 하려는 건 아닌데, 난 그 식당 별로야.

G Grammar Tips

- [take A as B] 구문

  'A를 B로 받아들이다'라는 표현은 「take A as B」로 일상에서 자주 쓰입니다.

  Don't take his joke as an insult.
  그의 농담을 모욕으로 받아들이지 마.

  → insult: 모욕

  We should take this failure as an opportunity to grow.
  우리는 이번 실패를 성장을 위한 기회로 받아들여야 해요.

다음 문장을 take 동사를 활용해 영어로 말하고 써 보세요. MP3 130 정답은 p. 313

1 넌 비판을 너무 심각하게 받아들이는 경향이 있어. (tend to)

2 네 친구들을 당연시하지 마.

3 나는 그녀의 조언을 가치 있는 교훈으로 받아들였어. (lesson)

CHAPTER 8

영어 감각을 살리는
전치사·부사 사용법

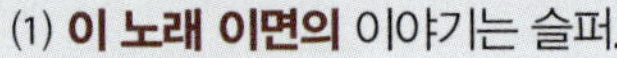

MP3 131

다음 문장의 별색 표현을 전치사 behind를 활용해 영어로 어떻게 바꿀지 생각해 보세요.

(1) **이 노래 이면의** 이야기는 슬퍼.
(2) 그 **범죄의 배후에** 누가 있어?
(3) 우린 **너의 결정을 지지해**.

결정적 키워드 1 ▬▬▬ 이면/배후를 나타내는 전치사 behind

- behind는 '~의 뒤에'라는 원 뜻이 있습니다. 그래서 어떤 사건이나 개념의 이면, 배경, 배후 등을 나타낼 때 전치사 behind를 사용할 수 있는데요, 이 개념만 알면 의외로 쉽게 문장을 만들고 이해할 수 있어요.

The police investigation revealed the truth behind the crime.
경찰 조사가 그 범죄 이면의 진실을 밝혀냈어요.
→ investigation: 조사

The police are trying to find out who is behind the fraud.
경찰이 그 사기 배후에 누가 있는지 알아내려고 하고 있어요.
→ fraud: 사기

- 전치사 behind에는 사건이나 상황의 배후를 나타내는 부정적인 뉘앙스뿐만 아니라, 어떤 일을 주도하거나 책임지는 긍정적인 뉘앙스도 있습니다.

The company behind the project is known for its innovative technology.
그 프로젝트를 추진한 회사는 혁신적인 기술로 유명해요.
→ be known for ~: ~로 유명하다   innovative: 혁신적인

The organization behind this event is involved in many charity projects.
이 행사를 주관한 조직은 많은 자선 프로젝트에 참여하고 있어요.
→ be involved in ~: ~에 참여하다   charity: 자선

- behind의 기본 의미가 '뒤에'라는 뜻이라고 했죠? 뒤에서 등을 받쳐주며 지지하는 이미지로 기억해 보세요.

Don't worry. We're always behind you.
걱정하지 마, 우린 항상 너를 지지해. (← 네 뒤에 있어)

The government is behind the project, providing financial support.
정부가 재정적 지원을 제공하며, 그 프로젝트를 지원하고 있어요.

정답 확인

(1) The story behind this song is sad.

(2) Who's behind the crime?

(3) We're behind your decision.

Voca Tips

- **find vs. find out**

동사 find와 find out이 종종 헷갈리죠? find는 물건을 찾거나 대상을 발견할 때, find out은 몰랐던 사실을 알게 될 때 사용합니다.

I can't find my car keys. 차 열쇠를 못 찾겠어.

He found out the truth about the situation.
그는 그 상황에 대한 진실을 알게 됐어.

- **be involved in**

be involved in ~ 구문은 '~에 참여하다'라는 뜻 외에 '~에 연루되다'라는 부정적인 뉘앙스로도 쓰입니다.

The company is involved in the development of new software solutions. 그 회사는 새로운 소프트웨어 솔루션 개발에 참여하고 있어요.

The CEO is involved in the fraud scandal.
CEO가 사기 스캔들에 연루되어 있어요.

- **behind bars**

범죄 소식을 다룰 때 자주 등장하는 표현으로 behind bars가 있습니다. '수감 중인'이란 뜻이에요. 교도소의 쇠창살들(bars) 뒤에 갇혀 있다는 의미겠죠?

He's behind bars for accepting bribes.
그는 뇌물 수수로 수감 중이에요.

→ bribe: 뇌물

- **지지/도움을 나타내는 back**

  전치사 behind가 뒤에서 등을 받쳐주며 지지하는 의미라고 했습니다. 흥미롭게도 '등'을 의미하는 back을 사용해, 지지나 도움을 표현할 수도 있어요. 그때 많이 쓰는 표현이 I've got your back.으로, '나는 네 편이야/내가 도와줄게'의 뜻입니다.

  You're not alone in this. I've got your back.
  이 상황에서 넌 혼자가 아니야. 난 네 편이야.

  Don't worry about this presentation. I've got your back.
  이번 프레젠테이션 걱정하지 마. 내가 도와줄게.

다음 문장을 전치사 **behind**를 활용해 영어로 말하고 써 보세요.　　　　MP3 132　정답은 p. 313

1　그 미스터리 이면의 진실은 곧 밝혀질 겁니다. (reveal)

2　이 행사를 주관하는 팀이 열심히 일하고 있어요.

3　우리는 그 새로운 정책을 지지합니다.

MP3 133

다음 문장의 별색 표현을 전치사 for를 활용해 영어로 어떻게 바꿀지 생각해 보세요.

(1) 명단에 이름이 **있는지 확인해** 보세요.

(2) 그 의사가 코로나19 **검사를 했어요.**

(3) 나이에 **비해** 젊어 보이시네요.

결정적 키워드 1 ━━━━ 있나 없나 '확인'을 나타내는 전치사 for

- '~을 위해'라는 뜻으로 알고 있는 전치사 for는 check(확인하다)/watch(조심하다)/scan(검사하다)/test(시험하다) 같은 동사와 결합하면 '~의 유무'를 나타냅니다. 다음 예문으로 확인해 보세요.

Check for software updates regularly to keep your device secure.

기기를 안전하게 유지하기 위해, 정기적으로 소프트웨어 업데이트 여부를 확인하세요. (업데이트 관련 사항이 있는지 없는지 확인하다의 의미)

→ device: 기기

Watch out for cars before crossing the street.

길 건너기 전에 차 조심해. (차가 오는지 안 오는지 조심하다의 의미)

→ watch out: 조심하다

This software scans for viruses.

이 소프트웨어는 바이러스 유무를 검사합니다.

→ scan: 검사하다

The doctor tested for high blood pressure.

의사가 고혈압 유무를 검사했어요.

→ high blood pressure: 고혈압

결정적 키워드 2 ━━━━ '~치고는/~에 비해'라는 뜻의 전치사 for

- 전치사 for는 '~치고는/~에 비해'라는 뜻도 있습니다. 예문으로 살펴보세요.

Jane is quite tall for a 9-year-old.

제인은 9살치고는 꽤 커.

He speaks English well for someone who just started learning.
걘 막 배우기 시작한 사람치고는 영어를 잘해.

This laptop is a great deal for the price. You won't find anything better.
이 노트북은 가격에 비해 정말 가성비가 좋아요. 더 나은 건 못 찾을 겁니다.

→ deal: 거래, 가성비 좋은 물건

정답 확인

(1) Please check for your name on the list.

(2) The doctor tested for COVID-19.

(3) You look young for your age.

(V) Voca Tips

- **'명단'과 관련한 put on vs. take off**

  명단에 이름이 있는지 확인하는 게 check for라면, 명단에 이름을 올리거나 뺄 때는 어떤 표현을 쓸까요? 이때는 옷을 입거나(put on), 벗는(take off) 것과 동일한 패턴을 사용합니다.

  Please put my name on the list.
  제 이름 명단에 올려 주세요.

  = Please put me on the list.

  Please take my name off the list.
  제 이름 명단에서 빼 주세요.

  = Please take me off the list.

- **device**

  휴대폰, 노트북, 태블릿처럼 일상에서 유용하게 사용하는 '전자 기기'를 electronic device라고 해요. 편리성을 위한 '휴대용 기기'는 portable device라고 합니다.

  Most electronic devices need to be charged every few hours.
  대부분의 전자 기기는 몇 시간마다 충전이 필요해.

  → charge: 충전하다

  This portable device has a long battery life.
  이 휴대용 기기는 배터리 수명이 길어.

  → battery life: 배터리 수명

- **a steal**

  어떤 물건을 굉장히 저렴한 가격에 구매했을 때, "거저나 마찬가지야!"라고 하죠? 이때는 a steal을 활용해 표현해 보세요. 훔친 거나 다름없다는 뜻이겠죠?

  I bought this bag for just $25 at a thrift store. What a steal!
  이 가방을 중고 매장에서 단돈 25달러에 샀어. 거저나 마찬가지야!

  → thrift store: 중고 매장

- [check/watch/scan/test + 목적어 + for ~]

  [check/watch/scan/test for ~] 구문에서 목적어를 사용할 때는 [check/watch/scan/test + 목적어 + for ~] 구문을 활용해 보세요. 목적어가 생겨도 전치사 for는 그대로 씁니다.

  The doctor tested for high blood pressure.
  의사가 고혈압 유무를 검사했어요.

  The doctor tested me for high blood pressure.
  의사가 제 고혈압 유무를 검사했어요.

다음 문장을 전치사 **for**를 활용해 영어로 말하고 써 보세요.　　　　　MP3 **134**　정답은 **p. 314**

1 이 보고서에 실수가 있는지 확인해 주세요. (any mistakes)

____

2 우리는 이 소프트웨어에 오류가 있는지 테스트해 봐야 해요. (any errors)

____

3 이건 저예산 영화치고는 정말 좋았어. (low-budget movie)

____

MP3　135

주어진 동사와 전치사 from을 활용해 다음 문장의 별색 표현을 영어로 어떻게
바꿀지 생각해 보세요.

(1) 비 때문에 우리는 야구를 **못 했어**. (keep)

(2) 마스크 착용은 사람들이 병에 걸리는 것을 **막아 줍니다**. (prevent)

(3) 높은 교육비 때문에 많은 부부가 아이 낳는 것을 **단념해요**. (discourage)

결정적 키워드 1 ■■■■ 행동을 막는 동사 뒤에 오는 전치사 from

- '~가 ...하는 것을 막다'라는 뜻의 활용도가 매우 높은 구문이 있습니다. 바로 [deter/keep/prevent/stop A from Ving]인데요. 예문을 통해 확인해 볼까요?

Fear of failure deters us from pursuing our dreams.

실패에 대한 두려움이 우리가 꿈을 추구하는 것을 막습니다.

The heavy rain kept me from going outside.

폭우가 내가 밖으로 나가는 것을 막았어요. → 폭우 때문에 난 밖에 못 나갔어요.

→ heavy rain: 폭우

Sunscreen prevents your skin from getting sunburned.

자외선 차단제는 피부가 햇볕에 타는 것을 막아 줍니다.

→ sunscreen: 자외선 차단제　　get sunburned: 햇볕에 타다

Nothing can stop us from loving each other.

아무것도 우리가 서로 사랑하는 것을 막을 수 없어.

결정적 키워드 2 ■■■■ ban/prohibit/discourage A from Ving 구문

- '금지하다'라는 뜻의 ban이나 prohibit, '단념시키다'를 의미하는 discourage 역시 [ban/prohibit/discourage A from Ving] 구문을 사용합니다.

The city banned tourists from entering the park after dark.

그 도시는 관광객들이 해진 뒤에 그 공원에 들어가는 것을 금지했어요.

→ after dark: 해진 뒤에

The university prohibits students from smoking on campus.

그 대학은 학생들이 캠퍼스에서 흡연하는 것을 금지합니다.

→ on campus: 캠퍼스에서

The company discourages its employees from working overtime.

그 회사는 직원들이 초과 근무하는 것을 단념시킵니다. → 그 회사는 직원들이 초과 근무하지 않도록 권장합니다.

→ work overtime: 초과 근무하다

정답 확인

(1) The rain kept us from playing baseball.

(2) Wearing a mask prevents people from getting sick.

(3) High educational costs discourage many couples from having children.

Voca Tips

- **[동사 + 목적어 + from Ving] vs. [동사 + 목적어 + to + 동사원형]**

행동을 막거나 사기를 꺾는 의미의 동사와는 from Ving을 쓰는 반면, allow/permit(허락/허가하다), encourage(격려하다), persuade(설득하다), promise(약속하다) 동사처럼 '허락, 격려, 설득, 약속' 등의 동사와는 [to + 동사원형]을 주로 사용합니다.

The campaign encourages people to reduce their use of plastic.

그 캠페인은 사람들이 플라스틱 사용을 줄이도록 독려합니다.

My husband persuaded me to take the job offer.

남편이 내가 일자리 제의를 받아들이도록 설득했어.

- **ban**

ban이 명사로 쓰이면 '금지'라는 뜻인데요, impose a ban on ∼(∼에 금지를 내리다), lift a ban on ∼(∼에 대한 금지를 해제하다), 이 두 가지 구문이 자주 활용됩니다. impose는 '(부담스러운 것을) 부과하다'라는 뜻이고, lift는 '들어 올리다'라는 뜻이니까, 금지를 들어 올리다, 즉 '해제하다'라는 의미가 되지요.

The city imposed a ban on the use of plastic straws.

그 도시는 플라스틱 빨대의 사용을 금지했어요.

→ straw: 빨대

The city lifted a ban on the use of plastic straws.

그 도시는 플라스틱 빨대 사용 금지를 해제했어요.

- **날씨와 관련한 heavy**

  날씨와 관련해 heavy 형용사가 많이 활용되는데요, heavy rain(폭우), heavy snow(폭설), heavy fog(짙은 안개), heavy winds(강풍) 이렇게 활용해 보세요.

  Heavy fog caused several accidents on the highway.
  짙은 안개 때문에 고속도로에서 사고가 여러 개 났어요.

ⓖ Grammar Tips

- **[on + 땅/섬]**

  on campus(캠퍼스에서)와 같이 장소 앞에 전치사 on이 오는 경우가 꽤 많습니다. 많이 활용되는 표현으로 on land(육지에서), on U.S. soil(미 영토에서), on the farm(농장에서), on the street(거리에서), on the island(그 섬에서), on the Korean Peninsula(한반도에서) 등이 있어요. '땅/섬 위'라고 기억해 보세요.

  There are many beautiful beaches on the island.
  그 섬에는 아름다운 해변이 많아.

  There are many historical sites on the Korean Peninsula.
  한반도에는 유적지가 많이 있어요.

  → historical site: 유적지

다음 문장을 전치사 **from**을 활용해 영어로 말하고 써 보세요.　　MP3 136　정답은 p. 314

1　눈 때문에 우리는 학교에 못 갔어. (keep)

2　그는 휴대폰 사용이 금지됐어. (ban)

3　부모님이 내가 직장을 그만두는 걸 단념시키셨어. (discourage)

다음 문장의 별색 표현을 전치사 in을 활용해 영어로 어떻게 바꿀지 생각해 보세요.

(1) 그녀는 **불과 몇 개월 만에** 많은 돈을 저축했어.

(2) **십 년 만에 처음으로** 하와이에 갔어.

(3) **십 분 후에** 다시 전화할게.

결정적 키워드 1 ━━━ '~ 만에'라는 뜻의 전치사 in

- 기간을 나타내는 '~ 만에'는 전치사 in으로 표현합니다. '~ 만에 처음으로' 는 for the first time in ~, '인생 처음으로'는 for the first time in one's life 구문을 사용해요.

She got promoted just in a few months after joining the company.

그녀는 회사에 입사한 지 불과 몇 개월 만에 승진했어.

→ promote: 승진시키다

They met for the first time in two years.

그들은 2년 만에 처음으로 만났어.

I fell in love for the first time in my life.

내 인생 처음으로 사랑에 빠졌어.

→ fall in love: 사랑에 빠지다

결정적 키워드 2 ━━━ 미래 시제의 '~ 후에'도 in

- 미래 시제의 '~ 후에' 역시 전치사 in으로 표현하세요. '후에'라는 뜻 때문에 after를 쓰는 분들도 있는데, after는 특정한 기준 시점 이후의 시간을 나타 냅니다.

Dinner will be ready in 10 minutes.

저녁 식사는 10분 후에 준비될 거야.

The package will be delivered in three days.

택배가 3일 후에 배송 예정입니다.

→ package: 택배

정답 확인

(1) She saved a lot of money just in a few months.

(2) I went to Hawaii for the first time in ten years.

(3) I'll call you back in ten minutes.

Ⓥ Voca Tips

- **first가 들어간 다양한 숙어들**

At first, I thought he was single, but it turns out he's married.
처음에는 그가 싱글인 줄 알았는데, 알고 보니 결혼했더라고. (처음 생각과는 다른 반전이 언급됨)

First of all, let me introduce myself.
우선, 제 소개를 하겠습니다.

Why did you lie to me in the first place?
애초에 왜 나한테 거짓말했어?

- **전치사 in과 짝꿍처럼 쓰이는 단어들 1**

전치사 in과 착 붙어서 짝꿍처럼 쓰이는 단어들이 있습니다. 바로 '신뢰/믿음'을 나타내는 belief/confidence/faith/trust 다음에 대상이 나올 때 전치사 in을 사용하는데요. 그 대상 '안'에 신뢰나 믿음을 갖는다고 기억해 보세요.

I have a strong belief in myself.
나 나 자신에 대한 강한 믿음이 있어. → ㅣㅏ 자신이 능력이 있고, 해낼 수 있을 기리고 믿어.

I have faith in the future of the company.
난 그 회사 미래에 대한 믿음이 있어.

- **전치사 in과 짝꿍처럼 쓰이는 단어들 2**

detail 역시 in을 짝꿍처럼 붙여 쓰는 대표적인 명사인데요, 이때는 in이 detail 앞에 와서 '자세히, 상세히'의 의미로 쓰입니다. 참고로 detail의 형용사는 detailed입니다.

Can you explain this in detail?
이거 자세히 설명해 줄 수 있어?

I'd like a detailed explanation of how this works.
이게 어떻게 작동하는지 자세한 설명 듣고 싶어요.

- **in Ving**

알 듯 말 듯 한 in Ving 구문인데요, '~할 때', '~하는 데 있어'로 해석합니다.

In making decisions, we need to consider both the pros and cons.

결정을 내릴 때, 찬반을 모두 고려해야 해요.

→ pros and cons: 찬반, 장단점

In making a good first impression, it's important to listen carefully to others.

좋은 첫인상을 남기는 데 있어, 다른 사람 말을 신중하게 듣는 것이 중요해요.

다음 문장을 전치사 **in**을 활용해 영어로 말하고 써 보세요. <u>MP3 138</u> 정답은 **p. 314**

1 몇 달 만에 처음으로 비가 왔어.

____

2 내 인생 처음으로 해외여행을 했어. (travel abroad)

____

3 회의가 30분 후에 시작될 겁니다. (the conference)

____

주어진 동사와 전치사 into를 이용해 다음 문장의 별색 표현을 영어로 어떻게 바꿀지 생각해 보세요.

(1) 선생님이 그 반을 세 개의 그룹**으로 나누셨어**. (divide)

(2) 그는 자신의 원룸을 사무실**로 개조했어**. (convert)

(3) 그녀는 그 책을 영어**로 번역했어**. (translate)

결정적 키워드 1 　■■■■■■　속성의 변화는 전치사 into

- '속성'의 변화는 전치사 into를 사용해 표현할 수 있습니다. 다음 구문들은 A였던 속성이 B로 바뀐다는 공통점이 있습니다.

change/turn/transform A into B	A를 B로 변화시키다
divide A into B	A를 B로 나누다
classify A into B	A를 B로 분류하다
convert A into B	A를 B로 개조하다
develop A into B	A를 B로 발전시키다
translate A into B	A를 B로 번역하다

Scientists are working on ways to change waste into fuel.

과학자들이 쓰레기를 연료로 바꾸는 방법을 연구 중이에요.

→ work on ~: ~에 애쓰다

Let's divide the cake into six pieces.

케이크를 여섯 조각으로 나누자.

Books are classified into fiction and non-fiction.

책은 픽션과 논픽션으로 분류됩니다.

We can convert the garage into a small studio.

차고를 작은 작업실로 개조할 수 있어.

We plan to develop this project into a sustainable business model.

우리는 이 프로젝트를 지속 가능한 비즈니스 모델로 발전시킬 계획이에요.

→ sustainable: 지속 가능한

Can you translate this letter into English?

이 편지를 영어로 번역해 줄래?

정답 확인

(1) The teacher divided the class into three groups.

(2) He converted his studio into an office.

(3) She translated the book into English.

Voca Tips

- **studio apartment**

'원룸'을 one room(방 하나)이라고 말하면 콩글리시가 됩니다. 우리가 말하는 '원룸'은 영어로 studio apartment 혹은 줄여서 studio라고 표현해야 해요.

He lives in a studio (apartment) near his office.

그는 사무실 근처 원룸에 살아.

- **convertible**

지붕이 열리고 닫히는 오픈카를 '컨버터블'이라고 합니다. 동사 convert(개조하다)에서 파생된 convertible(개조 가능한, 컨버터블)인데요, 지붕이 열리고 닫히는 기능 덕에 차 모양이 개조 가능하다는 의미겠죠?

I bought a yellow convertible last week. 지난주에 노란색 컨버터블 샀어.

- **change into ~**

change into ~는 '~로 바뀌다'는 뜻 외에 '~로 갈아입다'라는 뜻도 있습니다.

As soon as I get home from work, I usually change into something comfortable. 나는 퇴근하고 집에 오자마자, 보통 편한 옷으로 갈아입어.

- 속성의 변화를 나타내는 앞의 동사들은 자동사로도 쓰이는데요. [자동사 + into] 구문으로 활용해 보세요.

The peaceful protest changed into a riot. 평화 시위가 폭동으로 바뀌었어요.
→ riot: 폭동

The argument turned into a big fight. 논쟁이 큰 싸움으로 바뀌었어요.

Their friendship developed into a romantic relationship.
그들의 우정이 로맨틱한 관계로 발전했어.

다음 문장을 전치사 **into**를 활용해 영어로 말하고 써 보세요.　　　　MP3 140　정답은 p. 314

1　그는 그 정원을 놀이터로 바꿨어. (turn)

2　난 그 케이크를 여덟 조각으로 나눴어. (divide)

3　우리는 그 데이터를 여러 카테고리로 분류했어요. (classify)

주어진 단어와 전치사 into를 이용해 다음 문장의 별색 표현을 영어로 어떻게 바꿀지 생각해 보세요.

(1) 경찰이 그 범죄**에 대한 조사**를 시작했어요. (investigation)

(2) 그 회사는 공장 화재**에 대한 조사**를 지시했어요. (inquiry)

(3) 이 책이 나에게 삶**에 대한 통찰력**을 주었어요. (insight)

결정적 키워드 1 ━━━━━ **심도 있게 파헤칠 때는 전치사 into**

- 전치사 into의 원뜻은 '~ 안으로, ~ 속으로'입니다. 그래서 '조사'를 뜻하는 단어(inquiry, investigation, probe, scrutiny) 뒤에 into가 붙으면 해당 사건이나 상황을 심도 있게 조사한다는 의미가 됩니다.

The authorities launched a probe into the company's scandal.

당국이 그 회사의 스캔들에 대한 조사에 착수했습니다.

→ authorities: 당국　　probe: 조사

The police are conducting a scrutiny into the suspect's background.

경찰이 용의자 배경에 대한 철저한 조사를 진행 중입니다.

→ scrutiny: 철저한 조사　　suspect: 용의자

결정적 키워드 2 ━━━━━ **들여다볼 때도 전치사 into**

- 원어민들은 어떤 상황을 안으로 들여다볼 때도 전치사 into를 활용합니다.

The documentary gave valuable insight into endangered species.

그 다큐멘터리는 멸종 위기종에 대한 가치 있는 통찰을 제공했어요.

→ insight: 통찰　　endangered species: 멸종 위기종

The research offers a window into the future of artificial intelligence.

그 연구는 인공지능의 미래에 대해 엿볼 기회를 제공합니다.

→ window: (~에 대해 엿볼) 기회

정답 확인

(1) The police started an investigation into the crime.

(2) The company ordered an inquiry into the factory fire.

(3) This book gave me insight into life.

Ⓥ Voca Tips

- **look into**

'조사하다'의 의미로 쓰이는 표현 중에 look into가 있습니다. 역시 전치사 into가 심도 있게 파헤치다는 뉘앙스로 쓰였습니다.

The engineer is looking into the cause of the machine breakdown.
엔지니어가 기계 고장의 원인에 대해 조사 중이에요.

→ breakdown: 고장

The company is looking into why the system is not working.
그 회사는 왜 시스템이 작동하지 않는지를 조사 중입니다.

- **survey vs. investigation**

survey도 '조사'란 뜻인데요, inquiry/investigation/probe/scrutiy가 '상황/사건에 대한 조사'라면, survey는 정보 수집을 위한 '설문 조사'를 의미합니다. 참고로, investigation은 경찰, 정부, 회사 등 공식 기관이 하는 조사를, inquiry는 '사건'보다는 '사실 확인용 조사'를 뜻합니다. 공식 질의나 청문회 등의 맥락에서 쓰이죠. probe는 언론이나 검찰, 정부가 면밀히 캐묻고 파고드는 조사를 뜻하고, scrutIny는 뭔가 감시하듯 꼼꼼히 들여다보는 조사의 뉘앙스가 있습니다.

A recent survey showed that many workers prefer flexible working hours. 최근 설문 조사에 따르면, 많은 근로자가 유연 근무 시간을 선호해요.
→ flexible working hours: 유연 근무 시간

The company is under investigation for financial fraud.
그 회사는 금융 사기 (혐의)로 조사를 받고 있어요.

- **authorities**

'당국'은 authority(권위, 권한)의 복수형인 authorities를 사용합니다. 특히 공공 기관을 지칭할 때, 이 단어를 활용해 보세요.

He has the authority to approve the budget.
그는 예산을 승인할 권한이 있어요.

The health authorities are struggling to control the spread of the pandemic. 보건 당국이 팬데믹의 확산을 통제하기 위해 고군분투하고 있어요.
→ struggle: 고군분투하다

- **설득/강요의 전치사 into**

  특정 행동을 하도록 누군가를 '설득'하거나 '강요'할 때도 전치사 into가 특정 동사와 결합해 많이 쓰입니다. 그중 대표적인 것으로 talk A into B(A에게 B하라고 설득하다), force A into B(A에게 B하라고 강요하다)가 있어요.

  He talked me into making up with my girlfriend.
  그는 내가 여자 친구와 화해하도록 설득했어.

  → make up with ∼: ∼와 화해하다

  The team leader forced his members into working overtime.
  팀장은 팀원들이 초과 근무를 하도록 강요했어요.

  → work overtime: 초과 근무하다

다음 문장을 전치사 into를 활용해 영어로 말하고 써 보세요.　　　　MP3 **142**　정답은 p. 314

1　경찰이 그 사건에 대한 조사를 마무리했어요. (investigation, case)

2　당국이 그 스캔들에 대해 조사 중이에요. (conduct a probe)

3　이 책은 고대 그리스 문화에 대해 엿볼 기회를 제공합니다. (window, ancient Greece)

주어진 단어와 전치사 on을 이용해 다음 문장의 별색 표현을 영어로 어떻게 바꿀지 생각해 보세요.

(1) 우리 팀은 신종 바이러스**에 관한 연구**를 해요. (research)

(2) 우리는 그 도시 인구**에 대한 데이터**가 필요해요. (data)

(3) 잠시 내 가방 좀 **봐 줄** 수 있어? (eye)

결정적 키워드 1 ■■■■ 전문적인 느낌의 '~에 대해'는 on

- '~에 대해'는 보통 about이나 on으로 표현하는데요, about이 일상적이고 전반적인 느낌이라면, on은 전문적이고 구체적인 느낌을 줍니다.

He told me a story about his childhood.
그는 내게 자신의 어린 시절에 관한 이야기를 해 줬어.

Do you have any questions about me?
나에 대해 혹시 질문 있어?

The health authorities reviewed the medical report on the vaccine.
보건 당국은 그 백신에 대한 의학 보고서를 검토했어요.

I'm reading a book on leadership strategies.
난 리더십 전략에 관한 책을 읽는 중이야.

결정적 키워드 2 ■■■■ 집중을 나타내는 on

- on의 '~ 위에'라는 원뜻을 살려 focus on(~에 초점을 맞추다), concentrate on(~에 집중하다)과 같이 무언가에 집중하거나 노력할 때도 전치사 on을 사용합니다. 예문을 통해 살펴볼까요?

We're currently focusing on expanding our business overseas.
우리는 현재 사업을 해외로 확대하는 것에 초점을 맞추고 있어요.

I couldn't concentrate on the exam because of a headache.
두통 때문에 시험에 집중 못 했어.

A Are you done with the report?

보고서 다 끝냈어요?

→ be done with ∼: (일이나 관계를) 끝내다

B Not yet, but I'm working on it.

아직이요, 하지만 작업 중이에요.

→ work on: ∼에 공들이다, 작업하다

Keep an eye on the soup so it doesn't boil over.

국이 끓어 넘치지 않게 잘 봐 줘.

→ keep an eye on ∼: (∼을) 잘 지켜보다, 주시하다, 살피다　　boil over: 끓어 넘치다

정답 확인

(1) Our team conducts research on new viruses.

(2) We need data on the population of the city.

(3) Can you keep an eye on my bag for a moment?

 **Voca Tips**

- **data**

  data는 복수형 명사입니다. datum이 단수 형태지만, 거의 사용하지 않아요. 복수형인 data는 특이하게 주로 단수 동사와 함께 쓰입니다.

  This data is too large to be processed in real time.

  이 데이터는 너무 커서 실시간으로 처리할 수 없어요.

  → in real time: 실시간으로

  This data doesn't seem accurate. Can you double-check it?

  이 데이터가 정확하지 않은 것 같아요. 다시 확인해 줄 수 있나요?

  → double-check: 다시 확인하다

- **be done with ∼**

  be done with ∼ 구문은 '(일이나 관계를) 끝내다'라는 의미로 실생활에서 활용도가 매우 높습니다. 예문을 통해 살펴보세요.

  I'll call you when I'm done with my work. 일 끝나면 전화할게.

  Are you done with your coffee? 커피 다 마셨어?

  I'm done with Mike. He always lies. 마이크랑 끝냈어. 걘 맨날 거짓말해.

- **touch on ∼ / elaborate on ∼**

  프레젠테이션에서 유용한 두 가지 표현 touch on ∼(∼에 대해 간단히 언급하다), elaborate on ∼(∼에 대해 자세히 언급하다)도 전치사 on과 관련해 원어민들이 아주 잘 쓰는 표현이에요.

  Let me briefly touch on today's agenda before we start the discussion.

  토론을 시작하기 전에 오늘의 의제에 대해 간단히 설명하겠습니다.

Let me elaborate on this before we move on to the next slide.
다음 슬라이드로 넘어가기 전에 이것에 대해 자세히 설명하겠습니다.

→ move on to ~: ~로 넘어가다

━G━ Grammar Tips

- **research는 불가산 명사**

    research는 불가산 명사로, '~에 관해 많은 연구를 하다'라는 구문은 conduct/do a lot of research on ~을 사용해 보세요.

    The company is conducting a lot of research on artificial intelligence.
    그 회사는 인공지능에 관해 많은 연구를 하고 있어요.

    Scientists have done a lot of research on new treatments for cancer.
    과학자들은 새로운 암 치료제에 관해 많은 연구를 해 왔어요.

다음 문장을 전치사 on을 활용해 영어로 말하고 써 보세요.　　　　MP3 144　정답은 p. 314

1　그 팀은 대기 오염에 관한 연구를 해요. (air pollution)

____

2　난 인간의 뇌에 관한 책을 읽고 있어.

____

3　우린 새 프로젝트를 진행 중이에요. (work)

____

MP3 145

주어진 동사와 전치사 on을 이용해 다음 문장의 별색 표현을 영어로 어떻게 바꿀지 생각해 보세요.

(1) 남친이 **바람피우고** 있다는 걸 알게 됐어. (cheat)

(2) 나 좀 그만 **괴롭혀**! (pick)

(3) 제발 **통화 중에 전화 끊지 마**! (hang)

결정적 키워드 1 ▬▬▬▬   **배신을 나타내는 on**

- 어떤 사람이 누군가를 배신하거나 떠나 버릴 때, 그 행위를 당하는 사람 앞에 전치사 on을 사용하기도 합니다.

I broke up with John, because he cheated on me.

존이 날 배신하고 바람피워서 걔랑 헤어졌어.

→ cheat on ∼: ∼를 배신하고 바람피우다

He deeply regrets walking out on his family a few years ago.

그는 몇 년 전에 가족을 버리고 떠난 것을 뼈저리게 후회하고 있어.

→ regret Ving: ∼했던 것을 후회하다   walk out on ∼: ∼을 떠나다

결정적 키워드 2 ▬▬▬▬   **부당하고 무례한 행위를 나타내는 on**

- 누군가에게 부당하고 무례한 행위를 할 때도 전치사 on을 사용합니다. 누군가를 괴롭히거나 못살게 굴 때, [pick on 사람] 구문을 사용하는데요, 말 그대로 누군가를 골라(pick) 올라타서(on) 괴롭힌다고 상상해 보세요.

Why do you always pick on Mike? He didn't do anything wrong.

왜 항상 마이크를 괴롭혀? 걘 아무 잘못도 안 했는데.

- 통화를 마무리한 후 전화를 끊을 때는 hang up을 사용하지만, 누군가와 통화 중에 갑자기 전화를 끊어버릴 때는 [hang up on 사람] 구문을 사용합니다. hang up은 격식 있는 표현으로, 일상생활에서 좀 더 가볍게 표현하려면 "I've gotta go."라고 하면 됩니다.

I need to hang up now. I have another call coming in.

이제 전화를 끊어야겠어요. 다른 전화가 들어와서요.

I've gotta go. Talk to you later!

전화 끊어야겠어. 나중에 다시 얘기하자!

If you hang up on me one more time, I'm done with you!

한 번만 더 통화하다 전화 끊어 버리면, 너랑 끝이야!

정답 확인

(1) I found out my boyfriend was cheating on me.

(2) Stop picking on me!

(3) Please don't hang up on me!

Ⓥ Voca Tips

- **'바람을 피우다'**

  바람을 피우는 대상을 구체적으로 나타낼 때는 [cheat on 당하는 사람 with 바람피우는 상대], 또는 [have an affair with 바람피우는 상대] 구문을 사용합니다.

  He found out his girlfriend was cheating on him with her coworker.

  그는 여자 친구가 직장 동료와 바람을 피우고 있다는 걸 알게 됐어.

  → coworker: 동료

  She's having an affair with her coworker.

  그녀는 직장 동료와 바람을 피우고 있어.

- **walk out on ~**

  가족이나 친구를 버리고 떠나는 것 외에 직장이나 어떤 상황을 떠나 버리거나 그만둘 때도 walk out on ~ 구문을 사용합니다.

  Nobody expected him to walk out on his job so suddenly.

  그가 그렇게 갑자기 직장을 그만둘 줄은 아무도 예상 못 했어.

  They walked out on the deal at the last minute.

  그들은 막판에 그 거래를 포기해 버렸어요.

  → at the last minute: 막판에

- **'뒤통수치다'**

  누군가가 배신하면 '뒤통수치다'라는 표현을 쓰죠? 영어로는 '등을 찌른다'라고 하는데, '찌르다'라는 뜻의 stab을 이용해 [stab 사람 in the back] 또는 backstab으로 나타냅니다.

  I can't believe she stabbed me in the back like that.

  걔가 그런 식으로 내 뒤통수를 칠 줄 몰랐어.

  How could you backstab me like this?

  너 어떻게 이런 식으로 뒤통수칠 수가 있어?

⬤G⬤ **Grammar Tips**

- **hang의 과거형 hanged vs. hung**

  동사 hang의 과거형은 hanged, hung 두 가지가 있는데요, hang이 '교수형에 처하다'라는 뜻일 때만 과거형이 hanged이고, 나머지 경우는 hung을 사용합니다.

  Hundreds of people <u>were hanged</u> under his dictatorship.

  수백 명이 그의 독재 정권 하에 <u>교수형에</u> 처해졌어.

  → dictatorship: 독재 정권

  She <u>hung up</u> on me in the middle of our conversation!

  걔가 대화 도중에 <u>전화를 끊어 버렸어!</u>

  → in the middle of ～: ～ 도중에

다음 문장을 전치사 **on**을 활용해 영어로 말하고 써 보세요.　　　　| MP3 **146** |　정답은 **p. 315**

1　날 버리고 떠나지 마!

____

2　그가 직장을 그만둬 버리다니 믿기지 않아.

____

3　설명하려고 했는데, 그가 그냥 내 전화를 끊어 버렸어.

____

MP3 **147**

다음 문장의 별색 표현을 전치사 on을 이용해 영어로 어떻게 바꿀지 생각해 보세요.

(1) 너 애들 사진 **SNS에** 올려? (post)

(2) **웹사이트에서** 더 많은 정보를 찾을 수 있습니다.

(3) 네 이름 **명단에** 있어?

결정적 키워드 1　매체와 결합하는 on

- TV, 인터넷, 프로그램, 채널, SNS 앞에는 전치사 on을 사용합니다.

What's on TV?
지금 TV에서 뭐 해?

You can find many free courses on the Internet.
인터넷에서 많은 무료 강좌를 찾을 수 있어요.

The interview aired exclusively on CNN News.
그 인터뷰가 CNN 뉴스에서 독점 방송됐어.

→ air: 방송되다, 방송하다　exclusively: 독점적으로

The soccer match between South Korea and Japan is live on ESPN.
한국과 일본의 축구 경기가 ESPN에서 생중계 중이야.

→ live: 생중계의

This video went viral on TikTok last week.
이 영상이 지난주 틱톡에서 엄청나게 화제였어.

→ go viral: 입소문을 타다

결정적 키워드 2　종이류의 단어 앞에 붙는 on

- '종이류의 단어(paper, page, menu, list)' 앞에도 전치사 on을 사용합니다. '종이 위'라고 쉽게 기억할 수 있겠죠?

He looked good on paper, but there was no chemistry between us.

(소개팅남에 대해 말하던 중) 그 남자, 서류상으로는 좋아 보였지만, 우리 사이에 케미가 없었어.

→ 스펙은 좋지만, 우리 사이에 케미가 없었어.

→ chemistry: 케미, (감정적인) 끌림

We're on the same page.

우린 같은 페이지 상에 있어. → 우린 같은 생각이야.

What's on the menu at the restaurant?

그 식당에는 메뉴판에 뭐가 있어? → 그 식당에는 어떤 메뉴가 있어?

정답 확인

(1) Do you post pictures of your kids on social media?

    cf. SNS는 콩글리시

(2) You can find more information on the website.

(3) Is your name on the list?

Voca Tips

- **영어 뉴스 하단의 Exclusive vs. Courtesy vs. Breaking News**

  Exclusive '독점 뉴스'나 '단독 보도'란 뜻입니다. 형용사로는 '독점적인'이라는 뜻이라서, Exclusive Interview는 '독점 인터뷰'라는 뜻이에요.

  Courtesy 자료 제공이나 출처를 밝힐 때 사용하는 표현인데요, courtesy는 원래 '호의'나 '정중함'이란 뜻입니다. 어떤 기관이 호의적으로 자료를 제공했다는 의미로 보시면 돼요.

  Breaking News '속보'를 나타내는데요, 여기서 쓰인 break 동사는 '(뉴스가) 터지다'라는 뜻이라서 지금 막 터진 뉴스, 즉 속보를 의미합니다.

- **go viral**

  '바이럴 마케팅(viral marketing)'이라고 들어보셨나요? 소비자들 사이에 SNS나 입소문으로 제품을 빠르게 홍보하는 마케팅 방식인데요, viral은 virus의 형용사로 '바이러스처럼 확산하는'이란 뜻이에요. go viral은 '입소문을 타다, 엄청난 화제가 되다'라는 뜻으로 활용도가 매우 높습니다.

His dance challenge went viral on Instagram.

그의 댄스 챌린지가 인스타그램에서 엄청난 화제였어.

- **chemistry**

  '케미'를 나타내는 chemistry는 남녀 사이뿐만 아니라, 친구나 동료 관계에서도 사용할 수 있습니다. 감정적으로 끌리고 잘 맞는 것도 호르몬의 '화학 반응(chemistry)'이겠죠? '케미가 좋다'는 have good chemistry로 표현합니다.

We became best friends right away because we had great chemistry.

우린 케미가 너무 좋아서 바로 절친이 됐어.

- **명사/동사로 활용되는 post**

  post는 '(웹상에) 게시하다'라는 뜻인데요, 명사로는 '게시물'을 의미해요. 웹상에 올리는 글, 사진, 동영상을 모두 포함하는 단어입니다.

  I posted a comment on her blog.

  그녀의 블로그에 댓글을 달았어. (동사로 사용)

  → comment: 댓글

  The post I uploaded yesterday got a lot of likes.

  어제 올린 게시물이 '좋아요'를 많이 받았어. (명사로 사용)

다음 문장을 전치사 on을 활용해 영어로 말하고 써 보세요.　　　　MP3 148 정답은 p. 315

1 어젯밤에 넷플릭스에서 공포 영화 봤어.

2 그는 인스타그램에 팔로워가 많아.

3 죄송하지만, 명단에서 고객님 성함을 찾을 수가 없네요. (your name)

키워드 75　　문제 해결을 나타내는 out

MP3 149

주어진 동사와 부사 **out**을 이용해 다음 문장의 별색 표현을 영어로 어떻게 바꿀지 생각해 보세요.

(1) 걱정하지 마. 모든 게 **해결될** 거야. (work)

(2) 내 휴대폰에서 이 기능을 어떻게 쓰는지 **알아냈어**. (figure)

(3) 어제 너무 피곤해서 소파에서 **완전히 기절했어**. (pass)

결정적 키워드 1 　■■■■ 　해결을 나타내는 out

- 문제나 상황 등을 이해하거나 해결할 때 out을 사용하는 경우가 많습니다. 이 out이 '밖으로'라는 뜻이니까, 문제나 상황 등이 밖으로 술술 풀리는 이미지로 기억해 보세요.

We're trying to work out our differences.
우린 서로의 차이를 해결하려고 노력 중이야.

There are many issues to sort out in our relationship.
우리 관계에서 해결해야 할 이슈가 많이 있어.

He's still trying to figure out what went wrong.
그는 뭐가 잘못됐는지 알아내려고 아직도 노력 중이야.

결정적 키워드 2 　■■■■ 　세부적이고 철저한 느낌의 out

- out은 '세세히/꼼꼼히/완전히'라는 뜻으로도 쓰입니다. 예문을 통해 살펴볼까요?

The team is planning out strategies for customer satisfaction.
그 팀은 고객 만족을 위한 전략을 꼼꼼히 계획하고 있어요.

Can you help me fill out this form?
이 양식 꼼꼼히 채우는 것 도와줄 수 있나요? → 이 양식 작성하는 것 도와줄 수 있나요?

I'm completely worn out after cleaning the whole house.
집 대청소 후 완전히 지쳤어.
→ worn: 닳은, 지친

I passed out from drinking too much yesterday.

어제 술을 너무 많이 마셔서 완전히 기절했어.

I maxed out my credit card doing a lot of shopping last
month. 지난달에 쇼핑을 많이 하느라 신용카드 한도를 다 써 버렸어.

→ max out: 한도까지 쓰다

정답 확인

(1) Don't worry. Everything will work out.

(2) I figured out how to use this feature on my phone.

(3) I was so tired yesterday that I passed out on the couch.

Voca Tips

- **work out vs. exercise**

  work out은 '해결되다'의 뜻 외에 '운동하다'라는 뜻이 있어요. exercise가 스트레칭, 걷기, 조깅,
  수영 등을 포함한 전반적인 운동을 의미한다면, work out은 주로 헬스장에서 하는 근력 운동이나
  유산소 운동을 의미합니다.

  I work out at the gym almost every day. 나는 거의 매일 헬스장에서 운동해.

  Walking is a good form of exercise. 걷기는 좋은 운동 방법이야.

- **pass out**

  피곤해서 혹은 술을 많이 마시고 '뻗다'를 pass out이라고 합니다. 이 pass out은 몸이 아프거나
  사고로 의식을 잃을 때도 쓰이는 표현입니다.

  He was so dehydrated that he passed out during the hike.

  그는 탈수 증세가 심해서 하이킹 중에 기절했어요.

  → dehydrated: 탈수 증세를 보이는

- **술에 취한 정도**

  술에 취한 정도는 다음과 같이 나타낼 수 있습니다.

sober: 멀쩡한	
tipsy: 알딸딸한	
drunk: 취한	
wasted: 완전히 취한	
black out: 필름 끊기다	
pass out: 완전히 기절하다	

I was really drunk last night, and I don't remember how I got home.

어젯밤 너무 취해서 어떻게 집에 왔는지 기억이 안 나.

- so ~ that ... 구문의 활용

"어제 너무 피곤해서 소파에서 완전히 기절했어"라는 문장에 so ~ that ... (너무 ~해서 ...하다) 구문을 활용해 보세요. 많이들 알고 있지만, 막상 입으로는 잘 안 나오는 표현입니다.

I was so tired that I fell asleep watching the movie.

너무 피곤해서 영화 보다가 잠들었어.

→ fall asleep: 잠들다

다음 문장을 부사 out을 활용해 영어로 말하고 써 보세요.　　　　　MP3 150　정답은 p. 315

1　이거 어떻게 고치는지 알아낼게. (figure)

2　이 신청서를 작성해 주세요. (application form)

3　너무 지쳐서 어젯밤 8시에 잠자리에 들었어. (worn out)

다음 문장의 별색 표현을 over를 활용해 영어로 어떻게 바꿀지 생각해 보세요.

(1) **커피 좀 마시면서** 밀린 얘기나 하자. (catch up)

(2) **저녁 먹으면서** 수다나 떨자. (chat)

(3) 내일 친구를 **집으로 초대할 거야.**

결정적 키워드 1　　먹거나 마실 때의 over

- '(음료를) 마시면서', '(음식을) 먹으면서'라는 표현에 전치사 over를 사용해 보세요. 원어민이 말하는 듯한 느낌을 줄 수 있습니다.

I really enjoy relaxing over a beer at home after work.
퇴근 후 집에서 맥주 한잔하면서 쉬는 게 정말 좋아.

Let's talk about the trip over lunch.
점심 먹으면서 여행에 관해 얘기하자.

결정적 키워드 2　　초대나 방문의 over

- 원어민들은 초대나 방문할 때도 over를 사용해 표현합니다. [invite 사람 over]는 '누군가를 집으로 초대하다'라는 뜻인데요, 뒤에 to one's house나 to one's place를 붙일 순 있지만 생략한 형태가 더 자주 쓰여요. 활용도가 매우 높은 come over 역시 '~의 집을 방문하다'라는 뜻입니다.

He invited me over (to his house) for dinner.
그가 날 집으로 저녁 식사 초대했어.

Do you want to come over (to my place) for dinner tomorrow?
내일 저녁 먹으러 우리 집에 올래?

정답 확인

(1) Let's catch up over some coffee.

(2) Let's chat over dinner.

(3) I'll invite my friend over tomorrow.

- **catch up** vs. **catch up on**

catch up은 뒤처진 상황에서 '따라잡다'라는 뜻이에요. 오랜만에 누군가를 만났다면 따라잡아야 할 얘기가 많겠죠? 즉, '서로 못한 얘기를 나누다'라는 뜻이 됩니다. 반면에 catch up on ∼은 밀린 일을 처리하거나 놓친 정보를 챙길 때 활용해 보세요.

Let's grab coffee and catch up.

우리 커피 마시면서 얘기 좀 나누자.

He stayed late to catch up on his emails.

그는 늦게까지 남아서 이메일을 나 처리했어.

- **one's house** vs. **one's place**

누군가의 집을 나타낼 때 one's house 또는 one's place 두 표현 모두 사용할 수 있는데요, one's house가 물리적인 '집' 자체를 지칭하는 표현이라면, one's place는 '머무르는 장소'라는 의미로 좀 더 친근하고 편안한 느낌을 줍니다.

I need to clean my house after work.

퇴근 후에 집 청소해야 해.

I'll come over to your place on Saturday evening.

토요일 저녁에 너희 집에 갈게.

- **먹거나 마실 때 사용하는 동사 grab**

원어민들은 간단하게 음식이나 음료를 먹거나 마실 때 동사 grab을 사용합니다. grab은 원래 '잡다'라는 뜻인데, 음식이나 음료를 '잡아서' 먹거나 마신다고 기억해 보세요.

Let's grab a bite before the meeting starts.

회의 시작 전에 간단히 뭐 좀 먹읍시다.

→ bite: 한 입, 한입거리 식사 ('간단한 식사'를 의미하게 됨)

Let's grab a beer after work.

퇴근 후에 맥주 한잔하자.

• [stop/drop by + (장소 생략)]

집에 사람이 오는 건 초대를 받아서일 수도 있고, 잠깐 들르는 것일 수도 있는데요, 이렇게 '잠시 들르다'의 표현으로 stop/drop by가 있습니다. 맥락상 어떤 장소에 들를지 뻔할 때는 뒤의 장소를 생략할 수 있어요. [invite 사람 over]나 come over처럼 말이죠.

I'll stop by (your place) **later.**

이따 (집에) 잠깐 들를게. (친구 사이)

I'll stop by (your desk) **later.**

이따 (자리에) 잠깐 들를게. (동료 사이)

다음 문장을 부사 over를 활용해 영어로 말하고 써 보세요. | MP3 152 | 정답은 p. 315

1 커피 좀 마시면서 이번 주말에 뭐 할지 얘기하자.

2 브런치 먹으면서 소개팅에 관해 얘기해 줄게. (blind date)

3 이번 주 금요일에 톰을 집에 저녁 식사 초대하는 것 어때?

MP3 153

다음 문장의 별색 표현을 전치사 under를 활용해 영어로 어떻게 바꿀지 생각해 보세요.

(1) **'김'이라는 이름으로** 예약돼 있는데요.
(2) **우리 회사 이름으로** 테이블 하나 예약할 수 있을까요?
(3) 그 사건은 **조사 중이에요.**

결정적 키워드 1　　예약 시 유용한 under

- 원어민들은 호텔이나 식당 등을 '~의 이름으로' 예약할 때, [under + 성(姓)] 또는 [under the name 이름] 형태를 일반적으로 많이 사용합니다.

Can I cancel the reservation under Park?

'박'이라는 이름으로 된 예약, 취소할 수 있을까요?

I have a reservation under the name Scott.

스콧이라는 이름으로 예약돼 있는데요.

회사 이름으로 예약할 때도 under를 사용해 보세요.

Can I reserve a table for four under our company name?

우리 회사 이름으로 네 명 테이블 하나 예약할 수 있을까요?

결정적 키워드 2　　일의 진행을 나타내는 under

- 공사, 개발, 조사, 검토, 협상 등 어떤 일이 진행되고 있을 때 역시 under를 사용해 표현할 수 있습니다. 다음 표현들은 숙어처럼 암기해 주세요.

The road is under construction.

그 도로는 공사 중입니다.

The app currently under development is scheduled to be released in October.

현재 개발 중인 앱은 10월에 출시 예정이에요.

→ be scheduled to + 동사원형: ~할 예정이다

The option of launching the product in June is still under consideration.

그 제품을 6월에 출시하는 방안이 아직 검토 중이에요.

Your job application is currently under review.

귀하의 채용 지원서는 현재 검토 중입니다.

His proposal is still under discussion.

그의 제안이 아직 논의 중이에요.

The project budget is under negotiation with management.

프로젝트 예산이 경영진과 협상 중이에요.

→ management: 경영진

정답 확인

(1) I have a reservation under Kim.

(2) Can I reserve a table under our company name?

(3) The case is under investigation.

 **Voca Tips**

- **party**

식당에 여러 명이 방문하면 일행이 몇 명인지 물어보죠? 이때 party를 사용해 답해 보세요. 이 단어가 바로 '일행'이라는 뜻입니다.

A How many people are in your party? 일행이 몇 명이세요?

B (We're) a party of four. 네 명이요.

- **호텔 예약 시 확인 사항 질문들**

호텔 예약 시 빠른 체크인이나 늦은 체크아웃에 대해서는 이렇게 질문해 보세요.

Can I check in early? 빠른 체크인 할 수 있나요?

Do you offer late check-out? 늦은 체크아웃 가능한가요?

Can I check out an hour late? 한 시간 늦게 체크아웃할 수 있나요?

- **management**

management는 '경영' 외에 '경영진'을 의미하기도 합니다. 그래서 경제 뉴스에 자주 나오는 '노사'는 labor and management라고 해요.

Negotiations are underway to resolve the dispute between labor and management. 노사 분쟁을 해결하기 위한 협상이 진행 중이에요.

→ underway: 진행 중인

- **have a reservation vs. make a reservation**

  예약과 관련된 have a reservation과 make a reservation은 비슷해 보이지만, 그 뜻은 다릅니다. have a reservation은 이미 예약이 되어 있는 상태를, make a reservation은 예약하는 행위를 나타냅니다.

  A Do you have a reservation?
  예약이 되어 있나요?

  B Yes, I made a reservation under Kim yesterday.
  네, '김'이라는 이름으로 어제 예약했는네요.

다음 문장을 전치사 **under**를 활용해 영어로 말하고 써 보세요.　　　　MP3 **154**　정답은 **p. 315**

1　그 회사의 웹사이트가 개발 중이에요.

____

2　그 새 정책이 여전히 논의 중이에요.

____

3　그 계약 조건이 협상 중이에요. (contract terms)

____

다음 문장의 별색 표현을 부사 up을 활용해 영어로 어떻게 바꿀지 생각해 보세요.

(1) (주유소에서 직원에게) 휘발유 **꽉 채워 주세요**.

(2) 난 친구들 만날 때는 **쫙 차려입는** 걸 좋아해.

(3) 그 책 읽느라 **밤새웠어**.

결정적 키워드 1　　'완전히'를 의미하는 부사 up

- 부사 up은 기본적으로 '위로'라는 뜻입니다. 이 맥락에서 확장된 up이 '완전히'를 의미하기도 해요. 어떤 행위의 수준을 위로 올리면 완전한 수준이 되기 때문에 이렇게 활용합니다.

Let's finish up this project and then have a company dinner.

이 프로젝트 완전히 끝내고 저녁 회식합시다.

→ company dinner: 저녁 회식

We've almost used up all the toilet paper.

우리, 화장지 거의 다 썼어.

→ toilet paper: 화장지

I need to clean up the mess after the party.

파티 후에 지저분한 것 싹 다 치워야 해.

→ mess: 엉망진창인 상태

I ate up a whole pizza by myself.

나 혼자서 피자 한 판 다 먹었어.

→ by oneself: 혼자서

I don't usually dress up, but tonight's dinner feels special.

평소엔 차려입는 편이 아닌데, 오늘 저녁은 좀 특별한 것 같아.

I need to fill up the car before we hit the road.

출발하기 전에 차에 휘발유 꽉 채워야겠어.

→ hit the road: (여정 등을) 출발하다

- 부사 up은 깨어 있는 상태를 나타낼 때도 쓰입니다. 예문을 확인하세요.

It's past midnight. What are you doing up?

자정이 넘었는데, 잠 안 자고 뭐 해?

→ midnight: 자정

I stayed up late last night watching the movie.

그 영화 보느라 어젯밤 늦게까지 깨어 있었어. → 그 영화 보느라 이젯밤 늦게까지 잠 안 잤어

I stayed up all night watching Netflix.

넷플릭스 보느라 밤새 깨어 있었어. → 넷플릭스 보느라 밤새웠어.

정답 확인

(1) Fill it up, please.

(2) I like to dress up when I meet my friends.

(3) I stayed up all night reading the book.

ⓥ   Voca Tips

- **dress up**

dress up은 모임에 나갈 때 차려입는 것 외에, 핼러윈이나 코스프레 같은 특정 행사에 맞는 복장을 차려입을 때도 사용합니다.

The kids love to dress up for Halloween.

애들이 핼러윈 분장하는 걸 너무 좋아해.

dress up과 헷갈리는 게 get dressed인데요, 이건 단순히 '옷을 입다'의 뜻입니다.

Boys, get dressed!

(외출 전 엄마가 아들들에게) 얘들아, 옷 입어!

- **mess up**

mess는 '엉망진창인 상태, 엉망진창으로 만들다'라는 뜻이 있어요. '완전히'를 의미하는 up과 결합하면 '완전히 망치다'라는 뜻이 됩니다.

I completely messed up my presentation this morning.

오늘 아침에 프레젠테이션 완전히 망쳤어.

- **Are you still up?**

상대방이 잠자리에 누웠지만 아직 안 잔 것 같을 때, "아직 안 자?"라는 말은 영어로 "Are you still up?"이라고 합니다.

Are you still up? I thought you were already asleep.

아직 안 자? 벌써 자는 줄 알았는데.

- '휘발유를 가득 채우다'라는 뜻의 fill up the tank

  '(주유소에서) 휘발유를 가득 넣다'가 fill it up인데요, 이 표현은 fill up the tank(연료 탱크를 가득 채우다)로 바꿔 표현할 수도 있습니다.

  My car is running low on fuel. I need to fill up the tank.

  차 연료가 거의 떨어지고 있어. 휘발유 가득 채워야겠다.

  → run low on ~: ~이 부족해지다

다음 문장을 부사 up을 활용해 영어로 말하고 써 보세요.　　　　　　MP3 156 ｜ 정답은 p. 315

1　내일까지 보고서 완전히 끝내야 해.

____

2　제발 다 먹어. 너 항상 음식 남기더라. (leave ~ behind)

____

3　남친이랑 전화로 말싸움하느라 늦게까지 잠 안 잤어. (argue with)

____

다음 문장의 별색 표현을 영어로 어떻게 바꿀지 생각해 보세요.

(1) 난 그 경기를 **실시간으로** 보고 있어.

(2) **평균적으로** 난 헬스장에서 일주일에 세 번 운동해.

(3) 약 **열 명 중 세 명**이 매일 커피를 마셔.

결정적 키워드 1 ▬▬▬ 활용도 최고 전치사 구문

- 실생활에서 활용도가 높아, 외워 두면 유용한 '전치사' 구문이 있습니다. 다음 예문을 통해 살펴보세요.

at risk: 위험에 처한	at work: 근무 중인
by chance: 우연히, 뜻밖에	by nature: 천성적으로
for sure: 확실히	for a change: 기분 전환으로
in detail: 상세히	in common: 공통으로
under stress: 스트레스를 받는	under fire: 비판을 받는
in real time: 실시간으로	on average: 평균적으로
one in/out of ten: 열에 하나	

Many jobs are at risk with the rise of artificial intelligence.

인공지능의 부상으로 많은 일자리가 위험에 처해 있어요.

→ rise: 부상

He's at work, so he won't be able to join us for lunch.

그는 근무 중이라, 우리랑 같이 점심 못할 거야.

I ran into my old friend by chance at the airport.

공항에서 옛 친구를 우연히 만났어.

→ run into ~: ~를 우연히 만나다

She is introverted by nature, but very talkative with her boyfriend.

그녀는 선천적으로 내성적인데, 남자 친구와 있을 때는 매우 수다스러워.

→ introverted: 내성적인　　talkative: 수다스러운

I don't know for sure, but I think she's coming.
확실히는 모르지만, 그녀가 올 것 같아.

Why don't you try a new hairstyle for a change?
기분 전환으로 새로운 헤어스타일을 시도해 보는 건 어때?

Let's talk about this in more detail.
이것에 대해 좀 더 자세히 얘기해 보자.

We have a lot in common.
우리는 공통으로 많은 걸 갖고 있어. → 우리는 공통점이 많아.

I'm under a lot of stress these days.
요즘 나 스트레스 엄청 많이 받아.

The company is under fire for its poor working conditions.
그 회사는 열악한 근무 환경으로 비판받고 있어.
→ fire: 총격

We watched the match on our phones in real time.
우린 휴대폰으로 경기를 실시간으로 봤어.

On average, I sleep about seven hours a night.
평균적으로 난 밤에 7시간 정도 자.

About one in/out of ten people forget to lock their doors before leaving home.
대략 10명 중 1명은 집을 나서기 전에 문 잠그는 걸 잊어버려.

정답 확인

(1) I'm watching the game in real time.

(2) On average, I work out at the gym three times a week.

(3) About three in/out of ten people drink coffee every day.

- **be working vs. be at work**

be working이 '일하는 중이다'의 뜻이라면, be at work는 '근무 중이다'를 의미해요. 즉, be working이 장소와 상관없이 '일하고 있음'을 나타내는 표현이라면, be at work는 '직장에서 일하고 있다'는 뜻입니다.

I'm working at a café, because my Wi-Fi at home isn't working.
집 와이파이가 안 돼서 카페에서 일하고 있어.

He's at work, so let's call him later.
그는 근무 중이니까, 나중에 전화하자.

- **sure vs. for sure**

sure는 형용사로 '확실한'이란 뜻인데요, for sure는 부사구로 '확실히'를 의미합니다.

I'm sure she'll make the right decision.
그녀가 옳은 결정을 내릴 거라고 확신해.

Are you coming to the party for sure?
너 확실히 파티에 오는 거야?

- **'스트레스 받다'의 표현들**

스트레스를 받을 때 receive stress 표현은 사용하지 않아요. receive는 선물이나 초대장처럼 구체적이고 물리적인 것을 받을 때 사용하는 동사이기 때문입니다. 스트레스를 받을 땐, 다음과 같은 다양한 표현을 활용해 보세요.

I'm under a lot of stress these days. 요즘 스트레스 엄청 많이 받아.

= I'm under a lot of pressure these days.

= I'm really stressed out these days.

- **stressful**(스트레스를 주는) **vs. stressed**(스트레스를 받는)

  stressful은 스트레스를 유발하는 주체를 나타내고, stressed는 스트레스를 받는 대상을 나타냅니다. 명확히 구분해 써 보세요.

  Moving to a new house is very stressful.
  새집으로 이사하는 건 굉장히 스트레스야.

  I'm so stressed out about the presentation this Friday.
  이번 주 금요일 프레젠테이션 때문에 너무 스트레스받아.

다음 문장을 앞서 배운 표현을 활용해 영어로 말하고 써 보세요.　　　　MP3 158　정답은 p. 316

1　운전 중에 휴대폰 사용하면 위험합니다. (risk)

2　우린 공통점이 없어. (common)

3　평균적으로 난 하루에 커피 두 잔 마셔. (average)

주어진 단어를 활용해, 다음 문장의 별색 표현을 영어로 어떻게 바꿀지 생각해 보세요.

(1) 어제 대화 중에 네 결혼식 **얘기가 나왔어**. (up)

(2) 그거 인터넷에서 **찾아봐**! (up)

(3) (헤어진 연인에게) **다시 돌아와 줘**! (back)

결정적 키워드 1 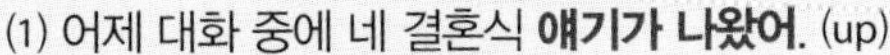 **꼭 외워야 할 [동사 + 부사]**

동사 + up

Don't bring up my ex-boyfriend! 내 전 남친 얘기는 꺼내지 마!

→ bring up: (이야기 등을) 불러오다, 꺼내다

Can you look up the restaurant reviews?

그 식당 리뷰 좀 찾아볼 수 있어?

→ look up: (책이나 웹 등에서 정보를) 찾아보다

We made up right after our argument.

우린 말다툼 직후에 화해했어.

→ make up: 화해하다

Can you turn up the volume? 볼륨 좀 높여줄래?

→ turn up: (볼륨, 온도 등을) 높이다

We need to wrap up this meeting by 5 p.m.

오후 5시까지 회의를 마무리해야 합니다.

→ wrap up: (일, 회의 등을) 마무리하다

Your name came up during our lunch meeting today.

오늘 점심 회의 중에 네 얘기가 나왔어.

→ come up: (대화 중에 이야기가) 나오다

동사 + down

The elevator broke down again! This is the third time this month. 엘리베이터가 또 고장났어! 이번 달에만 세 번째야.

→ break down: 고장나다

I think you drink too much coffee. How about cutting down on caffeine? 너 커피 너무 많이 마시는 것 같아. 카페인 좀 줄이는 게 어때?

→ cut down on: (수량 등을) 줄이다

Slow down! You're driving too close to the car in front!

속도 줄여! 앞차랑 너무 가깝게 운전하고 있잖아.

→ slow down: 속도를 줄이다

Can you turn down the volume? 볼륨 좀 낮춰 줄래?

→ turn down: (볼륨, 온도 등을) 내리다, 낮추다

동사 + on/back

It's time to move on from the past.

이제 과거를 잊고 앞으로 나아갈 때야.

→ move on ∼: ∼로 넘어가다, 나아가다

I want my old phone back; this new one is too complicated.

예전 휴대폰을 다시 갖고 싶어. 새로 산 이건 너무 복잡해.

→ want ∼ back: 되찾기를 원하다

정답 확인

(1) Your wedding came up in our conversation yesterday.

(2) Look it up on the Internet.

(3) I want you back!

Voca Tips

- **bring up** vs. **come up**

  bring up 위로 갖고 가는 거니까 화제를 의도적으로 꺼내는 상황입니다

  come up 위로 올라오는 거니까 화제가 자연스럽게 언급되는 상황입니다. 이 come up은 '(일이) 생기다'라는 뜻으로도 자주 활용됩니다.

  I don't want to bring up what happened between us.
  우리 사이에 무슨 일이 있었는지 꺼내고 싶지 않아.

  While we were talking, your birthday came up.
  이야기하던 중에, 네 생일 얘기가 나왔어.

  I'm sorry, I need to go now. Something urgent just came up.
  미안하지만 지금 가야 해. 급한 일이 막 생겼어.

- **turn**

  turn이 들어간 구동사를 잘 사용하는 곳이 바로 차 안입니다. 실내 온도에 따라 turn 동사를 활용해 많이 말하거든요. '히터를 틀어달라, 꺼달라, 올려 달라, 낮춰 달라' 등의 표현을 익혀 보세요. 참고로, '차량 히터'는 일반적으로 the heat로 표현합니다.

  Can you turn on the heat? 히터 좀 틀어 주실래요?

  Can you turn off the heat? 히터 좀 꺼 주실래요?

  Can you turn up the heat? 히터 온도 좀 올려 주실래요?

  Can you turn down the heat? 히터 온도 좀 낮춰 주실래요?

Ⓖ Grammar Tips

- **back(다시) vs. again(다시)**

  우리말의 '다시'는 두 가지로 표현할 수 있는데요, 원래 방향으로 돌아가는 '다시'는 back, 반복을 의미하는 '다시'는 again을 사용합니다.

  I'll be back in ten minutes. 십 분 후에 다시 올게.

  Can you put that book back on the shelf?
  저 책 선반에 다시 놓아줄 수 있어?

  Can you say that again? 그거 다시 말해 줄 수 있어?

  The movie was so touching that I watched it again.
  그 영화가 너무 감동적이어서 다시 봤어.

  → touching: 감동적인

다음 문장을 앞서 배운 표현을 활용해 영어로 말하고 써 보세요.   <u>MP3 160</u> 정답은 p. 316

1 집에 가는 길에 차가 고장났어. (on the way home)

2 패스트푸드 줄이는 것 어때?

3 미안, 일이 생겼어. 10분 후에 다시 전화해도 될까?

ANSWERS

1 여기서 버스 터미널까지 얼마나 멀어요?
→ How far is the bus station from here?

2 여기 인터넷 연결이 정말 빨라.
→ The Internet connection is really fast here.

3 그 후보는 선거에서 졌어.
→ The candidate lost the election.

키워드 2   오역을 막는 단어 의미 구분 (2)

1 그는 배우자 출산 휴가 중이야.
→ He's on paternity leave.

2 그는 출장 중이야.
→ He's on a business trip.

3 암 연구가 전 세계적으로 계속되고 있어요.
→ Cancer research is ongoing globally.

키워드 3   원어민은 잘 쓰는 표현 익힘 (1)

1 이번 한 달 동안에만 책을 일곱 권 읽었어.
→ This month alone, I read seven books.

2 총 180명의 학생이 올해 졸업했어.
→ A total of 180 students graduated this year.

3 이 영화는 볼 만한 가치가 있어.
→ This movie is worth watching.

키워드 4   원어민은 잘 쓰는 표현 익힘 (2)

1 내일 눈 안 올 것 같아.
→ It's not likely to snow tomorrow.

2 그 국가는 높은 실업률에 직면하고 있어.
→ The country is facing a high unemployment rate.

3 난 흡연에는 반대야.
→ I'm against smoking.

키워드 5   직역을 벗어나는 진짜 영어 (1)

1 말하는 거 보니까 너 내 말 안 믿네.
→ You sound like you don't believe me.

2 알고 보니까 그가 내가 생각했던 것보다 나이가 더 많더라.
→ He turned out to be older than I thought.

3 (사진을 보면서) 여기 어디야? 낯익은데.
→ Where is this place? It looks familiar.

키워드 6   직역을 벗어나는 진짜 영어 (2)

1 카페에서 마이크랑 놀았어.
→ I hung out with Mike at a café.

2 도로가 정말 복잡해. 아마 30분 늦을 것 같아.
→ The roads are really busy. I'll probably be 30 minutes late.

3 고속도로에서 방금 사고가 있었어.
→ There was just an accident on the highway.

키워드 7　　　정확한 해석을 위한 표현 판별 (1)

1　수년간의 흡연 이후, 그는 폐암에 걸렸어요.
　　→ After years of smoking, he developed lung cancer.
2　그는 독감 진단을 받았어.
　　→ He was diagnosed with the flu.
3　그 새로운 시스템에 대응하여, 우리는 매뉴얼을 업데이트했어요.
　　→ In response to the new system, we updated our manual.

키워드 8　　　정확한 해석을 위한 표현 판별 (2)

1　공개 기업은 자사 주식을 대중에게 팔 수 있어요.
　　→ A public company can sell its shares to the public.
2　네 도움이 절실해.
　　→ I could really use your help.
3　늦지 않는 게 좋을 거야.
　　→ You don't want to be late.

키워드 9　　　정확한 활용을 위한 뉘앙스 파악 (1)

1　그 회사는 세계에서 가장 큰 석유 대기업 중 하나야.
　　→ The company is one of the biggest oil giants in the world.
2　미 법무부가 그 사건을 조사 중이에요.
　　→ The U.S. Department of Justice is investigating the case.
3　그 회사는 수백만 달러를 연구·개발에 쏟아붓고 있어요.
　　→ The company is pouring millions of dollars into R&D.

키워드 10　　정확한 활용을 위한 뉘앙스 파악 (2)

1　이 정책은 양당의 지지가 필요해요.
　　→ This policy needs bipartisan support.
2　그 법안은 통과되지 못했어요.
　　→ The bill failed to pass.
3　그는 SNS에서 인기가 많아.
　　→ He's popular on social media.

키워드 11　　정확한 활용을 위한 뉘앙스 파악 (3)

1　직장을 그만두는 것에 대해 마음이 복잡해.
　　→ I have mixed feelings about quitting my job.
2　우린 어쩔 수 없이 떠나야 해.
　　→ We're forced to leave.
3　그는 부사장으로 승진했어.
　　→ He got promoted to Vice President.

키워드 12　　콩글리시 탈피 (1)

1　그는 솔로야. 데이트 신청해 보는 거 어때?
　　→ He's single. Why don't you ask him out?
2　이 제품에는 배터리가 포함돼요.
　　→ This product comes with a battery.
3　이 원피스, 다른 색상 있나요?
　　→ Does this dress come in other colors?

키워드 13   콩글리시 탈피 (2)

1   애들이 초콜릿을 너무 많이 먹은 후에는 텐션이 높아져.
    → Kids get hyper after eating too much chocolate.
2   외모는 구직 인터뷰에서 중요해요.
    → Appearance is important in job interviews.
3   5분만 쉽시다.
    → Let's take a break for 5 minutes.

키워드 14   오해를 막는 정확한 발음

1   그 나라는 석유 수입에 대한 의존도를 줄이려고 노력 중이에요. * import [임포트]
    → The country is trying to reduce its reliance on oil imports.
2   에너지 음료에는 카페인이 많이 들어 있어요. * caffeine [캐핀]
    → There's a lot of caffeine in energy drinks.
3   그녀는 작은 카페에서 아르바이트 해.
    → She works part-time at a small café. * café [캐페이]

키워드 15   영어다운 문장을 만드는 사물 주어

1   이 기사에는 그 스캔들에 대해 뭐라고 쓰여 있어?
    → What does this article say about the scandal?
2   그 회의 나중에 해도 돼요.
    → The meeting can wait.
3   이 시스템을 통해 우리는 시간을 절약할 수 있어요.
    → This system allows/enables us to save time.

키워드 16   표현의 폭을 넓히는 스마트 대체어

1   중국은 그 새로운 정책을 비판했어요.
    → Beijing criticized the new policy.
2   유엔이 그 결의안을 통과시켰어요.
    → Geneva passed the resolution.
3   그 반도체 대기업이 텍사스에 새 공장을 짓고 있어요.
    → The semiconductor giant is building a new plant in Texas.

키워드 17   말맛이 살아나는 유의어

1   그 프로그램은 다양한 활동을 포함해요.
    → The program includes a range of activities.
2   그 공장은 최첨단 기술을 사용해요.
    → The factory uses state-of-the-art technology.
3   그는 안전의 중요성을 강조했어요.
    → He stressed the importance of safety.

키워드 18   품격이 올라가는 완곡어법

1   아버지가 3년 전에 돌아가셨어.
    → My father passed away three years ago.
2   내 남자 친구는 키가 작은 편이야.
    → My boyfriend is on the shorter side.
3   우리는 장애인들을 위한 더 많은 지원이 필요해요.
    → We need more support for people with disabilities.

키워드 19　　명사로만 썼던 단어를 동사로

1　우리 매출은 하루 평균 2천 달러야.
→ Our sales average 2,000 dollars a day.
2　이 약은 통증 완화에 도움이 됩니다.
→ This medicine helps ease pain.
3　그는 자신감이 부족해.
→ He lacks confidence.

키워드 20　　꼭 기억해야 할 접두어

1　소셜 미디어 남용이 요즘 매우 흔해.
→ Social media abuse is very common these days.
2　그 다자 회담이 성공적으로 끝났어요.
→ The multilateral talks ended successfully.
3　그 나라는 식량 수입품에 의존해요.
→ The country depends on food imports.

키워드 21　　안다고 착각하는 표현 바로잡기 (1)

1　피자 같은 거 먹자.
→ Let's eat pizza or something.
2　우리가 졌어. 그래도 그 게임은 재미있었어.
→ We lost. The game was fun, though.
3　결국에는 네가 옳았어.
→ At the end of the day, you were right.

키워드 22　　안다고 착각하는 표현 바로잡기 (2)

1　사랑해. 진심이야.
→ I love you. I mean it.
2　결혼한다고? 정말 잘됐다!
→ You're getting married? I'm so happy for you!
3　그 파티에 참석할 수 있어?
→ Can you make it to the party?

키워드 23　　외워야만 쓸 수 있는 표현들 (1)

1　그 말 듣고 보니까, 나 종일 안 먹었네.
→ Now that you mention it, I haven't eaten all day.
2　비밀인데, 존이 데이트 신청했어.
→ Off the record, John asked me out.
3　별거 아닐 수 있지만, 너 잘했어.
→ For what it's worth, you did a good job.

키워드 24　　외워야만 쓸 수 있는 표현들 (2)

1　시험 또 떨어졌어. 어쩔 수 없지 뭐.
→ I failed the test again. It is what it is.
2　우린 아슬아슬하게 공항에 도착했어.
→ We arrived at the airport in the nick of time.
3　진짜 춥네. 그래도, 네가 원하면 우리 산책할 수 있어.
→ It's really cold. That said, we can go for a walk if you want.

키워드 25   우리말과 비유가 다른 영어 표현들 (1)

1   여름이 코앞이야.
     → Summer is just around the corner.
2   난 그냥 체면을 지키고 싶었어.
     → I just wanted to save face.
3   그 댄스 챌린지가 틱톡에서 삽시간에 퍼졌어.
     → The dance challenge went viral on TikTok.

키워드 26   우리말과 비유가 다른 영어 표현들 (2)

1   그녀는 가수 출신 배우야.
     → She's a singer-turned-actor. (성별 구분 없이 actor로 통합해 사용하는 추세)
2   나 길치야.
     → I have no sense of direction.
3   분위기 파악 좀 할래?
     → Can you just read the room?

키워드 27   변화무쌍한 가격 표현 (1)

1   우리 순이익이 10% 떨어졌어.
     → Our net profits fell (by) 10 percent.
2   휘발유 가격이 1,600원으로 떨어졌어.
     → Gas prices (have) dropped to 1,600 won.
3   금값이 증가세에 있어요.
     → Gold prices are on the rise/increase.

키워드 28   변화무쌍한 가격 표현 (2)

1   휘발유 가격이 1,600원으로, 지난주 대비 100원 떨어졌어.
     → Gas prices are 1,600 won, down 100 won from last week.
2   그 가격이 4,500원으로, 6개월 전보다 10% 올랐어.
     → The price is 4,500 won, up 10 percent from six months ago.
3   우리 매출이 전년 대비 15% 올랐어.
     → Our sales rose by 15 percent year over year.

키워드 29   변화무쌍한 가격 표현 (3)

1   그 가격이 20% 하락했어요.
     → There was a 20 percent drop in the price.
2   7월에 최저 임금이 4% 상승했어요.
     → In July, there was a 4 percent increase in the minimum wage.
3   그 회사는 올해 100억 원의 매출을 기록했어요.
     → The company recorded 10 billion won in sales this year.

키워드 30   영어식 수치 표현 (1)

1   금값이 하룻밤 사이에 급등했어요.
     → Gold prices soared overnight.
2   비트코인 가격이 어제 급락했어요.
     → Bitcoin prices plunged yesterday.
3   그 바이러스가 기하급수적으로 퍼지고 있어요.
     → The virus is spreading exponentially.

키워드 31　　　영어식 수치 표현 (2)

1　주가가 역대 최고치를 기록했어요.
→ Stock prices hit an all-time high.
2　소비자 신뢰도가 역대 최저치를 기록했어요.
→ Consumer confidence reached a record low.
3　우리는 드디어 합의에 도달했어요.
→ We finally reached an agreement.

키워드 32　　　영어식 수치 표현 (3)

1　2000년대 초반에는 인터넷이 꽤 느렸어.
→ In the early 2000s, the Internet was pretty slow.
2　나 이번 주 초에 그 프로젝트 끝냈어.
→ I finished the project early this week.
3　예전에 우리는 DVD로 영화를 봤어.
→ Back in the day, we watched movies on DVD.

키워드 33　　　(경제) 경기 상황 관련 표현들

1　우리 회사는 드디어 흑자 상태야.
→ Our company is finally in the black.
2　그 회사는 작년에 파산했어.
→ The company went bankrupt last year.
3　그 회사는 마침내 흑자 전환했어.
→ The company finally turned a profit.

키워드 34　　　일정 관련 표현들

1　우리 저녁 식사 약속 있어.
→ We have dinner plans.
2　나 5월 1일에 치과 예약이 있어.
→ I have a dentist's appointment on May 1st.
3　내일 오후 3시에 그 회의 스케줄이 잡혀 있어요.
→ The meeting is scheduled for tomorrow at 3 p.m.

키워드 35　　　회의 관련 표현들

1　오전 10시로 회의를 당길 수 있나요?
→ Can we move up the meeting to 10 a.m.?
2　회의는 오후 2시 정각에 시작될 예정이에요.
→ The meeting will start at 2 p.m. sharp.
3　이제 회의를 마무리합시다.
→ Now, let's wrap up the meeting.

키워드 36　　　논쟁/협상/타협 관련 표현들

1　이것은 매우 민감한 이슈예요.
→ This is a very sensitive issue.
2　서로 절충합시다.
→ Let's meet halfway.
3　우린 협상의 여지가 있어요.
→ We're open to negotiation.

1   그 법안이 승인됐어요.
    → The bill was approved.
2   법원이 그 법이 위헌이라고 판결했어요.
    → The court ruled that the law is unconstitutional.
3   우리는 그 계획에 대해 투표했어요.
    → We voted on the plan.

키워드 38   교통사고 관련 표현들

1   그 비행기 추락 사고로 열 명이 사망했어요.
    → Ten people died in the plane crash.
2   치명적인 사고로 그 도로가 폐쇄됐어요.
    → The road was closed due to a deadly accident.
3   그는 뺑소니 사고로 체포됐어요.
    → He was arrested for a hit-and-run (accident).

키워드 39   스포츠/게임에서 유래한 표현들 (1)

1   회의는 내일 오후 3시에 시작될 예정이에요.
    → The conference will kick off at 3 p.m. tomorrow.
2   그는 항상 예측이 안 돼.
    → He's always a wild card.
3   그 보고서 어떻게 돼 가고 있어요?
    → How's the report going?

키워드 40   스포츠/게임에서 유래한 표현들 (2)

1   그게 가능성이 희박하다는 걸 알지만, 노력해 볼게.
    → I know it's a long shot, but I'll try.
2   내일 비 올 거라고 확신해.
    → I bet it's going to rain tomorrow.
3   흰색 티셔츠와 청바지는 실패할 리가 없지.
    → You can't go wrong with a white T-shirt and jeans.

키워드 41   통화 관련 표현들

1   나 톰이랑 통화 중이야.
    → I'm on the phone with Tom.
2   이 건물 안에서는 신호가 정말 약해.
    → The reception is really weak in this building.
3   미안, 휴대전화가 무음이었네.
    → Sorry, my phone was on silent.

키워드 42   시간 관련 표현들

1   네가 무슨 말 하고 있었는지 놓쳤어.
    → I lost track of what you were saying.
2   어떻게 24시간 내내 게임만 해?
    → How can you just play games 24/7?
3   미안해요, 회의에 늦어지고 있어요.
    → Sorry, I'm running late for the meeting.

1   그는 부유한 집안 출신이야.
    → He comes from a well-off family.
2   돈 좀 빌려줄 수 있어? 나 완전 빈털터리야.
    → Can you lend me some money? I'm flat broke.
3   그 사람 돈 괜찮게 벌어?
    → Does he make decent money?

키워드 44   임신/출산 관련 표현들

1   그녀는 임신 6개월째야.
    → She's six months pregnant.
2   언니 출산 예정일이 언제야?
    → When is your sister due?
3   안타깝게도 우리 언니가 유산했어.
    → Unfortunately, my sister had a miscarriage.

키워드 45   통증/부상 관련 표현들

1   지금 목이 뻐근해.
    → My neck is stiff right now.
2   넘어져서 손가락 하나가 골절됐어.
    → I fell and fractured one of my fingers.
3   미세먼지로 눈이 뻐근해.
    → My eyes feel sore from the fine dust.

키워드 46   성격 관련 표현들

1   그는 매우 사교적이어서, 친구가 많아.
    → He's very sociable, so he has a lot of friends.
2   오지랖 좀 그만 부려!
    → Stop being so nosy!
3   그는 왜 그렇게 유치하게 굴어?
    → Why does he act so childish?

키워드 47   다수 중 '하나'인 명사 앞에 a/an

1   나 중고 테슬라 사고 싶어.
    → I want to buy a used Tesla.
2   나 한 시간 더 기다릴 수 있어.
    → I can wait for another hour.
3   식물이 집 안의 쾌적한 환경을 유지하는 데 도움이 돼요.
    → Plants can help maintain a pleasant environment at home.

키워드 48   유일하거나 하나로 간주하는 것에는 the

1   유엔은 글로벌 기구예요.
    → The UN is a global organization.
2   금요일 마감 시한을 맞출 수 있나요?
    → Can you meet the Friday deadline?
3   우리는 올해 중국 시장에 진출했어요.
    → We entered the Chinese market this year.

키워드 49 a/an, the, '소유격'의 활용

1 존이 자리에 있는지 확인해 줄 수 있나요?
→ Can you check if John is at his desk?
2 우리는 경쟁사들보다 더 나은 서비스를 제공해요.
→ We offer better service than our competitors.
3 우리는 마케팅에서 경쟁 우위를 갖고 있어요.
→ We have a competitive advantage/edge in marketing.

키워드 50 아무것도 넣지 않는 무관사 명사

1 인프라에 대한 투자는 경제 성장에 필수적이에요.
→ Investment in infrastructure is essential for economic growth.
2 우리는 무슨 일이 있어도 전쟁을 피해야 합니다.
→ We must avoid war at all costs.
3 20세기에, 파키스탄과 인도 사이에는 세 번의 전쟁이 있었어요.
→ In the 20th century, there were three wars between Pakistan and India.

키워드 51 과거는 '점', 현재완료는 '선'의 개념

1 그 프로젝트 언제 끝냈어?
→ When did you finish the project?
2 우린 아직 결정 못 했어.
→ We haven't decided yet.
3 비가 5시간 동안 내리고 있어.
→ It's been raining for five hours.

키워드 52 이럴 땐 진행형으로

1 이번 주말에 나 부모님과 저녁 먹어.
→ I'm having dinner with my parents this weekend.
2 네가 전화했을 때 난 자고 있었어.
→ I was sleeping when you called (me).
3 왜 갑자기 그렇게 심각하게 굴어?
→ Why are you being so serious?

키워드 53 공상이나 과거의 후회를 나타내는 가정법

1 내가 너라면, 제인한테 사과할 거야.
→ If I were you, I would apologize to Jane.
2 더 열심히 공부했더라면, 그 시험에 합격했을 텐데.
→ If I had studied harder, I would have passed the exam.
3 2010년에 비트코인을 샀더라면, 지금쯤 부자일 텐데.
→ If I had bought Bitcoin in 2010, I would be rich by now.

키워드 54 잘게 쪼개지는 영어 동사의 습성

1 정부가 중요한 발표를 했습니다.
→ The government made an important announcement.
2 자리에 앉아서 차례(turn)를 기다려주세요.
→ Please take a seat and wait for your turn.
3 오랜 논의 끝에 우린 드디어 합의에 도달했어요.
→ We finally reached an agreement after a long discussion.

키워드 55　　자주 헷갈리는 동사 구분

1　내 말 좀 잘 들어 봐.
　　→ Listen to me carefully.
2　난 그녀의 이야기가 사실이라고 믿지 않아.
　　→ I doubt her story is true.
3　난 그 제안을 받아들이는 것을 거절했어.
　　→ I refused to accept the offer.

키워드 56　　전치사가 붙으면 뜻이 달라지는 동사

1　우리 부모님은 항상 날 믿어 주셔.
　　→ My parents always believe in me.
2　그는 환경에 대해 정말 신경 써.
　　→ He really cares about the environment.
3　나 면접 준비해야 해.
　　→ I need to prepare for the job interview.

키워드 57　　'상태 동사' 활용

1　우리 화장지 다 떨어졌어.
　　→ We're out of toilet paper.
2　식사 후 이것 복용하세요.
　　→ Take this after meals.
3　그녀는 쌍둥이 임신 중이야.
　　→ She's pregnant with twins.

키워드 58　　[get + 형용사], [get to + 동사원형] 활용

1　네가 전화 안 받았을 때 난 걱정됐어.
　　→ I got worried when you didn't answer my call.
2　그는 자기 사업을 시작한 후 부자가 됐어.
　　→ He got rich after starting his own business.
3　나 2년 동안 해외에서 공부하게 됐어.
　　→ I got to study abroad for two years.

키워드 59　　'동작 동사' 활용

1　햇볕이 너무 강하네. 선크림 좀 바르는 게 어때?
　　→ The sun is too strong. Why don't you put on some sunscreen?
2　방금 비행기에서 내렸어.
　　→ I just got off the plane.
3　난 버스 타고 출근해.
　　→ I take the bus to work.

키워드 60　　'(일, 상황이) 발생하다'의 동사 come

1　그의 성공은 수년간의 연구 끝에 이뤄졌어.
　　→ His success came after years of research.
2　그의 결정은 모두를 놀라게 했어.
　　→ His decision came as a surprise to everyone.
3　가족이 가장 중요하다는 걸 깨닫게 됐어.
　　→ I came to realize that family comes first.

키워드 61 만능 동사 get의 활용법

1 차 세차 맡겼어.
→ I got my car washed.
2 가서 수건 가져올게.
→ I'll go get a towel for you.
3 그 영화가 날 울렸어.
→ The movie got me to cry.

키워드 62 직설적이고 명확한 요구 표현 give me a ～

1 이 프로젝트 도와줄 수 있어요?
→ Can you give me a hand with this project?
2 일정이 바뀌면 미리 알려 주세요.
→ Please give me a heads-up if the schedule changes.
3. 제발 좀! 나한테 거짓말 그만해!
→ Give me a break! Stop lying to me!

키워드 63 help는 '사람'을 목적어로

1 내 여행 계획 좀 도와줄래?
→ Can you help me with my travel plans?
2 그가 내 지원서를 도와줬어.
→ He helped me with my application.
3 그가 서류 작업 좀 도와달라고 부탁했어.
→ He asked me to help him with some paperwork.

키워드 64 '장소/시간'을 주어로 쓰는 see

1 그 공원은 이번 주말에 많은 방문객이 찾아왔어.
→ The park saw many visitors this weekend.
2 이 도시는 지난 몇 년 동안 많은 변화를 겪었어.
→ This city has seen many changes over the past few years.
3 지난 10년은 기술 업계에서 엄청난 성장을 이뤘어.
→ The last decade saw tremendous growth in the tech industry.

키워드 65 특정 감정을 갖고 받아들이는 take

1 넌 비판을 너무 심각하게 받아들이는 경향이 있어.
→ You tend to take criticism too seriously.
2 네 친구들을 당연시하지 마.
→ Don't take your friends for granted.
3 나는 그녀의 조언을 가치 있는 교훈으로 받아들였어.
→ I took her advice as a valuable lesson.

키워드 66 이면/지지를 나타내는 behind

1 그 미스터리 이면의 진실은 곧 밝혀질 겁니다.
→ The truth behind the mystery will be revealed soon.
2 이 행사를 주관하는 팀이 열심히 일하고 있어요.
→ The team behind this event is working hard.
3 우리는 그 새로운 정책을 지지합니다.
→ We're behind the new policy.

키워드 67　　　있나 없나 '확인'을 나타내는 for

1　이 보고서에 실수가 있는지 확인해 주세요.
　　→ Please check for any mistakes in this report.
2　우리는 이 소프트웨어에 오류가 있는지 테스트해 봐야 해요.
　　→ We need to test for any errors in this software.
3　이건 저예산 영화치고는 정말 좋았어.
　　→ This was really good for a low-budget movie.

키워드 68　　　사기를 꺾는 동사와 결합하는 from

1　눈 때문에 우리는 학교에 못 갔어.
　　→ The snow kept us from going to school.
2　그는 휴대폰 사용이 금지됐어.
　　→ He was banned from using his phone.
3　부모님이 내가 직장을 그만두는 걸 단념시키셨어.
　　→ My parents discouraged me from quitting my job.

키워드 69　　　'~ 만에'를 만드는 in

1　몇 달 만에 처음으로 비가 왔어.
　　→ It rained for the first time in months.
2　내 인생 처음으로 해외여행을 했어.
　　→ I traveled abroad for the first time in my life.
3　회의가 30분 후에 시작될 겁니다.
　　→ The conference will start in 30 minutes.

키워드 70　　　변화의 방향을 나타내는 into

1　그는 그 정원을 놀이터로 바꿨어.
　　→ He turned the garden into a playground.
2　난 그 케이크를 여덟 조각으로 나눴어.
　　→ I divided the cake into eight pieces.
3　우리는 그 데이터를 여러 카테고리로 분류했어요.
　　→ We classified the data into several categories.

키워드 71　　　깊이 파고드는 into

1　경찰이 그 사건에 대한 조사를 마무리했어요.
　　→ The police finished the investigation into the case.
2　당국이 그 스캔들에 대해 조사 중이에요.
　　→ The authorities are conducting a probe into the scandal.
3　이 책은 고대 그리스 문화에 대해 엿볼 기회를 제공합니다.
　　→ This book offers a window into the culture of ancient Greece.

키워드 72　　　전문적이고 구체적인 느낌의 on

1　그 팀은 대기 오염에 관한 연구를 해요.
　　→ The team conducts research on air pollution.
2　난 인간의 뇌에 관한 책을 읽고 있어.
　　→ I'm reading a book on the human brain.
3　우린 새 프로젝트를 진행 중이에요.
　　→ We're working on a new project.

키워드 73　　부당하고 무례한 느낌의 on

1　날 버리고 떠나지 마!
→ Don't walk out on me!
2　그가 직장을 그만둬 버리다니 믿기지 않아.
→ I can't believe he walked out on his job.
3　설명하려고 했는데, 그가 그냥 내 전화를 끊어 버렸어.
→ I tried to explain, but he just hung up on me.

키워드 74　　매체 앞에 붙는 on

1　어젯밤에 넷플릭스에서 공포 영화 봤어.
→ I watched a horror movie on Netflix last night.
2　그는 인스타그램에 팔로워가 많아.
→ He has many followers on Instagram.
3　죄송하지만, 명단에서 고객님 성함을 찾을 수가 없네요.
→ I'm sorry, but I can't find your name on the list.

키워드 75　　문제 해결을 나타내는 out

1　이거 어떻게 고치는지 알아낼게.
→ I'll figure out how to fix this.
2　이 신청서를 작성해 주세요.
→ Please fill out this application form.
3　너무 지쳐서 어젯밤 8시에 잠자리에 들었어.
→ I was so worn out that I went to bed at 8 p.m. last night.

키워드 76　　먹고 마실 때 자연스러운 over

1　커피 좀 마시면서 이번 주말에 뭐 할지 얘기하자.
→ Let's talk about what to do this weekend over some coffee.
2　브런치 먹으면서 소개팅에 관해 얘기해 줄게.
→ I'll tell you about my blind date over brunch.
3　이번 주 금요일에 톰을 집에 저녁 식사 초대하는 것 어때?
→ How about inviting Tom over for dinner this Friday?

키워드 77　　진행과 예약의 공식 under

1　그 회사의 웹사이트가 개발 중이에요.
→ The company's website is under development.
2　그 새 정책이 여전히 논의 중이에요.
→ The new policy is still under discussion.
3　그 계약 조건이 협상 중이에요.
→ The contract terms are under negotiation.

키워드 78　　'완전히'를 의미하는 up

1　내일까지 보고서 완전히 끝내야 해.
→ I have to finish up the report by tomorrow.
2　제발 다 먹어. 너 항상 음식 남기더라.
→ Please eat up. You always leave food behind.
3　남친이랑 전화로 말싸움하느라 늦게까지 잠 안 잤어.
→ I stayed up late arguing with my boyfriend on the phone.

1 운전 중에 휴대폰 사용하면 위험합니다. (risk)
→ You are at risk if you use your phone while driving.
2 우린 공통점이 없어.
→ We have nothing in common.
3 평균적으로 난 하루에 커피 두 잔 마셔.
→ On average, I drink two cups of coffee a day.

키워드 80   활용빈도 최고 구동사 구문

1 집에 가는 길에 차가 고장났어.
→ My car broke down on the way home.
2 패스트푸드 줄이는 것 어때?
→ How about cutting down on fast food?
3 미안, 일이 생겼어. 10분 후에 다시 전화해도 될까?
→ Sorry, something came up. Can I call you back in 10 minutes?

INDEX

각 유닛별 키워드, Voca Tips, Grammar Tips의 키워드 설명에 있는 어구를 정리했습니다.

C

Q

U

기타